AUTOCURA

ATRAVÉS DA RECONCILIAÇÃO

Estudo Prático Sobre Afetividade

Málu Balona

AUTOCURA

ATRAVÉS DA RECONCILIAÇÃO

Estudo Prático Sobre Afetividade

4ª Edição Revisada e Ampliada

EDITARES

Foz do Iguaçu, PR – Brasil
2015

Tiragem: 1ª Edição (2003): 3000 exemplares.
2ª Edição (2004): 3000 exemplares.
1ª Edição em espanhol (2004): 2000 exemplares.
3ª Edição (2009): 2000 exemplares.
4ª Edição (2015): 2000 exemplares

Capa: Paulo Presse.
Revisão da 4ª Edição: Marcelo Bellini.
Diagramação e Ilustrações: Epígrafe Editorial.
Impressão: Edelbra Editora e Gráfica Ltda.

Ficha Catalográfica

B195a Balona, Málu, 1946 –

Autocura Através da Reconciliação: estudo prático sobre afetividade / Málu Balona.

4. ed. – Foz do Iguaçu: Associação Internacional Editares, 2015.

Rev. e amp.
368 p.

1. Conscienciologia; 2. Conscienciotrapia; 3. Psicossomática; I. Título

ISBN: 978-85-98966-88-5 CDD 150

EDITARES

Associação Internacional Editares
Av. Felipe Wandscheer, 5.100, Sala 107, Cognópolis,
Foz do Iguaçu, PR – Brasil • CEP: 85856-530
Tel/Fax: (45) 2102.1407
E-mail: editares@editares.org.br – *Website:* www.editares.org.br

Aviso aos leitores e leitoras

O exemplar que você tem em mãos reflete os resultados práticos de experiência pessoal positiva. Contudo, não deve ser interpretado na condição de guia de autocura, alternativo e independente. Nenhuma das técnicas apresentadas substitui ou dispensa a atuação do profissional de saúde.

Aos reeducadores e reeducadoras:
esta obra tem como ideia-força
(materpensene) a autorretratação.
É dedicada às consciências no exercício
da tarefa assistencial do esclarecimento
– tares – proposta pela Conscienciologia,
promovendo a autorreeducação pelo
exemplo e doando o resultado do próprio
laboratório de vivências – autopesquisa.

Aos consciencioterapeutas:
que essa obra seja de utilidade aos
profissionais da Consciencioterapia,
modalidade profilático-terapêutica
proposta pela Conscienciologia.

AGRADECIMENTOS

Meus agradecimentos sinceros à equipe extrafísica de *amparadores-coautores-reeducadores* da Conscienciologia pelas inspirações e lições.

Ao Instituto Internacional de Projeciologia e Conscienciologia (IIPC), que, por mais de duas décadas, ofereceu-me milhares de oportunidades de desenvolvimento pessoal.

Agradeço aos professores Marina Thomaz, Daniel Muniz, Cristina Arakaki e Allan Gurgel, representando todos os reeducadores, por prefaciarem as 4 edições desta obra.

À minha professora Nicole, com quem tanto aprendi, agradeço a companhia afetuosa nessa vida plena de lições de convivência, que juntas buscamos aproveitar e agora me permito compartilhar com os leitores.

Graças à sábia indicação dos Amparadores, posso dizer hoje, sem receio de parecer otimista em excesso: com o estudo desse tema iniciei, nessa vida crítica, novo ciclo de experimentos autevolutivos, cujo halo benéfico se fará sentir ao longo das próximas existências.

Bis discit qui docet (quem ensina aprende duas vezes).

A Autora
Foz do Iguaçu, março de 2014.

Sumário

PREFÁCIO À 1ª EDIÇÃO

TERAPÊUTICA DA CONSCIÊNCIA

Autopesquisa. *Autocura através da Reconciliação* incentiva a autopesquisa e motiva o leitor a mergulhar na intraconsciencialidade, através de um dos portais mais difíceis de serem cruzados: a convivência lúcida e sadia consigo mesmo.

Coragem. Ressalto a coragem evolutiva da autora optando pela adoção de conceitos avançados sobre a realidade consciencial (Conscienciologia) em vez de elaborar roteiro de frases psicologicamente ajustadas ao autoconhecimento superficial da personalidade. Assim, a obra deixa de ser apenas mais um paliativo no tratamento dos conflitos afetivos do leitor, ou leitora, para ser um coadjuvante de sua autocura.

Conscienciologia. A Conscienciologia apresenta a proposta de estudo da consciência numa abordagem integral, holossomática, abrangendo múltiplas dimensões e existências lúcidas. Esta nova ciência é a ferramenta útil ao progresso da sociedade planetária que, ainda hoje, após milênios de civilização, evidencia um nível de patologia difícil de ser curado pelas ciências convencionais somente.

Automimeses. A professora Málu Balona nos traz: *sem autopesquisa não há progresso efetivo*. E os fatos do cotidiano evidenciam a carência evolutiva da humanidade, cujo desequilíbrio emocional aponta para um futuro próximo repleto de automimeses. A exacerbação das emoções desequilibradas e a supervalorização do sofrimento são usadas como manobra política, retardando a expansão da autoconsciência, sem qualquer providência prática a favor dos menos esclarecidos.

Paradigma Consciencial. Em face a esse cenário mundial que denuncia o patamar imaturo da humanidade, um novo paradigma se faz necessário. Ele permite ao ser humano conscientizar-se da necessidade de reeducação do *corpo das emoções* para alcançar a *autocura* e a *libertação egocármica.* Esse tema foi também amplamente enfocado na obra anterior da autora, *Síndrome do Estrangeiro.*

Epicentro. Expondo suas vivências de autoexperimentos lúcidos quanto à manifestação prioritária do mentalsoma (corpo do discernimento) sobre o psicossoma (corpo emocional), e fundamentada no paradigma consciencial, a autora orienta o pesquisador, ou pesquisadora, a atuar como *epicentro* de sua própria evolução.

Técnicas. O livro oferece informações úteis e técnicas inteligentes para ajudar a consciência a se desvencilhar da rede de conflitos íntimos, tais como: mágoas, ressentimentos, reivindicações e insatisfações, que contribuem para mantê-la em subnível evolutivo.

Reciclagem Intraconsciencial. Em *Autocura através da Reconciliação,* as ideias propostas convidam o leitor e a leitora a reviver momentos do seu cotidiano. Desse modo, a compreensão dos conceitos teóricos acontece na prática, motivando a reciclagem pessoal, a mudança de posturas, hábitos, ideias, emoções e energias.

Comunicação. *Expert* em comunicação, a autora faz uso da linguagem simples – didática – para exemplificar, de maneira bem humorada, assuntos delicados como perdão, renúncia e reconciliação, incentivando o aprendizado afetivo que dá qualidade à manifestação consciencial.

Megaconceitos. Vale ressaltar na obra, a abordagem de 3 *megaconceitos* da Conscienciologia:

1. Evolução. A evolução não se dá aos saltos. Ocorre a partir de inúmeras vivências lúcidas que, pouco a pouco, agregam unidades de lucidez ao mentalsoma. Nesse processo, cada entrave evolutivo, considerado pela autora um "nó górdio", precisa ser desativado com paciência e muita determinação. Quando essa energia é liberada, impulsiona a consciência para o domínio maior de si mesma, qualificando sua assistência, *como se fosse* um verdadeiro salto evolutivo.

2. Grupalidade. A evolução da consciência se dá em grupo. O princípio básico da grupalidade é a *dupla evolutiva*, intercooperação lúcida entre duas personalidades humanas que priorizam a evolução. Contudo, a primeira parceria afetiva da consciência é consigo mesma – *egocarmalidade. Para produzir em grupo, não basta conviver bem com os demais. É preciso saber conviver bem consigo mesmo.*

3. Assistencialidade. *Não basta perdoar, compreender. É preciso assistir.* Assistenciologia é a especialidade da Conscienciologia que estuda as técnicas de amparo e auxílio interconsciencial. Consiste no trabalho de solidariedade lúcida às consciências no caminho para a megafraternidade.

Conclusão. O livro cumpre a tarefa libertária avançada do esclarecimento. Cria o clima pacifista tão necessário à construção e à qualificação das relações intra e interconscienciais maduras – *evolução.*

Relações mais sadias predispõem à formação de duplas evolutivas – *grupalidade.* Essa assistência mútua é o suporte afetivo primordial para manter as consciências em evolução nessa e nas próximas seriéxis críticas – *assistencialidade.*

Pelos motivos expostos, agradecemos à Málu Balona por mais esta contribuição oferecida, com méritos, ao nosso grupo evolutivo.

Marina Thomaz, psicóloga e conscienciόloga.
Rio de Janeiro, 19 de maio de 2003.

PREFÁCIO À 2ª EDIÇÃO

FUNDAMENTOS PARA A REEDUCAÇÃO AFETIVA

Autocura Através da Reconciliação oferece o conhecimento produzido em mais de uma década de pesquisas, viagens e debates. Sem a convencionalidade acadêmica, Málu Balona explora a originalidade do novo modelo científico proposto pela Conscienciologia.

Com linguagem acessível, contudo sem superficialidade nos conceitos, a autora incentiva a análise mais complexa do indivíduo sobre si mesmo. Desprezando o estilo "água com açúcar" e de por "panos quentes", lida com o tema delicado das emoções na contramão das parábolas e contra o fluxo da *literatice*. Segue raciocínios claros, em uma sequência de informações encadeadas com lógica e preenchidas de argumentos fortes.

Os objetivos são oferecer arrojadas técnicas autoaplicáveis visando o amadurecimento afetivo através da autoassistência; e fazer uma chamada à responsabilidade, uma vez que, em sua hipótese de trabalho, somente a própria consciência é capaz de autocurar-se e produzir as reconciliações necessárias à saúde do grupo.

Para atingir o propósito, a autora parte de 3 pressupostos:

1. A consciência (personalidade) é mais que o corpo humano e existe além dele.
2. A consciência vive múltiplas vidas com períodos de experiências humanas e vivências extrafísicas.
3. A consciência é o resultado dessas múltiplas e variadas experiências.

Com isto, chega-se a uma visão que vai além das causas mais externas à consciência, contrapondo-se ao senso comum e à ciência materialista.

Os dados obtidos através de pesquisa junto a milhares de alunos apontam o quanto as dificuldades de relacionamentos interpessoais ainda afetam a vida da maioria das pessoas, fato que se torna explícito em uma análise específica do grupo familiar, justamente o núcleo com maior proximidade e possibilidade de convívio.

Um dos aspectos revelados pelas estatísticas apresentadas é a maior facilidade nos relacionamentos mais distantes ou superficiais (amigos, colegas de trabalho) enquanto há grande dificuldade nas relações mais íntimas e profundas (família: pai, mãe, irmãos, filhos).

Esta dificuldade indica uma espécie de *analfabetismo funcional afetivo*, gerando adultos maduros biologicamente, porém imaturos mental e emocionalmente, *reféns do autodesconhecimento*. O saldo é um cotidiano de incompreensões, desafetos, mágoas e rancores.

A temática explicita um paradoxo: percebemos mais o ambiente externo e menos o universo interno, consciencial, que só pode ser conhecido, revisto e reciclado pela própria consciência interessada.

Ao abordar as *reciclagens afetivas*, Málu Balona propõe soluções que contribuem efetiva e tecnicamente para a ciência das reconciliações e conduz o leitor motivado à saída da teoria para a prática. O esforço da autora é o de informar sobre a autorreeducação afetiva visando maior autodomínio.

O livro gera impactos saudáveis ao descortinar realidades íntimas, às vezes insuspeitadas pelo próprio leitor ou leitora. Estimula a identificação dos *teores emocionais diários*, a reflexão e o planejamento pessoal visando às soluções fundamentadas no discernimento e não mais apenas por impulso ou de base emotiva. A reconciliação torna-se, portanto, o caminho mais imediato para a autocura.

Daniel Muniz, Jornalista, professor de Conscienciologia.

PREFÁCIO À 3ª EDIÇÃO

CONTRIBUIÇÃO À PAZ

Paz. Ao declarar 2009 o *Ano Internacional da Reconciliação*, a Organização das Nações Unidas (ONU) expressou a determinação em concretizar a construção de uma paz firme e duradoura entre os povos deste planeta.

Exemplo. O lançamento da terceira edição da obra *Autocura através da Reconciliação* mostra-se exemplo concreto de participação ativa no processo de anticonflituosidade e pacificação planetária.

Reconciliação. A sanidade no convívio consigo mesmo e com os demais transforma o indivíduo em agente propagador de ideias e exemplos semeadores de harmonia, bem-estar, entendimento mútuo e saúde. Em sua obra-depoimento, Málu Balona, pesquisadora da consciência, contextualiza a importância da reconciliação no processo da mutação adoecimento-saúde (conflito-paz).

Convívio. A leitura do livro também evidencia o valor do convívio na dinâmica evolutiva com base na premissa de *ninguém evoluir sozinho*. Conviver com as "pessoas-problema" ou as "pessoas difíceis" torna-se inestimável oportunidade de autoconhecimento e autossuperação das imaturidades conscienciais, ao descobrir que o problema e a dificuldade residem, primeiramente, na própria consciência.

Reeducação. Veterana da *Parapedagogia*, a autora oferece várias técnicas de autorreeducação consciencial, com enfoque na maturidade emocional. Demonstra de maneira clara e objetiva o papel fundamental da autoexperimentação e autopesquisa no movimento dialético ensino-aprendizagem. Somos todos aprendizes de nós mesmos.

Autoconsciencioterapia. Ao expor de modo desdramatizado as mazelas afetivas e as alternativas de solução por meio de métodos autorremissivos, a obra é valiosa contribuição para a área da *Autoconsciencioterapia*. Tornar-se consciente da responsabilidade sobre a própria doença e sobre o tratamento devido é o primeiro passo para abandonar a passividade do *paciente* rumo à pró-atividade do *evoluciente*.

Autorresponsabilidade. *Autocura através da Reconciliação* remete a profunda reflexão sobre a autorresponsabilidade consciencial. Atribuir culpa, seja a si ou aos demais, é atitude estagnadora impeditiva de encontrar respostas novas, diferentes e solucionadoras para antigos questionamentos. Transferir a responsabilidade do próprio bem-estar a terceiros é autoengano. "*De nada adianta terceirizar a autocura*".

Liberdade. A obra esclarece sobre a liberdade – direito fundamental da consciência – ser garantida não somente por códigos, leis e estatutos legais. O exercício pleno do direito de liberdade é conquistado à medida que a consciência desprende-se dos grilhões emocionais – a raiva, o ressentimento, a mágoa, o ódio, a suscetibilidade, o antagonismo, a inveja, o ciúme – e adota posturas libertárias do autoencarceramento. "*Perdoar liberta a consciência de ser algoz ou vítima para sempre*".

Cosmoética. A proposição de técnicas de revisão e reciclagem de valores e princípios pessoais com objetivo de qualificar a intencionalidade e eliminar posturas autocorruptas e de autossabotagem contribui para a qualificação do *Código Pessoal de Cosmoética (CPC)*. Estabelecer cláusulas de autocomprometimento em prol do *melhor para um maior número de consciências* reforça o dever pessoal da autocura.

Vontade. Estudiosa da *Conscienciometrologia*, a autora desperta o interesse dos leitores em aprofundar o conhecimento de seus atributos e traços-força (*trafores*) na condição de ferramentas essenciais no processo da autocura. Ressalta a essencialidade do exercício constante do maior poder da consciência – a vontade, força-motriz da evolução, no processo autoterapêutico. "*Toda autocura começa quando a vontade de acertar torna-se maior do que as limitações pessoais*".

Interassistencialidade. Conceito basilar da *Conscienciologia*, a interassistência permeia a pesquisa apresentada pela professora Málu Balona. Com o uso de linguagem acessível, sem comprometer o caráter científico da obra, a autora expõe de maneira explícita as vivências pessoais do *binômio assistente-assistido*. A doação de seu laboratório consciencial (*labcon*) por meio da tarefa do esclarecimento (*tares*) é ato interassistencial inequívoco. Para ser assistido, *vá ao encontro daqueles que precisam de assistência.*

Conteúdo. Além do vasto e profundo conteúdo vivencial ofertado, cabe ressaltar o resultado de extensa pesquisa em diversas áreas do conhecimento humano compondo somatório enriquecedor para as novas ideias e verdades relativas de ponta (*verpons*) apresentadas. O estudo integral da consciência, proposto pela ciência *Conscienciologia*, não pode furtar-se da cosmovisão multidisciplinar.

Contribuição. Resta destacar a grande contribuição da obra para transformar o *Planeta-Hospital* em *Planeta-Escola*, a doença em aprendizado e a autocura em ensinamento.

Cristina Arakaki, consciencióloga.
Foz do Iguaçu, maio de 2009.

PREFÁCIO À 4ª EDIÇÃO

DESAFIO À AUTOEVOLUÇÃO

O objetivo de qualquer empreendimento nem sempre se revela no momento da criação, podendo apresentar nuanças as mais variadas através dos tempos, conforme o olhar e as lentes que possua o observador, mesmo o mais atento. Esta obra é um grande exemplo disto.

Verdadeiro desafio, *Autocura através da Reconciliação*, embora criado de modo despretensioso, mas impregnado de intencionalidade cosmoética, revela-se verdadeiro portal para neopossibilidades aos interessados na autoevolução.

O sucesso editorial em 4ª edição, embora não traga nenhuma surpresa pela qualidade, perspicácia e inteligência com que são abordadas, a oportunidade e atualidade do assunto, revela em si a premente e crescente necessidade de ferramentas sérias de *autoconsciencioterapia* para os problemas da Conviviologia humana.

Neste desiderato, as informações trazidas pela autora, Málu Balona, fruto de experimentação pessoal em exposição corajosa, são verdadeiras senhas a deslindar os meandros dos próprios mecanismos de funcionamento da personalidade, desnudando esquemas disfuncionais até então ignorados, sob o enfoque do neoparadigma consciencial, integral, holossomático e multiexistencial. A ignorância *não* é uma benção!

Quando convidado a *revisar* o texto para esta edição, embora já o tendo lido, e sendo afeito a muitos dos conceitos verponológicos da *Conscienciologia* que a obra tão didaticamente traz, não poderia imaginar que a cada releitura pudesse sair tamanho cabedal de informações novas, pela forma simples, sincera, clara, realista, sempre tão útil em cada momento evolutivo pessoal. Mérito da autora, da obra e do amparo.

A propriedade do título só se compreende em toda a dimensão após a última página. E fica o sentimento de frustração benévola, misto de felicidade com aquela sensação de "como é que eu não havia pensado nisto antes?"

Deixo ao leitor o convite e a advertência: leia com atenção e, se achar que pode ajudar, faça como se fora trabalho de revisão de texto. Analise a coerência, a concisão, o conteúdo, não valorize apenas a forma. Faça por partes, sem pressa, mas compromissado. Este não é livro de heteroajuda como tantos outros, com receitas e prescrições médicas ou psicológicas. As técnicas propostas, eficazes para a autora e para tantos, não se propõem definitivas ou estanques e podem exigir adaptações.

As consciências são multimodais e multifacetadas. O valor está em experimentar, aplicando o conhecimento e buscando resultados únicos para cada individualidade. Faça o cotejo com a realidade atual, seu momento de vida, suas relações. Contudo, advirto: não será tarefa simples. Talvez seja necessário fazer pequenas pausas para metabolizar as substâncias sutis deste poderoso remédio composto que é o conhecimento.

Importa refletir mais profundamente, ajustar, aprender novos conceitos e se adaptar "às novas lentes" de ver o próprio mundo. Entretanto, com honestidade intelectual, o leitor receberá uma das maiores recompensas que o livro pode trazer: a ampliação do microuniverso intraconsciencial pessoal. Isso, por si, valerá o esforço evolutivo. *Porém, não acredite no prefaciador. Tenha as próprias experiências.*

Allan Gurgel, médico e conscienciólogo
Foz do Iguaçu, setembro de 2013

INTRODUÇÃO

Tenepes. A ideia central deste livro foi sugerida pelos amparadores no período de janeiro/julho de 1995 durante a técnica assistencial da *tenepes*[1] – *ta*refa *ene*rgética *pes*soal, iniciada em 6 de janeiro de 1995.

Eco. A obra anterior, *Síndrome do Estrangeiro*, publicada em primeira edição em 1998, encontrou eco em milhares de interessados e interessadas no entendimento da evolução da consciência a partir do processo *egocármico*[2] – autorrelacionamento afetivo.

Grupocarma. Em continuação, o livro *Autocura através da Reconciliação* é voltado à compreensão do papel da consciência no processo *grupocármico*[3] – relacionamento afetivo grupal.

Vivências. A pesquisa foi fundamentada nas vivências pessoais extraídas de cursos e palestras específicos sobre o tema, ministrados a *9.446 alunos, de mais de 30 nacionalidades* segundo anotações pessoais. Essas atividades pedagógicas ocorreram em 6 países desde 1995 (Argentina, Brasil, Espanha, Estados Unidos, Portugal e Venezuela). As ideias principais foram divididas em 11 capítulos, contendo 11 ideias-força e 18 técnicas, todas aplicadas pela autora com bons resultados.

Ciência. Além das ideias de autores da ciência em geral, as técnicas propostas pela Conscienciologia serviram de base para a pesquisa. A coautoria e docência em 109 cursos de Extensão em Conscienciologia e Projeciologia 1 (*ECP1*), ministrados

---

[1] *Tenepes.* Técnica energética pessoal é a transmissão de energia da consciência, assistencial, individual, programada, com horário diário, durante a vigília, auxiliada por amparadores e dirigida a consciências carentes ou enfermas, invisíveis à visão humana (Vieira, 1995).

[2] *Egocarma.* Princípio de causa e efeito, atuante na evolução da consciência, quando centrado no ego em si. Estado do livre-arbítrio preso ao egocentrismo infantil.

[3] *Grupocarma.* Princípio de causa e efeito, atuante na evolução da consciência, quando centrado no grupo evolutivo. Estado do livre-arbítrio individual preso ao grupo evolutivo.

desde janeiro de 1992, foram de extrema relevância para compor o conteúdo da obra (1992-2013).

Seriéxis. Dentre os múltiplos aspectos práticos, profiláticos e terapêuticos propostos, a Conscienciologia e mais de 300 especialidades, dentre elas mais especificamente a *Consciencioterapia*[4], a *Projecioterapia* e a *Holossomática*[5], explicam o modo pelo qual o corpo emocional – *psicossoma*[6] – armazena importantes aspectos da afetividade. Nessa abordagem, a biografia afetiva é consequência das relações interpessoais passadas, extrato de múltiplas vidas vividas pela consciência (teoria da pluralidade das vidas, *palingenesia* ou teoria da *seriéxis*[7]).

Estudo. O livro apresenta profundo *estudo sobre afetividade egocármica e grupocármica* da *consciência*[8], de natureza extrafísica e *imortal*. Não trata, portanto, apenas dos relacionamentos do *ser humano* de uma só vida.

Neoparadigma. Sem medo da ampla extensão do termo, atualmente, parte da comunidade científica aceita a ideia de a consciência não ter sido plenamente explicada pelas ciências físicas, daí a necessidade de novo paradigma para começar a compreender a sua verdadeira natureza (Dossey, 1992; Vieira, 1999a).

Epicentrismo. O *paradigma consciencial*[9] admite a consciência como epicentro da própria evolução. Essa localização

---

[4] *Consciencioterapia e projecioterapia.* Tratamento, alívio ou remissão de distúrbios da consciência, executados através de recursos e técnicas da Conscienciologia, inclusive a projeção consciente voluntária, ou experiência fora do corpo.

[5] *Holossomática.* Especialidade da Conscienciologia que estuda o Holossoma, conjunto formado pelos veículos de manifestação da consciência.

[6] *Psicossoma* ou *corpo emocional.* Veículo de manifestação da consciência que compõe o *Holossoma*. Chamado popularmente de *corpo astral, corpo afetivo, paracorpo emocional, corpo ideoplástico, perispírito* e outros.

[7] *Teoria da seriéxis.* Serialidade existencial. Teoria da série de existências pelas quais passa a consciência durante o processo evolutivo.

[8] *Consciência.* Alma, criatura, ego, ente, individualidade, espírito, essência, eu maior, personalidade, *self*, ser, substrato, agente organizador, sujeito e outros.

[9] *Paradigma consciencial.* Teoria-líder da Conscienciologia, fundamentada na própria consciência.

permite entender cada história afetiva que não foi iniciada *ontem* ou na vida atual. Admitir tal fato leva a consciência a viver existências presentes e futuras mais satisfatórias e produtivas. O enfoque multiexistencial amplia a compreensão dessa realidade e contribui para superarmos com mais rapidez o comprometimento evolutivo individual e grupal (rastro cármico) gerado pelo comportamento imaturo, ignorante e inexperiente das vidas anteriores.

Queloides. Nosso objetivo será o de caracterizar, discutir e apresentar soluções para os edemas emocionais, as paracicatrizes afetivas – *queloides*[10] emocionais ou *psicossomáticos*[11] (relativos ao psicossoma, paracorpo emocional da consciência) – resultantes de traumas evolutivos passados.

Marcas. Pela *Conviviologia*, no processo evolutivo importa fazer as *"reurbanizações"* nos relacionamentos. Somente com o entendimento e a reciclagem das marcas negativas deixadas pelas experiências emocionais passadas, será possível superar carências e frustrações ainda hoje presentes nos relacionamentos afetivos interpessoais.

Emoções. Os portadores de *queloides afetivos*, não raro, alimentam emoções destrutivas, tais como *ressentimento, amargura, ciúme, melancolia, revolta, inveja, reivindicação* e *autoculpa*,

---

[10] *Queloide.* Neoformação semelhante a um tumor, que aparece nas cicatrizes, tendendo a recidiva quando extirpada.

[11] *Psicossomática.* Especialidade da Conscienciologia que estuda o psicossoma, paracorpo emocional. Ciência das emoções. Ramo da Medicina que trata das inter-relações entre processos mentais, emocionais e somáticos, especialmente da maneira pela qual os conflitos emocionais influenciam a sintomatologia somática. (*Michaelis* Moderno Dicionário da Língua Portuguesa). Termo proposto em 1811 por Johan Christian Heinroth (1773-1843), psiquiatra alemão (somatopsíquica, 1928). O termo foi modernamente utilizado por Franz Gabriel Alexander (1891-1964), psicanalista húngaro (modelo biopsicossocial). Para alguns autores, o pioneiro da área foi Georg Groddeck (1866-1934), psicanalista alemão contemporâneo de S. Freud. Pierre-Bernard Schneider, médico psiquiatra e psicanalista suíço, propôs o termo Psicologia Médica (o mesmo que Psicossomática) (Mello Filho, 1992).

afetando a própria saúde psicológica e física, de maneira consciente ou inconsciente.

Heteronomia. Presas ao rancor e à mágoa, a maioria das pessoas tem o hábito de justificar a própria infelicidade apontando como causa o comportamento alheio. Essa postura implica em negação da autonomia pessoal e constitui distorção mais comum no uso do livre-arbítrio. Trata-se de equívoco condutor da insatisfação afetiva e da fuga de responsabilidades.

Intrusões. A desafeição interpessoal é responsável pela lentidão e, muitas vezes, pela completa paralisia na caminhada evolutiva do indivíduo. É forte impedimento à comunicação afetiva madura, deixando-o vulnerável às intrusões emocionais e energéticas de outras consciências, sejam elas humanas ou extrafísicas *(assédios interconscienciais*[12]*)*.

Soluções. A autocura progressiva tem início quando, compreendendo a necessidade de libertar-se, a consciência reconhece a interdependência entre todos os seres e passa a buscar com sinceridade, primeiro apenas em si própria, as respostas e as soluções para as dificuldades: *autonomia evolutiva.*

Ressoma. De acordo com a *Ressomatologia*[13], uma das provas do processo de interconexão e interdependência inevitável da consciência é a *ressoma*[14], ou renascimento físico, dependente sempre de, no mínimo, duas outras consciências. De uma delas, a mãe, ou portadora, a nova *conscin*[15] irá depender física e emocionalmente desde o início da vida.

---

[12] *Assédios Interconscienciais.* Intrusões no microuniverso consciencial, através de idéias, emoções e sintomas produzidos pelas conscins ou pelas consciexes. Invasão interconsciencial no holossoma.

[13] *Ressomatologia.* Especialidade da Conscienciologia que estuda a ressoma ou renascimento da consciex que passa para a condição de conscin.

[14] *Ressoma.* Renascimento intrafísico da consciência no soma.

[15] *Conscin.* Consciência intrafísica quando manifestada pelo soma e holochacra. *Intrafisicalidade.*

Porquês. Embasados nessa realidade, mais cedo ou mais tarde, torna-se necessário buscar o autoconhecimento para solucionar algumas questões: *quem eu sou? Por que isso acontece comigo? Por que essa família? O que será de mim amanhã? Como enfrentar a dificuldade desse relacionamento afetivo?* Neste momento, o perdão-reconciliação torna-se decisão imprescindível e constitui chave para a retomada da dinâmica autoevolutiva.

Decisão. O perdão real tem muito pouco a ver com a justiça humana ou com a suposta justiça divina. É muito mais autônomo e está relacionado à decisão íntima de mudar a si próprio, sem necessidade de, para isso, buscar autorização, esperar o consentimento alheio ou tentar mudar o outro.

Perdões. Existem tipos diferentes de perdão e de situações a serem perdoadas. *Há perdões e perdões.* Como exemplo, podemos citar o perdão à infidelidade afetivo-sexual. *É fácil? Quando é hora de perdoar? Quando se deve dar outra chance? Quando não o fazer? Há receita? Quem perdoa quem? Quem deve ser perdoado?* Segundo a sábia fórmula de Hipócrates, *cada caso é um caso.* E assim será.

Exemplo. Ana Maria Vidal-Abarca foi vítima do grupo terrorista *ETA*, do País Basco, na Espanha. Por isso, criou a fundação para ajudar os vitimados e publicou o livro *Perdones Dificiles*, (*Perdões Difíceis*, sem tradução para o português):

> Arrepender-se, reconhecer-se culpado ou responsável, não é uma manifestação patológica, mas um sinal de *maturidade*. Implica na superação da própria imperfeição (grifo nosso; Vidal-Abarca, 1999).

Elemento. Mesmo após admitir a necessidade de perdoar como elemento *sine qua non* para a autolibertação e o prosseguimento da jornada evolutiva, ainda é preciso identificar e entender o porquê da desafeição.

- *O que eu poderia fortalecer em mim para lidar melhor com tal pessoa?*

- *O que eu preciso aprender com ele ou ela?* Ampliação do campo visual.

Instrumentalidade. Após esta reflexão, torna-se necessário encontrar as ferramentas técnicas auxiliadoras para superação do desafio de maneira prática, eficaz e definitiva.

Possibilidade. Pela *Dessomatologia*[16], é possível aplicar o perdão mesmo com as pessoas-alvo da desejada reciclagem afetiva já ausentes da dimensão intrafísica pela morte biológica ou *desa*tivação *somá*tica (*dessoma*[17]).

Contato. Segundo a *Extrafisicologia*[18], ninguém se separa definitivamente. A falta de comunicação é relativa, pois, mesmo perdendo alguém de vista temporariamente, na dimensão humana ou intrafísica, é possível restabelecer o contato com aquela consciência através da abordagem multidimensional (dimensão extrafísica).

Projeciologia. Para estes casos, os 54 tipos de fenômenos parapsíquicos estudados pela Projeciologia, dentre eles a *clarividência, a percepção das energias, a intuição e a projeção lúcida da consciência*, podem ser de grande utilidade.

EFC. A *experiência fora do corpo* (EFC), chamada de *desdobramento ou projeção astral,* constitui valioso instrumento de comunicação. Tanto para o contato com outras consciências humanas – *conscins* projetadas todas as noites –, como para o contato com as consciências que "já se foram", passaram pela dessoma – *consciexes*[19], seres falecidos, desencarnados, consciên-

---

[16] *Dessomatologia*. Especialidade da Conscienciologia que estuda a desativação do soma ou dessoma.

[17] *Dessoma*. Desativação ou descarte do soma / holochacra, pois a consciência é imortal. Chamada morte biológica.

[18] *Extrafisicologia*. Especialidade da Conscienciologia que estuda a dimensão extrafísica.

[19] *Consciexes*. Consciências quando manifestadas pelo psicossoma / mentalsoma, extrafisicalidade.

cias não físicas ou extrafísicas, hoje situadas em dimensões mais sutis.

Amparadores. Toda pessoa sinceramente motivada para a reconciliação não está mais sozinha e poderá alcançar seu objetivo contando com a assistência direta das consciências amparadoras – seres extrafísicos técnicos interessados no amadurecimento de cada consciência. Admitidas em várias civilizações, essas personalidades já foram chamadas de *anjos da guarda, guias protetores, espíritos-lares, mentores ou benfeitores.* Contudo, como já sugerido no livro *Síndrome do Estrangeiro*:

> O ideal é evitar toda conotação mística associada com a assistência extrafísica, pois, na maioria das vezes, lidamos com personalidades já conhecidas de outras vidas e de períodos intermissivos[20] passados entre duas vidas humanas consecutivas (Balona, 2006).

Pendências. Este livro é oferecido a todos aqueles cujas pendências afetivas, pessoais ou alheias, continuam insolúveis com poucos resultados favoráveis alcançados no terreno da *Conviviologia,* da *reconciliação,* da *autoassistência* e da *assistência aos demais.* Também, aos que buscam aprofundar o entendimento dos mecanismos regentes da evolução pessoal e grupal.

Panaceia. Não há promessas milagrosas nem estamos propondo aqui a "panaceia" para produzir, no máximo, efeito paliativo *(me engana que eu gosto).* Não basta atenuar superficialmente a autoculpa, para quem vivencia a hostilidade recíproca sem solucionar o problema (Klein & Riviére, 1970).

Autoajuda. Na visão conscienciológica, a grande maioria das publicações da temática "autoajuda" é do tipo "água com

---

[20] *Períodos intermissivos.* Período extrafísico entre duas vidas consecutivas, vivido pela consciência após a dessoma.

açúcar". Superficiais, essas obras deseducam, consolam, passam a mão na cabeça, afagam o ego (egocentrismo, egoísmo, egomania, *egão* centrado no umbigo), contribuindo pouco para o amadurecimento consciencial. Portanto, o melhor é descobrir e fortalecer a ideia-força curativa pessoal inspirada durante a leitura do livro, propondo 11 *ideias-força* para o leitor ou leitora buscar aquela mais afim à própria necessidade.

Conscienciologia. Para quem deseja algo mais eficaz, por exemplo, o autoenfrentamento, a Conscienciologia propõe a reconciliação a partir de uma decisão íntima, inevitável e definitiva em prol da evolução. Isto acontece a partir da autoanálise técnica, séria, sincera e profunda, utilizando o corpo do discernimento – *mentalsoma*[21]. Chamamos este processo de *autopesquisa.*

Autopesquisa. Pela *Mentalsomatologia*[22], o mentalsoma é o veículo das responsabilidades induzindo a consciência a tomar iniciativas em prol da autoevolução. É com o uso desse veículo que a consciência descobre *o que precisa* e *o que pode* melhorar (autopesquisa), ao invés de culpar o outro e criar eternas expectativas frustradas pela mudança alheia.

Dialética. Pela *Assistenciologia*[23], existe o processo dialético na dinâmica evolutiva: quanto mais nos voltamos para o autoestudo – *autoconhecimento* –, mais percebemos a necessidade de auxiliar os demais – *fraternismo.* Quanto mais nos interessamos pelo bem estar dos outros, mais recebemos informações sobre a nossa realidade íntima.

Interassistencialidade. Como resultado, tornamo-nos mais úteis a quem nos cerca (*assistencialidade*). É o binômio: *auto-*

---

[21] *Mentalsoma.* Paracorpo do discernimento. Um dos quatro veículos que compõem o holossoma.

[22] *Mentalsomatologia.* Especialidade da Conscienciologia que estuda o mentalsoma.

[23] *Assistenciologia.* Especialidade da Conscienciologia que estuda a assistência ou auxílio prestado às consciências.

pesquisa-assistência. Vemos aqui, unidos, dois dos conceitos mais profundos e determinantes para a *evolução* e a *autocura consciencial*: o conhecimento da própria realidade íntima – autopesquisa – e o interesse real por mais alguém além de nós – assistência. Como pergunta o Prof. Jean-Pierre Bastiou em seu livro *Globe-trotter* da Consciência: *"E os outros?"* (Bastiou, 2002; Vieira, 2007b).

Evitação. Posturas causadoras de mal estar íntimo precisam ser examinadas de perto e sem paixão, evitando a formação do remorso patológico. Como será visto ao longo da leitura, a autoculpa não resiste à lógica, ao autodiscernimento e à racionalidade.

Autoculpa. A maior parte dos sentimentos de culpa é do tipo neurótico, não tem causas reais. É preciso eliminá-los. Porém, não vamos nos iludir: amadurecimento e autorrealização *não significam ausência de problemas, assim como saúde não é simplesmente ausência de enfermidade física* (Maslow, 1993).

Técnicas. Abordando com profundidade o estudo da evolução da consciência, ou *Evoluciologia*, a presente obra propõe técnicas para a reeducação das emoções destrutivas, principalmente a frustração e o remorso, sabotadores da *performance* autoevolutiva sadia.

Parte 1

Cinturão Egocármico e Grupocármico

*"**Recomposição** – A consciência deixa de ser vítima direta para atender às suas vítimas. Pouco a pouco recompõe os destroços de seus desmandos. É a fase da recomposição na qual tudo dá para trás. Neste período de Sísifo procura desensinar o que ensinou de errado. Exige da consciência imensa paciência e persistência."*

Vieira, Waldo – *Teste da sua Consciência Grupocármica.* 700 Experimentos da Conscienciologia; cap. 562; p. 626.

CAPÍTULO 1

AMPLIAÇÃO DO CAMPO VISUAL

Ideia-força: *Sanidade*

Definições (5): *Método*
Autopesquisa
Técnica
Autocura
Reconciliação

Quadro: *Quadro Básico de Autopesquisa = Saúde Holossomática (Dialética Egoísmo/Altruísmo)*

Definições. Quando o cirurgião faz os preparativos para realizar a operação, ele busca a visão anatômica (definição do objeto) do órgão a ser operado. Também vai precisar de todo o conhecimento científico sobre o caso. A partir daí, seleciona os instrumentos mais apropriados para o tipo de procedimento cirúrgico (incisão, corte) necessário e delimita a área de ação. Por outro lado, para bem explorá-la com mais segurança, necessita da máxima visão de conjunto do *campo operatório* e da assepsia do centro cirúrgico.

Processo. Quando se faz necessário entender ou pesquisar um tema íntimo, de base afetiva, o mesmo processo pode ser aplicado e vai exigir do interessado, ou interessada, a delimitação mais exata possível:

1. Do *objeto de estudo.*
2. Do *campo de pesquisa.*
3. Do *método científico* a ser utilizado.
4. Dos *instrumentos.*

5. Da *técnica* mais eficaz.
6. Do *ambiente* otimizado.
7. Da *equipe* qualificada.

Problema. Chega a hora de definir o problema, o conflito a ser superado ou extirpado. Para defini-lo é preciso conhecê-lo, saber no que consiste. Na abordagem da Conscienciologia, o pesquisador é, simultaneamente, *o objeto, o experimentador, o sujeito, a autocobaia voluntária e o campo da pesquisa.*

Análise. O método científico oferece, para esse fim, inúmeras técnicas facilitadoras da organização dos dados para análise. Com isso, posteriormente, parte-se com muito mais segurança para a solução do problema. O procedimento científico é a especificação de medidas a serem tomadas em dada ordem para se chegar a determinado fim (Watzlawick, 1977).

Metodologia. Na autopesquisa conscienciológica, o pesquisador é também o *método*[24]. É ele o criador da metodologia de autorregeneração baseada no paradigma pessoal (sistema de princípios e valores). Ele define, melhor do que ninguém, o instrumento e a abordagem mais adequada a ser feita. A autopesquisa permite ampliar, cada vez mais, a visão de si – campo operatório. *Quais são as autoabordagens ainda não utilizadas nesse caso (minivariáveis)*?

Autopesquisa. É a busca sistemática de informações para alcançar a maturidade do autoconhecimento e a saúde emocional. Para isso é preciso produzir novas experiências utilizando as técnicas mais adequadas.

---

[24] Método. Do grego, *méthodos* – que quer dizer *caminho para se chegar a um fim.* Caminho pelo qual se atinge um objetivo. Programa que regula, previamente, uma série de operações que se deve realizar, apontando *erros evitáveis,* em vista de um resultado determinado. Processo ou técnica de ensino. Modo de proceder, maneira de agir, meio. Prudência; circunspeção; modo judicioso de proceder; ordem (Novo Aurélio; O Dicionário da Língua Portuguesa; século XXI; Dic. Eletrônico; Versão 3.0; Ed. Nova Fronteira).

Questões. Quando o pesquisador se auto-observa, a partir do processo dinâmico, surgem algumas questões:

Quadro Básico de Autopesquisa = Saúde Holossomática (Dialética Egoísmo / Altruísmo)
1. Quanto de mim vejo refletido no outro? 2. *Quanto do outro vejo refletido em mim?* 3. Quanto identifico, na imaturidade do outro, aspectos autocarentes de melhoria? 4. Quanto mais desloco o foco pessoal, mais aprendo a meu respeito. 5. Quanto mais mergulho no meu microuniverso, mais amplio o conhecimento sobre os demais. 6. Tudo o que sou capaz de identificar no comportamento "certo" ou "errado" do outro, estou apto a aprimorar ou modificar em mim.

A informação útil só se transforma em *autoconhecimento* (saúde emocional) se for aplicada.

Definição: técnica é a aplicação inteligente de um conjunto de processos científicos, usados para obter resultados de ponta no domínio da produção. É a maneira mais eficiente para executar-se algo, o melhor experimento conhecido e já testado, o meio mais direto para se chegar à solução prática do problema (Vieira, 2003 c).

O menor caminho entre a *teoria* (informação) e a *prática* (experiência) é a *técnica*.

Staff. Toda autopesquisa há de ser interdependente. Por isso, o paracientista participativo contará com as outras consciências – seres humanos e extrafísicos – na condição de *staff* ou equipe de trabalho em prol do amadurecimento pessoal.

Assepsia. O autopesquisador ou autopesquisadora precisará do ambiente limpo, claro, controlado, asséptico, isento, otimizado para iniciar os procedimentos. Para garantir essa assepsia, o autoexperimentador deverá dedicar-se às práticas bioenergéticas de autodefesa (Cap. 10).

O Que é Autocura

Definição: autocura é a busca incessante da consciência pelo estado hígido, de equilíbrio, ou seja, pela saúde integral (física, energética, psicológica, emocional e mental). O resultado final desse processo é a libertação egocármica. O termo *autocura* não deve ser confundido com automedicação, cura alternativa ou similar. O profissional da saúde continua sempre indispensável em toda condição de sofrimento, seja ele psíquico, emocional ou físico.

Definições. *Curar*, do Latim, *curare;* debelar (doenças, feridas); restabelecer a saúde; tratar; cuidar; exercer a medicina; livrar da doença; remediar; emendar; corrigir; fazer alguém perder defeito moral ou hábito prejudicial. *Reconciliar*, do Latim, *reconciliare*; estabelecer a paz entre; restabelecer acordo entre pessoas; recongraçar; fazer perder a má ideia que se tinha de alguém; fazer o reatamento de amizades; tornar amigos pessoas malquistadas; pôr de acordo; conciliar, dentre outros significados (Cunha, 2001).

Campo. Entendendo melhor o que se pretende, cria-se novo posicionamento mental. Pesquisando com dedicação, identifica-se o conflito ou o problema e delimita-se o *campo operatório*. Para ampliá-lo é preciso conhecer as fronteiras, os limites da manifestação consciencial. *Quais são os meus limites atuais?*

Medicina. Não nos posicionamos contra a medicina oficial, nem a chamada complementar, tradicional ou alternativa. Ambas, prestadas com dedicação e ética, trazem o alívio necessário às dificuldades críticas do indivíduo, sejam elas orgânicas ou psicológicas.

Escolha. Tanto o leigo quanto o profissional de qualquer área precisam buscar saber *sempre* o nível do conhecimento técnico do profissional da área da saúde e noções do método ao qual se pretende recorrer, na hora de escolher entre a *alopatia*[25] ou a *homeopatia*[26], a *quiropraxia*[27] ou a *osteopatia*[28], a *antiginástica*[29] ou o método *Rolfing*[30], o tratamento ambulatorial ou a cirurgia.

Conclusão. Não basta ser chinês para ser bom acupunturista. É preciso ter formação compatível na área de saúde para exercer qualquer intervenção terapêutica sobre alguém. Também não se pode desqualificar certa linha terapêutica como inútil ou negativa, baseando-se em conhecimento superficial ou no trabalho do mau profissional.

Sugestão. Sobre esse tema, vale indicar a leitura do livro *Medicina Doce*, dos médicos Alexandros Botsaris e Telma Mekler

---

[25] *Alopatia*. Sistema terapêutico que consiste em tratar as doenças por meios contrários a elas, procurando conhecer suas causas e combatê-las. Termo introduzindo por Hahnemann (v. homeopatia) em cerca de 1850, com referência a qualquer outro método de cura que não o homeopático, e que, posteriormente, passou a abranger quaisquer outras práticas da medicina exercidas por médicos graduados em escolas não homeopáticas. (Novo Aurélio; O Dicionário da Língua Portuguesa; século XXI; Dic. Eletrônico; Versão 3.0; Ed. Nova Fronteira).

[26] *Homeopatia*. Sistema terapêutico criado por Christian Friedrich Samuel Hahnemann (1755-1843), que consiste em tratar as doenças por meio de substâncias ministradas em doses diluídas a ponto de se tornarem, por vezes, infinitesimais, consideradas capazes de produzir, em indivíduos sãos, quadros clínicos semelhantes aos que apresentam os doentes a serem tratados (Idem).

[27] *Quiropraxia*. Sistema terapêutico que, partindo do pressuposto de que as doenças resultam de disfunção nervosa, procuram corrigi-las por manipulação, e por outros cuidados de estruturas do corpo, especialmente da coluna vertebral; (*Ibidem*).

[28] *Osteopatia*. Modalidade terapêutica proposta pelo norte-americano Andrew Taylor Still (1828-1917). Preconiza que as doenças são causadas pela estrutura do corpo (Gordon, 1996).

[29] *Antiginástica*. Técnica criada por Thérèse Bertherat, partindo do pressuposto de que o ser humano sobrecarrega determinados músculos ou cadeias musculares em detrimento de outros, comprometendo, assim, o bom funcionamento de seu corpo. Para reverter o processo, a terapia se baseia em exercícios de alongamento (Botsaris & Mekler, 1996).

[30] *Método Rolfing*. Técnica criada por Ida Holf, baseada em massagens profundas, que visam descolar os músculos dos ossos, de modo a restituir a harmonia e a funcionalidade do corpo humano (Idem).

(tradução literal da expressão francesa *medicine douce*, se refere a *medicina suave*), utilizada para designar as medicinas tradicionais. Com isenção, a obra descortina noções básicas sobre diversas vertentes terapêuticas existentes, tanto para o leigo quanto para o profissional.

Cerne. Tudo isso ajuda, contudo não vai ao cerne da questão. *Cura mesmo, só aquela promovida pelo próprio interessado.* Somente o epicentro da experiência poderá cessar a *entropia*[31] energética representada pela doença.

De nada adianta terceirizar a autocura.

Participação. Segundo a Conscienciologia, a *heterocura* não existe. A *pseudocura* promovida de fora para dentro, muitas vezes sem a participação autoconsciente do interessado, sem o seu real consentimento, não pode ser duradoura. É paradoxal buscar a cura sem querer comprometer-se integralmente com ela. *Anticura* (Vieira, 2007b).

Adesão. Estar de acordo em ser curado chama-se fator de adesão ao tratamento e representa meio caminho para a cura real. Segundo pesquisas realizadas nas décadas de 1960 e 1970, entre 22% a 55% dos doentes não seguiam a prescrição médica. Outras pesquisas oficiais indicam: 95% de quem busca o atendimento médico apresenta sintomas simples ou inespecíficos (Botsaris, 2001).

Causa. *Muito ajuda quem não atrapalha.* Na maioria das vezes, o elemento impedidor da cura é justamente quem seria o maior beneficiado, ou beneficiada, por ela. Quem sofre com a enfermidade, geralmente, ignora a fonte, a causa real do seu problema e foge do esclarecimento de que mais necessita. Será que desejamos, de fato, nos *autocurar?*

---

[31] *Entropia.* Grandeza que, em termodinâmica, permite avaliar a degradação de energia de um sistema: a entropia de um sistema caracteriza o seu grau de desordem; 2ª Lei da Termodinâmica. Enciclopédia e Dicionário Koogan-Houaiss Digital; 2002.

Autorremissão. Nossa proposta é que o(a) interessado(a) assuma a parte que lhe toca, pelo menos não atrapalhando a autorremissão natural. Com essa atitude, já estará prestando ajuda inestimável a si próprio, tornando-se o principal aliado do processo natural de recuperação. O importante é ser participante ativo da própria cura, buscando descobrir as razões para ter chegado àquele estado patológico.

Autoclínica. *Autocura* é fazer a autogestão da enfermidade, principalmente aquela cuja origem é *paragenética*[32] (auto-herdada), ou seja, a consciência vem trazendo de uma vida para outra. Todos podem acionar o seu sistema natural de autocura. O enfermo interessado em conhecer o porquê de determinada doença e seus mecanismos faz a *autoclínica*[33] descobrindo onde e o quê precisa mudar.

Pesquisas. Na visão da Dra. Joan Borysenko (1999), fundadora da Clínica Mente/Corpo na Universidade de Harvard, Estados Unidos da América, 75% das queixas de doenças nas consultas médicas são devidas ao *estresse*[34] e à ansiedade e acabam se curando sozinhas.

Placebo. Em relação à importância do aspecto psicológico nas remissões, vale mencionar o resultado das pesquisas sobre o *efeito placebo*[35], inclusive em experimentos bem documentados,

---

[32] *Paragenética.* A genética adstrita às heranças, através do psicossoma, da vida anterior ao embrião humano.

[33] *Autoclínica.* Estudo de uma doença feito pelo próprio enfermo. (Novo Aurélio; o dicionário da Língua Portuguesa; século XXI; Dic. Eletrônico; Versão 3.0; Ed. Nova Fronteira).

[34] *Estresse* (do inglês, *stress).* Segundo um dos pioneiros na proposta do termo, Hans Selye (1947-1965), médico austríaco radicado no Canadá, *estresse* é a resposta psicofisiológica do indivíduo às situações do dia-a-dia, que requerem alguma adaptação. (Selye, 1984; Rossi, 1994; Mello Filho, 1992) .

[35] *Efeito-placebo.* Pílulas de açúcar ou outra substância inócua ministradas para substituir medicamentos e que funcionam devido à convicção do enfermo quanto à qualidade curativa do mesmo. Receitado a doentes imaginários crônicos ou a pacientes reais durante experimentos científicos controlados; (do Latim, *placere*, contentar). Tudo indica que o poder psicológico da convicção traz potente auxílio ao sistema imunológico (Simonton, 1987).

controlados com rigor e realizados no sistema *cego* e *duplo-cego*[36] (Mello Filho, 1992; Laskow, 1997; Nogueira, 2003).

Amparo. Há também casos de médicos e terapeutas positivos, éticos e *bem amparados*[37], cuja sala de espera funciona como campo paraterapêutico prévio para receber os pacientes. Nessas condições, a maioria destes apresenta melhora expressiva dos sintomas apenas por entrar em contato com esse campo energético paraterapêutico instalado, segundo a nossa experiência, pelos amparadores do profissional da saúde. *Abordagem bioenergética.*

Surpresa. Alguns queixosos se surpreendem, pois na hora da consulta já não apresentam os sintomas, e temem ser tomados por hipocondríacos, carentes afetivos com pseudoenfermidades ou doenças imaginárias apenas para receber atenção – males psicossomáticos (Mello Filho, 1992; Vieira, 1994; 2007b).

Efeitos. Felizmente, há profissionais sensíveis e predispostos admitindo os efeitos não físicos da ação terapêutica. Nesse caso, aprofundam a semiologia (prospecção dos sintomas), procurando infundir confiança ao paciente, dando credibilidade e valor ao seu depoimento.

Enfoque. Conforme a ampla discussão sobre o tema apresentado pela autora no livro *Síndrome do Estrangeiro*, na visão da Conscienciologia, o enfoque terapêutico é fundamentado no ato mental de cura, emitido pela consciência já suficientemente madura para se responsabilizar e perceber o ponto onde precisa melhorar. *Consciencioterapia e Projecioterapia* (Balona, 2006).

Estilo de vida. Tampouco é preciso esperar estar fisicamente doente para iniciar o processo de autocura. Como exem-

---

[36] *Cego e duplo-cego.* Experimento chamado de *cego simples*, é aquele em que os pacientes não sabem se estão recebendo um medicamento real ou um *placebo*, substância inócua ou falso medicamento. *Duplo-cego* é o experimento em que pacientes e experimentadores desconhecem qual é o medicamento e qual é o placebo.

[37] *Bem amparados.* Diz-se das conscins que, pela aplicação da cosmoética (mérito pessoal), recebem amparo extrafísico notório, seja na vida pessoal ou no exercício de atividade profissional, quando é chamado *amparo de função* (Vieira, 1994; Dossey, 1999).

plo, a reconciliação é medida preventiva de primeira necessidade para a manutenção do bem-estar íntimo e do progresso evolutivo pessoal e grupal. Autocura é estilo de vida, hábito sadio a ser implementado de modo permanente. *De nada serve aplicar a vacina ao doente terminal (fora do recurso terapêutico).*

Colaboração. A Conscienciologia, *ciência da consciência* e dos princípios individuais inatos (*cosmoética*[38]), através da especialidade *Conscienciioterapia* (apresentada na Introdução), pretende colaborar com a Medicina, a Psicologia, a Psiquiatria e a Biologia, dentre outras ciências. Para isso, propõe a criação da neoabordagem integral da personalidade, visando mais à saúde do que à doença, situando a pessoa na condição de responsável integral pelos resultados obtidos.

Pesquisa. Para os interessados no tema, sugerimos o Capítulo 12 do livro *Síndrome do Estrangeiro,* dedicado a essa modalidade terapêutica (Balona, 2006).

Congresso. No III Congresso Internacional de Projeciologia (CIPRO), realizado na cidade de Nova York em maio de 2002, os médicos Nário Takimoto e Roberto Almeida trouxeram os primeiros resultados das pesquisas realizadas pela modalidade clínica da *Conscienciioterapia,* utilizada de modo pioneiro no Brasil.

Amostra. A apresentação se baseou em amostra de 100 *evolucientes*[39] atendidos entre junho e setembro de 2001. O número total de atendidos até dezembro de 2001 foi de 534 pessoas (V. Takimoto & Almeida; Conscientiotherapy; JC – Journal of Conscientiology, *Supplement – Proceedings of the 3rd International Congress of Projectiology and Conscientiology*, 2002; p. 31 e 32).

---

[38] *Cosmoética.* Conjunto de leis extrafísicas, multidimensionais, que regem a evolução das consciências.

[39] *Evoluciente.* Neologismo proposto pela Conscienciioterapia para substituir o termo *paciente* que transmite a idéia de passividade perante a própria cura.

Autoconsciencioterapia. Com esse enfoque, a *Autoconsciencioterapia*[40], avançado processo terapêutico iniciado e mantido pela própria pessoa, é baseada na decisão de autoassistência *(sou o primeiro a favorecer a minha remissão)*, utilizando-se da heteroassistência (*muitos podem facilitar o resultado por mim esperado*).

Autocirurgião. Nessa abordagem, o interessado torna-se o autocirurgião. Ele reconhece algo a ser eliminado (comportamento patológico – *traços-fardo*) predominando o aspecto sadio (talentos, *traços-força*) e novas posturas (*trafais*, traços-faltantes) para alcançar o estado de equilíbrio ou *homeostase*[41].

Ideal. Quando já conhecemos o ideal, torna-se impraticável conviver com o *mais ou menos.* Então, partimos em busca do *ideal-possível. Se não serve, não serve mesmo.* Esse é o primeiro passo para a autocura e *"toda longa caminhada começa pelo primeiro passo"* (Lao-Tse, 604-531 a.e.c.[42]).

Comentários sobre o *TESTE DA CIÊNCIA DA RECONCILIAÇÃO*

(Vieira, Waldo; *700 Experimentos da Conscienciologia;* cap.65, p.129)

Harmonia. O correto é ser feliz, embora muitos já tenham aceitado a infelicidade como parte natural de suas vidas. Porém, normal mesmo é ser *sadio*. A doença é sinal de que a consciência ainda não está usando a competência natural para conservar o estado ideal de equilíbrio ou homeostase (harmonia interior).

---

[40] *Autoconsciencioterapia.* Técnica da Consciencioterapia aplicada em si pelo próprio interessado ou interessada.

[41] *Homeostase.* Processo através do qual o organismo mantém as condições internas constantes necessárias à vida (Enciclopédia Encarta 2000).

Walter Bradford Cannon (1871-1945), fisiologista experimental norte-americano, propôs do termo *homeostasis* (*homeo*, grego "quase a mesma coisa", *stasis*, grego "estado ou condição". Caracteriza o conjunto de processos que garantem de maneira ativa a estabilidade, a manutenção de um ponto ótimo, sendo o aparato medular simpático um dos sistemas responsáveis pelas respostas adaptativas do organismo a condições adversas (fome, frio, sede, calor e outros). Para alguns autores, o criador do termo foi o fisiologista francês Claude Bernard (1813-1878, *millieu intérieur*), considerado o pai da fisiologia moderna (Gordon, 1996).

[42] *a.e.c.*. Antes da era comum.

Doença. A enfermidade é formada pelo sistema de realimentação negativa, vetor que aponta para a necessidade de evolução, para a falta de autoconhecimento da consciência em algum aspecto. Para muitos, é a oportunidade para repensar a vida (Greenwood & Nunn, 1999). A doença é linguagem silenciosa, ou o professor de quem precisamos.

- *Por que esse tipo de doença?*
- *Por que nesse órgão?*
- *O que essa doença quer me dizer?*
- *O que tenho a aprender com ela?*
- *O que eu preciso mudar?*

Catarse. Em alguns casos, *a própria doença é a cura.* Pode-se morrer fisicamente porque o soma não resistiu, mas a consciência seguirá curada da causa. A enfermidade pode funcionar como purgação, *catarse*[43] *cosmoética,* e constitui a crise curativa de que, muitas vezes, a consciência precisa. Desde que ela entenda o recado evolutivo, deixe *cair a ficha* e aprenda consigo mesma, a enfermidade não se repetirá em vidas futuras. *Mude você enquanto pode, para que a doença não precise fazê-lo no futuro.*

Pensanidade. Outras vezes, vive-se aparentemente curado da enfermidade que, agora ou mais tarde, fará nova investida, devido a alguma ideia doente, a causa real, que não foi modificada. Nesse caso, não houve autocura e o corpo continuará "pagando a conta" nesta vida ou nas próximas. Por outro lado, há pessoas que não adoecem, simplesmente porque *a enfermidade não encontra hospitalidade em suas ideias* (Cousins, 1993). Eis um megapensene trivocabular que sintetiza o tema: *Pensanidade: pensenidade*[44] *sadia.*

---

[43] *Catarse.* Termo criado por Aristóteles, filósofo grego (384 a.c.-322 a.c.) que quer dizer purgação. É utilizado pela Medicina, pela Psicologia (Psicanálise) e no teatro. Catártica; terapêutica ou terapia; método catártico (Laplanche & Pontalis, 1970).

[44] *Pensene.* Unidade de manifestação prática da consciência, segundo a Conscienciologia, que considera o pensamento ou ideia (concepção), o sentimento ou a emoção, e a EC (energia consciencial) em conjunto, de modo indissociável.

Pensenidade. Qualidade ou nível evolutivo da consciência pensênica de alguém.

Pensenizar; Pensanidade = *pensenizar sadio.*

Suicídio. Levar uma vida sedentária, fumar, beber ou comer em excesso, intoxicar-se com drogas (inclusive a automedicação e a medicação desnecessária) são maus hábitos suficientes para acabar com a saúde, muito mais cedo do que se poderia esperar – *suicídio branco.*

"*A desafeição mata e envelhece prematuramente o organismo humano*" (Vieira, 1994).

Relações. As abordagens multiexistenciais e multidimensionais da consciência permitem afirmar que, efetivamente, convivemos tanto com os nossos amores quanto desamores, passados e presentes, físicos e extrafísicos. Nossas relações nunca estão numa única vida ou numa só dimensão. Elas envolvem débitos, dependências e pendências com aqueles a quem, muitas vezes, assediamos e/ou por quem somos assediados. Contudo, a maior prova de amor, de afetividade, é respeitar os pontos de vista do outro. "Manter uma amizade honesta e duradoura é prova de sabedoria" (Vieira, 1994).

Parada. Portanto, a irreconciliação retarda a evolução pessoal, mesmo a de consciências muito talentosas. A desafeição promove uma parada evolutiva, já que não existe *involução* ou *regressão evolutiva* (Vieira, 2007b).

Perdas. A essa altura, a parada no *box*, no acostamento evolutivo, se muito longa, nos deixa *fora do páreo,* e, na trajetória, perdemos principalmente as companhias de pessoas queridas. Já consumimos muitas vidas perdendo oportunidades de promover a reconciliação com os componentes do nosso grupo evolutivo. Essa seria das principais razões para voltarmos à vida humana em tantas ressomas compulsórias que sempre constituem novas tentativas de convivência (V. Cap. 3).

Profilaxia *versus* Terapia

Reeducação afetiva. A reconciliação aplicada hoje, como *terapêutica* afetiva, funcionará no futuro como profilaxia para as próximas vidas. Com isso, estaremos treinando, criando neossinapses para o entendimento e o perdão. A *terapia* é necessária e apresenta sempre resultados imediatos e mais visíveis. No entanto, a *profilaxia,* cujo resultado não aparece no presente, é mais avançada, constituindo investimento que trará benefícios mais duradouros amanhã.

Ciência. Vieira se refere à reconciliação na condição de ciência. Isso confirma a proposta feita na introdução deste livro: se quisermos promover reconciliações efetivas, vamos precisar não só de *hipóteses e teorias* como também de *método*, de *experimentos*, de *técnicas* práticas e de muita racionalidade para levar adiante o propósito. O trabalho do cientista da consciência é dedicado, sincero e incansável. Para isso, utiliza o corpo do discernimento – *mentalsoma.* E a ciência ainda é o melhor caminho a ser utilizado devido à exigência de isenção e de análise crítica (Luskin, 2002).

Tratados. Ainda não há tratados científicos sobre reconciliação. Há, sim, muitos livros cheios de conselhos sobre a questão. E, por esse motivo, o ditado popular *se conselhos fossem bons, seriam vendidos* não se justifica neste caso, pois são justamente esses livros os mais vendidos, transformados em *best sellers.* Isso indica a enorme carência de informações técnicas e práticas nesta área.

Enfoque. A maioria das obras encontradas sobre o tema apresenta enfoque místico ou religioso. Muitas trazem a já surrada e incoerente doutrinação baseada na autoculpa e no *temor a Deus.* Quem escolhe o caminho da autopesquisa precisa da energia pacífica exemplificadora, essencial para a motivação das consciências (Vieira, 2007b).

Tecnologia. *Faça o que eu digo, não o que eu faço.* A cada ano, com a maior naturalidade, canhões e soldados com edições blindadas da bíblia no bolso são abençoados com água benta para ir à guerra. É quando perguntamos: *há lógica nisso?* Onde fica a autoridade moral para falar de paz sem o repúdio explícito ao belicismo? Por que não desenvolver a *paratecnologia da reconciliação*?

Passividade não, Pacifismo.

Religiões. Há milênios, as religiões estimulam o sectarismo e o preconceito, patrocinando guerras motivadas por desentendimento, intolerância e desafeição. Será que estão na posição mais adequada para explorar o assunto reconciliação? Com que exemplos? Com qual experiência prática? A história mostra o caráter belicista das religiões (Overstreet, 1967; Vieira, 1994).

Exemplos. Vejamos alguns exemplos históricos e contemporâneos sobre querelas, litígios, rixas, rivalidades, intolerâncias e animosidades de base religiosa: a inquisição medieval; modernamente na Irlanda do Norte, protestantes e católicos; no Líbano, muçulmanos e católicos; em Israel, muçulmanos e judeus; e tantos outros. No passado ou no presente, a história se repete *ad nauseam* – até enjoar (Sorj, 2001; Luskin, 2002; Seligman, 2002; Toledo, 2003).

Ausência. Mesmo na ausência de tratados científicos profundos sobre o tema de estudo, este início de século pode ser considerado período dos mais profícuos da humanidade na publicação de obras sobre perdão e reconciliação. Nas modalidades *jurídica:* em relação às separações conjugais e processos em geral; *científica*: em relação às mediações da justiça restaurativa; *política*: em relação às minorias; *religiosa*: perante as etnias perseguidas; e outros (V. Infografia).

Mídia. Felizmente, durante a elaboração deste livro, começaram a surgir projetos científicos pioneiros sobre os benefícios do perdão. Obras sobre o tema continuam a ser publicadas no século XXI, aparecendo na mídia com força total.

Questionamentos. Poderemos consultá-las para sanar as nossas dúvidas? Ou os *pocket books* terão a resposta? E se adoecermos devido à hostilidade interpessoal? A psicologia e a medicina convencionais estarão aptas a erradicar o problema de modo eficiente, ajudando a promover as reconciliações autocurativas?

Psicossomática. Pesquisa realizada durante duas décadas pelo professor de Medicina, George Libman Engel (1913-1999), da Universidade de Rochester, EUA, demonstrou que 80% dos pacientes pesquisados que apresentavam enfermidades crônicas, tais como câncer e infarto, haviam passado por estresse psíquico prolongado, frustrações afetivas e desmotivação *antes* da manifestação da doença. Engel e seus colaboradores estabeleceram relação direta entre os problemas emocionais e os quadros patológicos dos pacientes (Kaplan, Sadock & Grebb, 1997; Benson & Stark, 1998).

Saúde. Como se vê, já não é raro para a ciência da saúde admitir que a desafeição, o conflito afetivo, a incompreensão entre os seres humanos está na raiz de muitos males físicos. A relação entre consciência, fatores psicossociais, cura comportamental e função imunológica já não pode ser encarada como *viagem na maionese* ou alucinação – *psiconeuroimunologia*[45] (Levy & Monte, 1998; Luskin, 2002).

Técnicas. Mas, isso não muda o nosso problema de lugar. Quais são as técnicas objetivas disponíveis para a erradicação dos males advindos dos relacionamentos interpessoais? Por quanto tempo ainda teremos que ouvir:

- O senhor não deve se contrariar, se aborrecer, discutir, se amargurar, nem sentir bronca, mágoa, tristeza ou ressentimento. E tome essa medicação caso isso aconteça.
- Na verdade, não é do seu pai que você sente raiva. Isso é apenas um *deslocamento da agressividade* que você sente pela sua mãe. Freud explica.
- Se você continuar sentindo o que sente pelo seu marido vai piorar a sua úlcera. O ideal é ficar de cabeça fria, fazer de conta que não ouviu, que não é com você, e pronto! Se não conseguir, tome um relaxante.

---

[45] *Psiconeuroimunologia.* Área da ciência que estuda a influência do estresse em nosso sistema imunológico (Levy & Monte, 1998).

Fármacos. A indústria farmacêutica dos psicotrópicos é das áreas que mais cresceram nas últimas décadas e arrecada milhões de dólares em todo o mundo. Contudo, *Prozac®*, *Lexotan®* ou uma simples *Aspirina®* não curam e nem exigem novas ideias ou posturas de ninguém.

Recursos. Com esse tipo de proposta, parece que o jeito é cada qual tentar buscar sozinho o alívio para as dores afetivas, contando com os próprios recursos, procurando dentro de si a solução necessária. É aí que surge a sensação de desamparo, de impotência e de falta de recursos.

Como. O que nos falta? Apenas experiência, *know-how*. Essa expressão inglesa quer dizer: *saber fazer* ou *como fazer*. Esse é justamente o *xis* da questão: *como?*

Amparadores. A resposta pode estar com quem pratica técnicas de reconciliação há milênios: nossos amparadores extrafísicos, especialistas em assistência. São consciências mais maduras que nos precederam na evolução, passando pelos mesmos percalços e desafios evolutivos pelos quais passamos agora. Eles têm algo a ensinar a respeito de reconciliação que ainda nos faz falta: *a experiência, a técnica, a prática e a isenção cosmoética.*

Questionamentos

Reflexão. Nesta fase das buscas é preciso enfrentar a *primeira reflexão* como pré-requisito básico para a próxima etapa:

1 – Você admite, de modo natural, a possibilidade de receber assistência, ajuda, inspiração, amparo vindo de outras dimensões?

Crença. A *doutrina materialista* é crença persistente introduzida oportunamente após o obscurantismo medieval, que passou a dominar o pensamento científico. De acordo com esse paradigma chamado mecanicista ou fisicalista, os três princípios básicos para se fazer ciência são: *a certeza do conhecimento cien-*

tífico, a separação entre mente e matéria e o entendimento do Universo funcionando como máquina (Greenwood & Nunn, 1999).

Materialismo. O principal responsável por esse movimento foi o brilhante filósofo francês René Descartes (1596-1650). Por isso, o materialismo científico também é conhecido como abordagem ou sistema de pensamento cartesiano. *Cogito ergo sum – penso, logo existo* (Pierrakos, 2000).

Postura. Fundamentado nessa premissa, para avaliar ideias ou opiniões de alguém, admitir uma única vida em apenas um corpo e numa só dimensão passou a ser sinônimo de equilíbrio, racionalidade, lógica, objetividade e, portanto, de postura científica e digna de crédito.

Criacionismo. Entretanto, o meio científico não está vacinado contra crenças religiosas, e há muitos cientistas religiosos. É só ver o exemplo do criacionismo[46] nos Estados Unidos da América e até no Brasil.

Sistema. Diante disso, é importante considerar o materialismo também como sistema fechado de crenças, quase religião para alguns homens de ciência. Doutrina cujo fundamentalismo tem conduzido a ciência e os cientistas a comportamentos paradoxais e anticientíficos.

Superstição. Negar a existência da consciência e sua manifestação multidimensional, por medo ou preconceito, é mais um exemplo de superstição científica que, sem pesquisas exaustivas, tem levado os pesquisadores e a pesquisa ao beco sem saída. *Experimento, logo existe.* E se existe, é preciso investigar (Balona, 2006). Eis um megapensene trivocabular que sintetiza o tema: *materialismo: megassuperstição científica.*

O ceticismo extremo atua na condição de *cinto de castidade* para a ciência oficial.

---

[46] *Criacionismo.* Doutrina religiosa introduzida na condição de pseudociência, que nega a teoria da evolução das espécies de Charles Darwin e outros cientistas, atribuindo a Deus a criação do mundo e todos os seres que nele habitam.

Pesquisa. A pesquisa científica é o segmento que sempre mereceu amparo extrafísico diferenciado, devido à repercussão dos seus achados para a evolução da humanidade. Isso sempre ocorreu através da captação de ideias originais durante estados alterados da consciência (EAC). Através deles, têm surgido soluções criativas para os problemas que afligem o homem e a ciência. O físico inglês Isaac Newton (1642-1727) e o matemático alemão Friedrich Kekulé (1829-1896) são alguns exemplos históricos destes fatos (Vieira, 2007b).

***Projecto ergo sum* "Projeto-me, logo existo".**

Admissão. Felizmente, hoje, pelo menos 5% da comunidade científica já admite a sobrevivência da consciência após a morte – *paradigma sobrevivencialista.* Alguns dos seus membros assumem abertamente ter recebido inspiração extrafísica para suas descobertas. Em muitos casos, não são personalidades místicas ou religiosas.

Troca. Adotar nova base filosófica pessoal não implica necessariamente adotar crença religiosa. Pelo contrário, estaremos melhor sem ela, já que de nada adianta trocar o *dogma científico* – sistema fechado de crenças – pelo *dogma religioso* que representa outro. É como trocar o *prego pelo parafuso.*

Sentido. Portanto, admitindo que somos sobreviventes à realidade do mundo físico, que existe de fato a realidade extrafísica e que o auxílio de amparadores sempre se faz presente no curso evolutivo da humanidade, há sentido lógico para investir na melhoria das relações afetivas que nos mantêm interdependentes.

Amizades. Não é preciso ser dono da verdade absoluta para contribuir com a melhora da realidade que aí está. Constitui prova de coragem, das atitudes mais inteligentes que denota maturidade, ampliar o nosso círculo de amizades, tanto com outras conscins, quanto com as consciências de outras dimensões. Segundo a Conscienciologia, *todas as nossas amizades e inimizades têm bases multimilenares e multidimensionais.*

Reflexão. Se já refletimos com sinceridade sobre a primeira questão proposta, estamos aptos a enfrentar a *segunda pergunta:*

2 – Você admite, ainda que como hipótese, sem desconforto, a *teoria da pluralidade de vidas*? Fica revoltado quando ouve falar disso? Exige provas? Acha ilógico? Acha que esse problema é religioso? Que depende de fé ou de crença? Qual é o seu posicionamento íntimo diante dessa possibilidade?

Aproveitamento. Embora com dúvidas naturais, mesmo sem ter ainda todas as respostas, aproveitaremos muito mais as propostas contidas neste livro se nos sentirmos à vontade neste quesito.

O EDUCANDÁRIO SINGULAR

(Projeções da Consciência, Vieira, Waldo, 2002; Cap. 3, p. 22-24)

> As projeções ensinam que nunca se deve desprezar os conhecimentos pessoais e as amizades conquistadas no transcorrer da existência humana, por mínimas que sejam. Agora ou depois, aqui, na matéria ou algures, na dimensão extrafísica, os destinos se cruzam, as alegrias se renovam porque nenhuma inteligência se extingue no caminho da evolução.

Farsa. A consciência é uma entidade não espacial e atemporal. Ao que tudo indica, também imortal. Logo, não há mais tempo ou espaço para negações materialistas pueris e pouco isentas, na maioria das vezes espúrias, interesseiras e autocorruptas. Falar de *consciência* é sempre acabar com a farsa intrafísica e contrariar interesses egoicos imediatos.

Encontros. Vieira traz a ideia do tempo contínuo para a consciência imortal. Por isso, estamos fadados a encontrar, aqui ou ali, hoje ou amanhã, não apenas aqueles que cruzam os nossos caminhos de maneira aparentemente fortuita. Também aqueles com quem convivemos mais de perto, de maneira mais duradoura. E vamos precisar sempre, e muito, da compreensão alheia para atravessar os períodos de turbulência, os *"surtos de imaturidade"* ou as paradas evolutivas, embora as recaídas também façam parte do processo de autocura.

Crises. Quantas vezes vivemos crises ou regressões psicológicas, afetivas ou emocionais? Quando tudo passa, o que mais desejamos é contar com a compreensão daqueles que nos amam. É deles que esperamos mais, pois nos conhecem melhor. Que tenham, mais uma vez, paciência, e que *perdoem o mau jeito...* Mas e quando se trata da nossa relação com os outros? Qual seria a nossa postura na situação inversa? Temos facilidade para perdoar as crises alheias? E como lidamos com as próprias?

Capítulo 2

Hipótese teórico-prática da Autocura

Ideia-força:	*Multidimensionalidade*
Quadros (2):	*Quadro do Autodiagnóstico* *Mapa de Acompanhamento*
Filmes (2):	*Os Outros (The Others)* *Amor Além da Vida (What Dreams May Come)*
Hipótese:	*Parte 1 – Intencionalidade Sincera* *Parte 2 – Salto Evolutivo*
Técnica:	*Técnica da Visão Panorâmica Aplicada*

Tarefas. Com base na Conscienciologia, toda tarefa a ser executada na programação existencial (proéxis), por mais árdua que pareça, foi aceita e planejada pela própria consciência visando a autoevolução. Portanto, em todas as situações:

1. Há uma ou mais de uma solução.
2. Há várias maneiras de resolvê-las, não uma única.
3. Há possibilidades diferentes para cada pessoa.
4. Há dose certa de desafios para desenvolver a autoconfiança, através da autossuperação.

Soluções. Toda ciência tem como compromisso oferecer soluções para determinados problemas. Sabemos, contudo, que nem sempre é o que ocorre. Por exemplo, a pesquisa visando a alta tecnologia bélica é uma das mais caras do mundo e não é exatamente a solução de que mais precisamos para sermos felizes ou termos melhor qualidade de vida. Pelo contrário, a ciência bélica, se puder, define a *qualidade da morte* que teremos: bombas? Guerra bacteriológica? Bacilus antraxis? (Azevedo, 2002).

Ciência sem consciência. Podemos concluir que a ciência oficial é ainda imatura, *aética* ou *anética*, pouco preocupada com a evolução da consciência. Não prioriza o indivíduo nem dedica o conhecimento que organizou para agilizar o amadurecimento da humanidade (Morin, 1996).

Qualidade. A ciência de ponta, conforme a Conscienciologia, é aquela que oferece a hipótese mais ousada e tem como objetivo principal melhorar a chamada qualidade de vida evolutiva. No caso da *ciência da consciência*, a qualidade de vida íntima, intraconsciencial.

Hipótese. A melhor explicação científica sobre qualquer fato, situação, evento ou fenômeno não é a mais complicada ou complexa, e sim aquela mais simples e que consegue cobrir a maior quantidade de variáveis. Essa é a hipótese que permanecerá em vigor até que seja refutada por outra explicação ainda mais simples *(Navalha de Occam)*[47].

Teática. Segundo o paradigma consciencial, modelo de abordagem que admite a consciência no centro de todos os eventos, a hipótese deve ser, antes de tudo, *teática* – teórica e prática. Aquela que pode ser experimentada pelo pesquisador e que atende à maioria das questões envolvidas no problema. Apresentamos a hipótese da *Autocura através da Reconciliação*, dividida em duas partes:

Hipótese - Parte 1 - *Intencionalidade Sincera*

Abordagem multidimensional. Toda consciência que emprega esforços com sinceridade de intenções visando a evolução pessoal *(libertação egocármica)* é ouvida na multidimensionalidade, passando a receber de amparadores-*experts* informações práticas originais para a solução dos seus conflitos.

---

[47] *Guilherme de Occam ou Ockham.* Filósofo medieval inglês que viveu entre 1280 e 1349. Autor da célebre proposta científica: *as hipóteses não devem ser multiplicadas além do necessário. Dentre elas, deve-se preferir a mais simples.*

Justificativa. Durante o sono comum, através do recurso da projeção consciente ou experiência fora do corpo, mesmo quando não rememorada pelo interessado, sincronicidades são estrategicamente planejadas. Com este concurso, as partes envolvidas no conflito passam a encontrar-se, tratando dos múltiplos aspectos das concessões e entendimentos mútuos, com vistas à reconciliação futura.

Início. Com o auxílio técnico dos mediadores, a fase preparatória tem início com *catarses extrafísicas*, desabafos e explicações entre as partes para descarregar as energias emocionais de desentendimento – desrepressão. Desse modo, ocorre o *desassédio*[48] criando novas oportunidades de futuros encontros físicos e extrafísicos mais produtivos. *Dejaísmo projetivo*[49].

Extrafísica. A modalidade de autocura extrafísica através da projeção consciente ou experiência fora do corpo é denominada *projecioterapia* (Balona, 1991; Vieira, 1994; Drouot, 1996, Buhlman, 1998).

Síntese: toda consciência predisposta à reconciliação recebe atenção direta dos seus professores extrafísicos de evolução – evoluciólogos ou orientadores evolutivos – com vistas à *recomposição grupocármica* (Vieira, 2007b).

Hipótese – Parte 2 – *Salto Evolutivo*

Abordagem multiexistencial. Toda consciência que detecta e desfaz os nós afetivo-energéticos do psicossoma (*queloides emocionais*) apoiada no estudo comparativo de suas múltiplas vidas – *seriexialidade existencial* –, sai da inércia para promover um salto evolutivo. Para tal, beneficia-se da liberação de energia obtida pelo perdão como alavanca. *Abordagem Bioenergética.*

---

[48] *Desassédio.* Afastamento de intrusão doentia e monoideísmos (auto-obcecações), através de idéias, de emoções ou de energias.

[49] *Dejaísmo projetivo.* Da expressão francesa *dèjá-vu*, já visto; falsa memória; impressão de já ter visto ou encontrado uma pessoa, visitado um lugar ou vivido uma situação. Reconhecimento de informação ou experiência colhida pela consciência quando projetada, fora do corpo humano.

Justificativa. *Reflexões:* eu já vivi essa situação antes? Qual o meu percentual de responsabilidade no processo em que essa pessoa se encontra hoje? Desde quando isso se arrasta? Qual atitude posso modificar agora para não mimetizar, repetir essa situação nas próximas vidas?

Ampliação. Com essas reflexões, o(a) interessado(a) promove a ampliação da visão de conjunto (autopesquisa, autoconhecimento) podendo explorar com mais sucesso as situações (conflitos) que dependem apenas do seu livre-arbítrio para serem modificadas.

Síntese. Toda consciência reconciliadora promove o salto evolutivo. *Salto lógico ou libertação grupocármica* (Watzlawick, 1977; Vieira, 1994).

Técnica da Visão Panorâmica Aplicada

Dimensionamento. Das técnicas mais práticas para auxiliar quem de fato deseja reciclar o seu ciclo existencial nesse planeta é analisar seriamente a teoria da pluralidade das vidas.

Objetivo. A ideia não é a de convencer o(a) leitor(a) ou levá-lo(a) a consolar-se buscando o mero conformismo evolutivo. Nosso objetivo é apenas o de informar.

Lógica. A compreensão da seriexialidade, longe da visão mística ou religiosa, nos traz a lógica da evolução e dá sentido real a todos os nossos anseios e esforços. A convicção íntima de já ter vivido antes é ato de inteligência evolutiva (IE) perante os fatos da vida e da Natureza. Justamente para evitar a acomodação, a preguiça e a negligência evolutiva:

Se tenho toda a eternidade
para evoluir, para que correr?
***Autocorrupção*[50] grosseira.**

[50] *Autocorrupção.* Mecanismo de defesa consciente usado deliberadamente pela consciência como último recurso para negar ou para justificar o próprio comportamento quando já indefensável.

Fuga. A falsa impressão de que não haverá outra oportunidade leva a consciência a cair no desânimo. Diante das dores afetivas que paralisam a autoevolução, a depressão, a angústia, as fobias e até o suicídio surgem como rotas de fuga.

Evolução. Vivemos vidas críticas, pois muito já se sabe (teoria) e pouco se aplica do conhecimento adquirido (prática). Além disso, as oportunidades evolutivas são singulares e se sucedem, mas jamais se repetem. Às vezes descobrimos que *éramos felizes e não sabíamos*. Para evitar tal constrangimento, a *Técnica da Visão Panorâmica Aplicada* pode ser ferramenta útil. Consiste em aplicar, em cada contexto da vida, a meta evolução como parâmetro maior sobre todo tipo de dificuldade do dia a dia.

Perguntas. Este enfoque permite ampliar a visão de conjunto, corrigindo o excesso de valor dado a mesquinharias: *esse é apenas mais 1 passo rumo à minha liberdade evolutiva. Quantas vidas ainda vou esperar para abrir mão disso ou para corrigir esse erro? O que posso fazer hoje para otimizar minhas vidas futuras?*

Responsabilidade. Com essa reflexão, tudo toma o seu real tamanho, perde a importância descabida, e *caímos na real* ganhando maior lucidez quanto ao que fazer. Passamos a priorizar o essencial, o que tem peso maior do ponto de vista evolutivo, em vez de esperar pela saturação dos erros repetidos. Desse modo, vamos adquirindo tranquilidade interior mais duradoura. Quando se trata de evolução, a consciência merece sempre o melhor. Cabe a ela, e a mais ninguém, esta responsabilidade.

Planejamento. O planejamento cuidadoso de cada passo, envolvendo a abordagem de personalidades físicas ou extrafísicas com vistas à reconciliação, deverá ser feito com a máxima isenção (técnica abordada no Cap. 9). A autocrítica – análise fria – desapaixonada impedirá as distorções da nossa onipresente autocorrupção *(desculpa esfarrapada)*, mantenedora da incoerência evolutiva. Muitos bloqueios energéticos têm como origem a autocorrupção sistemática (Vieira, 2007b).

Antiemocionalidade. A partir do planejamento, pode-se alcançar previsibilidade relativa do próprio comportamento, adotando cronograma, com metas e meios para alcançar os resultados definidos. Planejamento envolve reflexão, análise, avaliação, ponderação e decisões com a *cabeça fria*. A emoção faz a cabeça ferver a muitos graus. E a adrenalina, já se sabe, é péssima conselheira. O melhor é buscar no mentalsoma o motivo real para a mudança. E a primeira consulta pode ser feita conosco de modo sincero, sem depender da presença ou do aval de ninguém:

Quadro do Autodiagnóstico

1. Ainda vivo justificando minhas atitudes perante aquela pessoa?
2. Ainda acho que a "culpa" é dele ou dela?
3. Ainda quero que os outros tomem o meu partido contra ele ou ela?
4. Ainda penso que minha melhora depende dele ou dela: se ele(a) parar eu também paro. Se ele(a) mudar eu mudo depois?
5. Ainda ocupo o meu tempo mental com diálogos mudos imaginários ou comentários mentais negativos sobre alguém (ruminação mental obsessiva)?

Anistia. Se, de fato, chegarmos a conclusão que a hostilidade constitui o foco da doença, que a reconciliação é o caminho, que é necessário enfrentá-la, que constitui boa saída e que a iniciativa pode ser apenas nossa, estaremos aptos a prosseguir. Desculpar significa *isentar de culpa, desculpabilizar*. Enquanto alguém se sentir ofendido, a reconciliação não progride. Quando isentamos o(a) culpado(a), mesmo tendo sido ofendidos ou supostamente ofendidos, quem mais poderá culpá-lo(a)? Apenas ele(a) mesmo(a). O nome técnico para isso é *indulto ou anistia* (Vidal-Abarca, 1999).

Mapa. Outra ferramenta importante para a organização pessoal no processo de reconciliação é abrir arquivo especial ou gráfico, destinado a acompanhar o desenvolvimento do caso em estudo, ao modo do exemplo básico:

Mapa de Acompanhamento

Pessoa	Tipo de conflito	Reações dele(a)	Minhas reações	Quando ocorre	Técnica	Resultados
Exemplo: Pai	*Exemplo: Controle / Manipulação / Chantagem Emocional*	*Exemplo: Raiva / Ciúme / Inveja*	*Exemplo: Fragilização / Baixa auto-estima / Vitimização*	*Exemplo: Quando há choque de interesses / opiniões*	*Exemplo: da Visão Panorâmica Desdramatização*	*Exemplo: melhorou / diminuiu / mudou*
Mãe						
Irmã(o)						
Tio(a)						
Amigo						
Chefe						
Esposo(a)						
Filho(a)						
Colega de Trabalho						

Observação. Não é preciso escrever o nome da pessoa, para evitar estigmatizações e evocações contraproducentes. O importante é manter o foco na qualidade da intenção e considerar, em cada reconciliação, pelo menos estes 4 aspectos:

1. Causas diferentes.
2. Pode ter sido tentada em várias vidas.
3. Corresponde a situações diversificadas.
4. Apresenta resultados distintos.

Etapas. O fator *tempo* será aliado importantíssimo, contudo não resolverá nada sozinho. Eis 6 etapas clássicas otimizadoras da reconciliação:

1. **Decisão:** reflexões sobre a necessidade de perdoar.
2. **Aceitação:** responsabilidade relativa.
3. **Reconhecimento:** cada um tem o direito de ser como é.
4. **Aplicação de técnicas:** X, Y, Z, outras.
5. **Percepção dos benefícios:** acompanhamento dos progressos.
6. **Avaliação técnica** dos resultados alcançados.

Comentários:

1. *Por que perdoar, o que perdoar?*

Iniciativa. Refletindo com profundidade, acabamos descobrindo que nada temos a perdoar aos demais. Temos que perdoar primeiramente a nós mesmos por termos permitido que tal situação ocorresse. Com essa abordagem, sentimos cada vez mais a necessidade íntima, a vontade firme e a satisfação em buscar o perdão do outro. É o mesmo que assumir a iniciativa pela reconciliação. *Perdoar é um ato de amor a si mesmo* (Laskow, 1997).

2. *Por que me responsabilizar? Do que me responsabilizar?*

Grupos. Por fim, aceitamos que no mundo há poucos (os mais maduros) assumindo responsabilidades cada vez maiores e os restantes (os mais imaturos) culpando os demais. Toda ausência de atitude positiva, assertiva e pró-ativa está onerando alguém. *De qual grupo quero fazer parte?*

3. *Por que desistir de mudar os outros?*

Autobiografia. Não podemos mudar a biografia de ninguém. Podemos, no máximo, aperfeiçoar a própria autobiografia, que sempre pode ser revisada e melhorada. Cada qual tem o direito de ser como é, a começar por nós mesmos. Com o fim da ilusão de mudar o outro, a correspondente expectativa frustrada, na maior parte das vezes, desaparece (economia energética), aumentando a energia disponível para a ação.

Realidade. É o caso dos pais que se desesperam por não compreender o comportamento destrutivo do(a) filho(a), apesar de todo o carinho e a boa educação oferecida. Se já é tão difícil mudar a si mesmo, imaginemos tentar mudar o outro. Quando, por fim, aceitamos essa realidade, muitas vezes a melhora ocorre de modo espontâneo.

Expectativas. Às vezes, a situação é inversa: os filhos depositam expectativas exageradas nos pais, como se a eles coubesse a responsabilidade de tudo saber, de adivinhar o futuro, de preparar e defender os filhos de todos os contextos naturais da vida.

4. *Para que usar técnicas?*

Organização. É preciso combater a autodesorganização emocional. Sem organização mínima e a ajuda de técnicas, não sairemos do lugar. Logo, chegou a hora de aplicar o que aprendemos.

5. *Para que servem os resultados?*

Ganhos. A consciência sofre quando percebe que está indo *do nada para lugar nenhum*. Por isso é tão importante registrar os ganhos reais com a mudança da atitude mental: não nos contentamos mais com prêmios de consolação, com ganhos afetivos secundários e efêmeros.

Valor. Desse modo, mudamos o paradigma pessoal: se somos capazes de mudar para melhor, o que não é nada fácil, então, temos valor real (autovalor, autovalia, autovalorização). Dessa forma, podemos construir uma autoestima sadia, assumindo a responsabilidade pelo uso do livre-arbítrio em causa própria. Viramos o jogo, criamos o *turning point*, fazemos o *momento da virada* ou a reciclagem íntima.

Reconciliação em Outras Dimensões

Dimensão. As técnicas oferecidas pela Conscienciologia poderão ser aplicadas pelos(as) interessados(as) em qualquer contexto. Encontrar a pessoa na dimensão física constitui problema geográfico relativamente fácil – *onde está a pessoa*? Já na dimensão extrafísica, para encontrar aqueles que já dessomaram, existem circunstâncias mais complexas – *como encontrar a consciência-alvo em outras dimensões? Para onde ela foi? Como fazer a evocação correta para produzir o encontro desejado? Esse encontro é possível? Deve ser tentado nesse momento?*

Exemplo. Muitas vezes, mesmo nas relações afetivas sadias, por diversos motivos, há grande dificuldade para promover o encontro extrafísico almejado. Às vezes, as partes envolvidas estão sendo, inclusive, poupadas para não caírem em tristeza improdutiva. Como exemplo, a mãe que desejou tanto encontrar fora do corpo, o filho querido dessomado em idade precoce, e quando isso ocorreu entrou em depressão. Com revolta pela vida que ainda lhe restava viver longe do filho amado, queria morrer também.

Expectativas. Ajudar alguém nestes casos não constitui tarefa simples, nem mesmo para amparadores experientes. *Emenda pior que o soneto.* É preciso organizar-se emocionalmente para essas situações: *estou preparada(o) para o encontro extrafísico? O que direi? O que farei? Como reagirei caso o reencontro seja decepcionante?* Estas reflexões ajudam a minimizar expectativas infundadas.

Ideias fixas. Às vezes, a dificuldade está no fato de que a consciência procurada encontra-se na condição de *parapsicótica pós-dessomática*[51], em recuperação ou em convalescença extrafísica em algum distrito, sem compreender o que lhe ocorre, presa a algum círculo monoideísta de pensamentos (ideias fixas) e emoções. Ver filmografia: *Os Outros* (*The Others*) e *Amor além da Vida* (*What Dreams May Come*). Essa situação vai exigir paciência

---

[51] *Parapsicose pós-dessomática.* Condição em que a consciência já perdeu o corpo humano, mas pensa, sente e julga que ainda prossegue vivendo *dentro dele* e com ele.

e ainda maiores esforços da nossa parte. Por fim, tudo o que seja voltado para a benignidade e a pacificação entre as consciências conta com a assistência direta de intermediários extrafísicos especializados.

Amparadores. A adoção da postura interassistencial permitirá fazer a abordagem extrafísica da *consciex-alvo* da reconciliação de maneira produtiva. O importante no processo reconciliatório, seja entre conscins ou consciexes, é o planejamento da neoestratégia evolutiva a partir da conexão com os amparadores pessoais e os da consciência-alvo.

Abordagem. Essa condição permite inclusive que eles atuem na escolha da situação mais cosmoética para promover o entendimento mútuo. Essa mudança de abordagem mental é decisiva. Deixamos de nos comunicar através dos assediadores da pessoa, daqueles que não lhe querem bem, para entrarmos em sintonia com aqueles que têm interesse direto no seu crescimento e, logo, no nosso.

Foco sadio. Ao cessar a condenação mental e o julgamento da atitude alheia, deixamos de compartilhar os pensamentos, emoções e energias dos seus desafetos humanos e extrafísicos, para sintonizar os pensamentos, sentimentos e energias daqueles que objetivam promover a saúde e o equilíbrio de todos. O importante é manter a esperança lúcida e a positividade, para que, como assinala o princípio da cosmoética, *aconteça o melhor para todos.*

Capítulo 3

Convivências Compulsórias

Ideia-força: *Afinidade*

Técnica: *Técnica dos 10 Valores Pessoais Básicos*

Paradoxos (2): *Inseparabilidade Grupocármica* versus *Separação Evolutiva*

Evolução Pessoal versus Princípio da Grupalidade

Quadro: *Mapa dos 10 Valores Pessoais Básicos*

Egocarma. O primeiro tipo de convivência compulsória para a consciência, seja homem ou mulher, é a própria companhia obrigatória – *egocarma.* No livro *Síndrome do Estrangeiro,* o tema foi amplamente explorado (Balona, 2006).

Grupocarma. O segundo tipo de convivência compulsória, como o próprio termo *grupocarma* indica, refere-se ao compromisso pessoal com o conjunto de consciências que compõe o entorno social da conscin: família, amigos, conhecidos, colegas de profissão, relações afetivas em geral. Esse grupo torna-se bem mais extenso quando admitimos a interdependência com outras dimensões. *Abordagem multidimensional.*

Compromisso. A partir das nossas escolhas através de vidas sucessivas, criamos compromissos benéficos ou patológicos, laços espontâneos ou forçados pelos débitos com os componentes das nossas relações. O carma é justamente a trama energética, o tecido afetivo, o produto final, ou a consequência desse comprometimento inarredável da evolução.

Amizades. Os laços afetivos positivos são formados ao longo de múltiplas vidas e de experiências benéficas em comum. Isto explica a confiança instantânea que sentimos em relação a determinada pessoa conhecida há pouco tempo (devíamos dizer *re*encontrada). A isso chamamos *afinidade positiva.* Amizades nascem a partir de *ideias afins.* Por exemplo, duas pessoas que compartilham o mesmo tipo de interesse, ambas valorizando o crescimento pessoal em detrimento do *status* social.

Inimizades. Um dos aspectos que contribuem para gerar incompatibilidade entre as consciências é o *gap* evolutivo (falta de identidade cosmoética, desníveis de maturidade ou de experiência positiva em comum). A *desafinidade* é um tipo de afinidade negativa. Desafeições surgem do choque entre *ideias diferentes.* Por exemplo: uma das pessoas preza a ética e a outra adota a *lei do gersismo* sempre que tem oportunidade (levar vantagem em tudo). A lição evolutiva que já aprendemos, a duras penas, agora nos parece natural, lógica, certa e até óbvia. Para o outro pode ainda ser desconhecida, incógnita.

Timing. Os ritmos de aprendizagem e evolução – *timing* evolutivo – dependem, quase sempre, da saturação de cada nível de experiência anterior. Isto se dá em momentos distintos para cada pessoa envolvida. É a condição que conduz a tantos e constantes mal-entendidos. E com eles, surge certa exasperação da nossa parte, fazendo-nos sentir, inclusive, escandalizados e ofendidos com a ignorância do outro.

Frustração. Passamos então a cobrar atitudes que nos parecem mais coerentes e apropriadas naquela circunstância. Supomos que o outro *sabe* o que é o melhor, mas insiste, faz de propósito, da forma pior, apenas por prazer, como provocação intencional para conosco. Como não há ressonância, entendimento ou compreensão daquilo que está sendo comunicado, reivindicado ou reclamado por ambas as partes, sentimos que nossos esforços não têm eco, não valem a pena, que estamos perdendo tempo. Surge a frustração e o ressentimento é realimentado (Laplanche & Pontalis, 1970; Vieira, 2007b).

Filosofia. Cada grupo social tem normas afetivas próprias. Em alguns expressar determinado tipo de emoção é permitido. Por exemplo, pode-se demonstrar *raiva*, enquanto a *tristeza* pode ser interpretada como *fraqueza*. Outros já veem com bons olhos a expressão da mágoa, do ressentimento, embora encarem a reconciliação como falta de posicionamento, o mesmo que *entregar os pontos*, do tipo *maria-vai-com-as-outras*.

Contrafluxo. Não é possível agradar a todos sem se desagradar primeiro. Temos que fazer a nossa escolha, pois na vida humana vamos aprender que não dá para evoluir e ser aplaudido por todos, simultaneamente.

Lei. Desafeição é basicamente *incomunicação*. O outro não tem o código de acesso para a informação que está sendo transmitida, não raro devido à simples falta de experiência compatível. Não consegue captar o que expomos porque não tem vivência, exemplos pessoais, conexões cerebrais (sinapses) para tal. Aqui, caberia ao mais maduro, ao mais experiente, ao que possui mais informação, a responsabilidade na tarefa de ceder para alcançar a melhoria do relacionamento. É a aplicação da *lei de responsabilidade do mais lúcido*. Mas, na prática, não é o que acontece com frequência.

O que chamamos de *maldade*,
consciências maduras
consideram *falta de experiência*.

Pergunta. Por esse motivo, voltamos tantas vezes à vida humana para pedir perdão e perdoar, tentando aprender a conviver em harmonia com os mais diversos níveis de maturidade.

Esse seria esse dos principais motivos para estarmos aqui hoje, vivendo essa vida onde estamos e ao lado de quem vivemos. Nada é por acaso. Muitos ainda se perguntam:

Se a evolução se dá em toda parte, para que renascermos juntos na dimensão intrafísica?

Resposta. A resposta é simples: a dimensão intrafísica é a mais democrática. Permite reunir consciências de níveis evolutivos muito diferentes, criando novas oportunidades para o aprendizado através dos reencontros e das reconciliações.

Afinidade. Na dimensão extrafísica, o processo dos reencontros se dá por afinidade positiva ou *identidade cosmoética*. O que nos reúne ou nos separa em outras dimensões, após cada vida, é a sintonia evolutiva. O grupo evolutivo se reúne no período intermissivo – a cada intervalo entre duas vidas humanas consecutivas – para fazer o balanço do que foi aprendido. A faixa e o nível de aprendizagem, neste caso, é comum.

Comprometimento. Já o grupocarma, seja humano ou extrafísico, representa o nível de comprometimento passado. Muitas vezes, seus componentes não têm a mesma procedência, nem saíram da mesma comunidade extrafísica. Nem sempre os seus membros se encontrarão, após a dessoma, nos mesmos distritos extrafísicos de onde vieram, e poderão ficar desencontrados até por milênios.

Apartheid. Talvez seja essa a interpretação que gerou a alegoria do *inferno*, espécie de *apartheid* ético criado pelas religiões. Como vamos ser felizes por toda a eternidade observando, impotentes, o sofrimento de consciências a quem amamos presas nos débitos e nas malhas da ignorância? Esse constitui, de fato, o verdadeiro inferno íntimo.

Intercessão. Deste conflito nasce, na consciência mais predisposta, a necessidade de participar, de ajudar, de assistir se possível, quem ficou para trás – intercessão. O afeto que dedicamos a alguém na dimensão humana ou intrafísica não basta para deixá-lo em sintonia evolutiva conosco após a dessoma. Por isso, o entendimento da reconciliação, hoje, nesta vida humana crítica, é tão importante. O ideal é evitar os *nós* da incompreensão agora, para que não sejamos *nós* os *"pomos da discórdia"*[52] de amanhã. *O resgate das relações afetivas é imperativo da evolução.*

Interprisão Familiar: maus exemplos em grupo

(Comprometimentos passados)

Ações. Quando transgredimos as leis da evolução – *cosmoética* – interferindo, dificultando, atrasando ou impedindo a evolução de outras consciências, criamos o compromisso futuro de retornar a esta mesma dimensão para mudar o padrão de energias deixado pelas nossas ações antievolutivas.

Liberdade. Enquanto a limpeza não se processa através da compreensão e do amadurecimento grupal reimpulsionando a evolução dos envolvidos, conferindo liberdade, anistiando a todos, desfazendo os nós afetivos, o grupo permanece atado nessa e, provavelmente, nas próximas vidas.

Indulto. Este impasse é responsável pelo atraso na evolução pessoal, acrescentando mais peso ao egocarma (comprometimento inicial relativo às pendências conscienciais autoevolutivas). Toda vida em grupo (família, profissão) tem enredo, é temática. O indulto evolutivo intergrupal é, portanto, necessário.

Paradoxo: Inseparabilidade Grupocármica *versus* Separação Evolutiva

Partilha. Quando um grupo de consciências, por decisão e livre-arbítrio, comete atos de prejuízo evolutivo a terceiros, cria-se o comprometimento grupal. A inseparabilidade familiar, profissional ou grupocármica é justamente a consequência e a partilha de responsabilidade pelos erros e maus exemplos cometidos em conjunto no passado (Vieira, 2008).

---

[52] Anotações pessoais (Curso *ECP2*; 20 a 22/3/97; Rio de Janeiro).

Interprisão grupocármica[53]. É a condição que, em muitos casos, envolve a *vitimização*[54]. A inseparabilidade é fruto do determinismo evolutivo. Em geral, os motivos foram interesses egóicos espúrios e anticosmoéticos, corrupções grupais em prol de ganhos de mais afeto, poder, dinheiro, sexo e outros afins, conquistados e defendidos em atos arbitrários (Vieira, 2007b).

Erros. É muito comum encontrar famílias humanas formadas por grupos de consciências vitimadas pelo seu próprio passado de erros, de maus exemplos mútuos e consentidos. *Parceiros na imaturidade.* É por essa razão que, na maioria das vezes, seus membros têm dificuldade tanto de conviver quanto de se separar. A convivência é forçada, imposta pela cosmoética, devido ao acobertamento de erros mútuos no pretérito (Vieira, 1997a).

Reeducação. Isso explica o caso de famílias cujos membros brigam muito entre si e, no entanto, se unem, no afã de defender um deles quando ameaçado ou atacado. Portanto, o sábio mecanismo evolutivo compulsório para a formação de famílias (quadrilhas, clãs?) ainda parece ser o mais apropriado para a nossa reeducação afetiva.

Na família humana, a consciência deixa-se nivelar por baixo. No grupo evolutivo, tem a oportunidade de nivelar-se por cima.

Razão. Não se pode afirmar que lares disfuncionais sejam necessários para a evolução pessoal, ou que não precisem

---

[53] *Interprisão grupocármica.* Condição da inseparabilidade grupocármica do princípio consciencial evolutivo ou consciência.

[54] *Vitimização.* Penalização dos atos anticosmoéticos de transgressão cometidos no passado. Esta é uma condição paradoxal para aqueles componentes do grupocarma e muitas vezes para a própria consciência: "*Uma pessoa tão boa e tudo de ruim acontece com ela.* É aquela vida em que a consciência decide regenerar-se e *o mundo cai literalmente na cabeça*. Segundo Vieira: "*de líder, passa a ser vítima da própria máquina antissocial que ajudou a criar*".

ser reciclados. No entanto, ninguém vai parar em determinada família nuclear sem razão específica. Além disso, quem convive com grupocarma do tipo *barra pesada* já tem gabarito para lidar com ele e dar o autoexemplo de reeducação. *Tudo tem a razão evolutiva de ser.*

> Assim como toda cura é uma autocura, toda educação é uma autoeducação (Vieira, Waldo; *700 Experimentos da Conscienciologia;* p. 110).

Conciliação. Até ontem, num passado não tão distante, o comportamento daqueles que hoje são nossos familiares ou colegas de trabalho nos parecia perfeitamente natural, pois compartilhávamos os mesmos valores. Isso leva a concluir que, de algum modo, em algum momento da trajetória evolutiva, houve afinidade, conciliação de interesses.

A *reconciliação* sadia de hoje é necessária para recompor a *conciliação* imatura de ontem.

Comportamento. Se, hoje, o processo evolutivo nos exige a reconciliação, é justamente porque antes havia conciliação de algum tipo. As novas experiências evolutivas sinalizam que aquela conduta do passado já não é a melhor. Ao constatarmos isto, nossa vontade é *rifar*, *deletar* aquela relação, como se nada mais tivéssemos em comum. No entanto, se hoje repudiamos aquele comportamento (graças à nova cosmoética adquirida), não podemos esquecer que para os demais membros do grupocarma o antigo procedimento permanece válido, sendo ainda aplicado como a melhor opção, a mais positiva e legítima para aquele nível evolutivo.

Exemplos. A filha que não sai de casa (adolescente tardia, *geração-canguru*) apesar de não se entender bem com ninguém, porque não consegue superar a autoculpa que sente em relação aos pais; a esposa que não deixa o marido alcoolista, apesar dos maus tratos, por medo, submissão e covardia de enfrentar a vida; a moça que, pela *culpa no cartório*, não se separa do noivo que vive ameaçando suicidar-se se for abandonado e tantos outros casos.

Autorretratação. Aproveitando o reencontro com os antigos desafetos para desfazer o passado negativo comum, a imantação ou libertação do grupocarma vai depender de quanto estamos dispostos a aceitar o compromisso da reciclagem intraconsciencial (*recin*).

Recomposição grupocármica[55]. Assumimos o papel de reeducadores pessoais (autorreeducadores) quando partimos do autoexemplo de regeneração sincera perante o grupo com o qual, provavelmente, cometemos as mesmas arbitrariedades que hoje condenamos.

Reféns. Esta é a condição de interdependência na evolução: enquanto o grupo não for esclarecido pelo autoexemplo de regeneração de 1 dos seus componentes, todos permanecerão *atados*. Portanto, é inteligente tomar a iniciativa de *abrir mão*. Alguém precisa ceder. É preciso partir para a reconciliação-evolução. O perdão permite libertar-nos do passado, quando deixamos de ser auto-*reféns*.

Saída. Embora, no primeiro momento, a saída do local de convivência (casa, emprego) pareça ser a solução mais fácil, a ruptura, a separação geográfica nem sempre resolve. Podemos mudar para o outro lado do mundo e continuar conectados ao grupocarma em pensamento. A aparente solução pode constituir novo problema. *A consciência madura planeja e executa a saída de casa, a imatura foge* (Weissmann, 1966; Watzlawick, 1977).

A distância geográfica inexiste perante a multidimensionalidade.

Rapport. Em certos casos, deixar a atração gravitacional da família ajuda a sair da acomodação, dando-se as costas à *doce*

[55] *Recomposição grupocármica*. Período de Sísifo, em que a consciência procura *desensinar* tudo o que ensinou errado.

gaiola de ouro. Contudo, o *rapport*, a afinidade energética negativa ou positiva, manterá a conexão constante, de perto ou de longe. Dito popular: *longe dos olhos, perto do coração*. Ou presente no mentalsoma (pensamento, intenção, lembrança), repercutindo no psicossoma (sentimento, emoção).

Sintonia. Pensamos e sentimos emitindo energia (*pensene*). Este processo não está adstrito a nenhum local físico ou geográfico. Depende apenas da evocação e da sintonia, *mais* ou *menos* equilibrada. Esse conceito será aprofundado no próximo capítulo. Mesmo na dimensão extrafísica, pós-dessoma, podemos permanecer *unidos* (quando existe afeto) ou *atados* (quando há desafeto) àquelas consciências com as quais criamos codependência afetiva (Vieira, 1994; Pierrakos, 2000).

Convite. A evolução consciencial é o processo no qual, segundo a segundo, a consciência é convidada a aplicar, com criatividade e visão de conjunto, níveis cada vez mais sofisticados de cosmoética. Logo, os desafios, conflitos, dilemas, crises e impasses constituem o *conteúdo do envelope* que ela recebe, no momento do convite, com as neopropostas evolutivas.

Autoexemplo. Vivemos uma série de existências. Cada uma representa teste de competência para deixarmos exemplos de autossuperação – rastros positivos da trajetória consciencial. Viemos a esta dimensão para nos reconciliarmos, servirmos uns aos outros e *desensinarmos* o que, muitas vezes, praticamos e ensinamos de errado no passado – mau exemplo pessoal (Vieira, 1994).

Um *autoexemplo* cosmoético vale por mil tentativas de esclarecimento.

Ressonânicias. Os laços de afeto-desafeto nos mantêm unidos de modo similar, pois constituem ressonâncias vibratórias do passado. Toda a base dessa imantação e assedialidade (quando existe perseguição mental e energética de natureza extrafísica) está, na maioria das vezes, relacionada ao *psicossoma* – corpo emocional.

Hostilidade. E não adianta *fazer de conta* que estamos ajudando quando nos sentimos, de fato, sobrecarregados pelo grupo e quando a nossa intenção real é de nos livrarmos de algum ou de todos os seus membros, de *cair fora,* de *sumir do mapa* o mais depressa possível. A escuta extrafísica é permanente, detectando nossas mais profundas intenções. Enquanto essa atitude mental perdurar, mais estaremos afinizados e enredados. A hostilidade também é fonte de potente afinidade e imantação energética. É como areia movediça: quanto mais esperneamos, reclamamos e nos debatemos, mais afundamos.

Se o afeto une, o desafeto ata.

Separação Evolutiva

Desligamento. Mas o que é *separação evolutiva*? É a condição na qual o convívio ou a presença de alguém de relacionamento difícil deixa de nos incomodar, não constitui problema. A separação evolutiva representa o contrário da interprisão. É o desligamento cármico natural. Podemos continuar a conviver com aquelas consciências num outro contexto.

Energia. A energia consumida na manutenção do conflito passa a ser investida na criação de novos laços afetivos. Ao optarmos pela reconciliação e pelo entendimento, pela ajuda possível a todos, produzimos o resgate, fazemos o desassédio e não somos mais onerados com a imposição evolutiva ou cármica da aprendizagem compulsória.

O que leva à *libertação cármica* é a atitude madura.

Efeito-halo. A reconciliação (autorretratação através do exemplarismo) representa importante estágio do curso grupocármico[56]. É a decisão evolutiva avançada, nascida do corpo do discernimento – mentalsoma. Ela permite que a consciência retome a liberdade relativa, coopere para o aumento da média de maturidade geral, mude o curso da autoevolução e, pela ressonância (efeito-halo), o da evolução grupal (Vieira, 2007b).

Evolutividade. Os termos *evolução* e *evolutividade* estão sendo empregados no sentido de experiências aproveitadas, aprendizagem da cosmoética, frutos da autopesquisa, quando finalmente a consciência compreende o porquê de seu envolvimento em determinado episódio.

Mérito. Evolução não quer dizer superioridade arrogante perante ninguém: "*sou mais evoluído do que você*". É processo cumulativo fundamentado no saldo cosmoético – síntese dos resultados evolutivos de cada um. Com a mudança de padrão vibratório (frequência, onda, faixa, sintonia), a consciência é desligada do grupo de referência de maneira natural. Tornando-se mais preservada, separa-se daquelas consciências às quais esteve imantada, passando a criar afinidades com seres de padrões energéticos mais compatíveis.

Cobrança. Por fim, a consciência-alvo da nossa reconciliação até admite que talvez a nossa escolha seja a mais acertada e válida, mas apenas no nosso caso. Ele ou ela ainda não se sente pronto para receber ou oferecer o perdão. Não tem força suficiente para fazê-lo. Nesse caso, a nossa presença passa a significar incômoda cobrança evolutiva, denúncia muda e constante da falta de prioridade autoevolutiva daquela conscin. E não precisamos insultar ninguém com a nossa maturidade relativa.

Dissidência. Somente desse modo, concedemos a anistia e somos autoanistiados, liberados para prosseguir, deixando para trás, com todo o respeito, aqueles que escolheram caminhar

[56] *Curso grupocármico.* Conjunto dos estágios da consciência dentro do grupo consciencial evolutivo (Vieira, 1994).

mais devagar. Esse pode ser este o mecanismo de cisão com os guias extrafísicos amauróticos (cegos), antigos parceiros e parceiras evolutivos.

Etapa. Há quem aprecie nossos defeitos, como meio oportuno de compartilhar do mesmo nível evolutivo conosco. Eis porque tanto esforço em ressaltá-los, segurando e prendedo quem deseja caminhar. Evolutivamente, estamos sempre mais próximos de quem tem problemas similares. Quando superamos aquela linha de aprendizagem somos naturalmente liberados para a próxima etapa.

Fã. É preciso compreender que, muitas vezes, nosso maior perseguidor evolutivo, na pele daquele familiar assediador ou assediadora, é apenas *fã mal-resolvido,* inconformado com o nosso progresso relativo, num típico caso de *amor não correspondido*. Há o falso afeto imposto pelo determinismo e o sentimento real que nasce da compreensão e do livre-arbítrio.

Laços. Por outro lado, é preciso ter abertura para admitir que fazemos o mesmo papel quando manipulamos ou detemos o crescimento de alguém. Controlar, chantagear, criar codependências, sejam elas financeiras, psicológicas ou afetivas, é a prisão que encarcera, antes de tudo, o próprio controlador. Entre a vítima e seu algoz, há laços emocionais impenetráveis.

EVOLUÇÃO GRUPAL

(Projeções da Consciência; Vieira, Waldo, 2002; Cap. 40, p. 128-130)

Quando despontamos no meio de uma família humana, como pai, mãe, irmão, irmã, acatamos fraternalmente a convivência dentro do lar com a consciência mais equilibrada e a desequilibrada, o tranquilo e o exaltado, o estudioso e o negligente, o intelectual e o menos brilhante, o de contato agradável e o de relacionamento difícil.

E não somos incentivados pela vida nem pela natureza a excluir do roteiro, em razão de preconceitos, antíteses, contradições e paradoxos, aquele mais necessitado da assistência extrafísica segundo os padrões ideais assentados pelos nossos pontos de vista.

Pelo contrário, quase sempre em razão da existência desse mesmo companheiro é que fomos chamados ao renascimento dentro de condições pré-montadas.

A ordem natural não está em relegá-lo ao esquecimento, mas em prosseguir com ele à frente (Vieira, 2007b).

Passo. Por este motivo o perdão representa um passo novo e definitivo, pondo fim à vitimização. *Perdoar é libertar-se de ser algoz ou vítima para sempre.*

Paradoxo: Autoevolução *versus* Princípio da Grupalidade

Eis aqui, mais um aparente paradoxo evolutivo representado pelo *Princípio da Grupalidade:*

Toda consciência evolui pelo autoesforço. Porém, agiliza a autoevolução em grupo.

Autoevolução **– evolução individual pelo esforço próprio.** **X** ***Heteroevolução*** **– interdependência com a evolução grupal.**

Iniciativa. O perdão é a energia libertadora que permite dissolver a imantação grupal negativa, deslanchando o processo evolutivo de todos os envolvidos. Quem toma a iniciativa pela reconciliação é quem mais lucra. Libertando, ganha mais liberdade relativa para caminhar. *Espírito de humanidade* (Vieira, 1994).

Para produzir em grupo, não basta conviver bem com os demais. É preciso saber conviver bem consigo mesmo (Marina Thomaz; ECP2; Brasília, abril 2002).

Técnica dos *10 Valores Pessoais Básicos*

Elementos. A pessoa pode ter muitos interesses, mas, geralmente, tem apenas, no máximo, *10 valores essenciais básicos* para nortear a própria vida. Por exemplo, o ser amado, o trabalho, os elementos dos quais não pode abrir mão nessa dimensão. *Uma conscin, mesmo vulgar, em geral tem 1000 crenças, 100 atitudes, mas apenas 10 valores* (Vieira, 1994). Não podemos confundir *valores* com *princípios pessoais*, e *princípios* com *metas*, objetivos de vida. A falta de objetivo é fator inibidor da autocura.

1. **Princípios.** Linha de conduta ética que serve de diretriz, ditame moral, *valor-raiz.* Eis alguns dos princípios pessoais cosmoéticos que compõem o código pessoal de cosmoética (*CPC*) adotados pela conscin: não aceitar suborno; ser leal ao companheiro ou companheira da dupla evolutiva ou do casal comum; ser solidário e sincero nas relações afetivas; não conspirar ou falar mal gratuitamente de pessoas ausentes ou presentes; não pensar mal de ninguém nem de si próprio, dentre outros.

2. **Valores.** Qualidade afetiva atribuída a algo ou alguém; ponto que merece a nossa atenção e cuidado, e que tem peso nas decisões diárias. Por exemplo, o parceiro ou parceira, a noiva ou o noivo, a namorada ou o namorado; filhos; a produtividade intelectual; os cuidados com o soma e derivações; a prática assistencial; os amigos e parentes; a profissão; a autoavaliação permanente (conscienciometria: autopesquisa e heterocrítica), o transporte pessoal (carro), a criatividade intelectual; ou mesmo a economia (sobrevivência financeira).

3. **Metas.** Objetivo final, ponto central de interesse nas realizações que dá validade aos nossos esforços. Por exemplo:

o domínio das energias; o desenvolvimento parapsíquico (clarividência e outros); o domínio da projetabilidade lúcida; tornar-se praticante da *tenepes* (técnica assistencial apresentada na Introdução e aprofundada no Cap. 11). Estas podem ser *metas* ou objetivos de curto, médio e longo prazo para qualquer pessoa motivada.

Síntese. Os valores mudam de vida para vida ou até na mesma vida. As metas passam. Uma vez alcançadas, dão origem a novas metas. Contudo, os princípios, nascidos do Código Pessoal de Cosmoética (*CPC*), permanecem sendo aprimorados, aperfeiçoados, vida após vida. *A cosmoética é a síntese da evolução pessoal.* Para testar o reconhecimento dos nossos princípios, valores e metas, podemos preencher o mapa abaixo respondendo a 4 questões básicas:

1. *Quais são os meus valores nessa etapa da vida?*
2. *São valores válidos, respeitados ou desvalorizados pela minha própria negligência?*
3. *Dou valor aos meus valores? Vivo consoante a eles?*
4. *Vivo através de princípios próprios ou a partir de valores emprestados: dos filhos, da mulher, do marido, dos irmãos, do namorado, dos colegas de profissão, da opinião pública e outros?*

Listagem. Após encontrar as respostas, de tempos em tempos, por exemplo a cada seis meses, faremos a revisão dos nossos valores. Dessa forma, será possível verificar se os autoprincípios seguem sendo respeitados e se estão coerentes com as metas. Que tal fazer agora a nossa própria listagem, mantendo sempre atualizados os *10 valores pessoais básicos?*

Conclusão. O exercício constante da aplicação desta técnica permitirá enxugar, fazer correções, reciclar, evitar os desvios na rota e, por fim, constatar de maneira efetiva os progressos alcançados. É preciso lembrar que viver a partir de princípios pessoais, e não pelas normas pautadas pela opinião pública ou por quem quer que seja, não é tarefa simples. Preservar os valores selecionados como pauta de vida libera a consciência de toda carga extra que carrega, deixando apenas o essencial para a manutenção da felicidade íntima.

Mapa dos 10 Valores Pessoais Básicos

Valor Pessoal	1ª Data	Data da 1ª Revisão	Data da 2ª Revisão	Comentários
1.				
2.				
3.				
4.				
5.				
6.				
7.				
8.				
9.				
10.				

Padrão. Podemos agregar valor, tirar partido e imprimir alto padrão de qualidade às nossas convivências compulsórias. Tudo depende da preservação dos princípios, da definição dos valores e da coerência com as metas pessoais. "Muitas vezes, o que as pessoas chamam de *pensar* é mera reciclagem das opiniões dos outros..." (Branden, 1995).

Capítulo 4

Teoria do PenSenE = Pensar + Sentir + Executar (Energia Pessoal)

Ideia-força: *Intencionalidade*

Técnicas (3): *Técnica da Madrugada: campo de atuação do amparo*

Técnica da Pesquisa Etimológica

Técnica da Intersecção: cruzamento de linhas afins

Pensene. A *Pensenologia* protagoniza a primeira ordem lógica das especialidades da Conscienciologia. Prioriza o estudo e a pesquisa do *pensene* – primeira unidade de manifestação da consciência. Criado constantemente, de modo indissociável, o *pensene* é formado pelo *pen* de pensamento ou *intenção, sen* de sentimento ou de *emoção* e o *ene* de *energia.* Sugere a emissão de ideia que transporta carga emotiva, permitindo registrar, num ato único através da energia, a presença e o nível evolutivo (maturidade) do seu emitente. A *teoria do pensene* foi proposta no tratado *700 Experimentos da Conscienciologia*, teste 324, p. 388 (Vieira, 1994).

Traços. Essa unidade mínima de informação gerada pelas consciências de maneira contínua é a razão da expressão *assinatura pensênica* quando nos referimos às pegadas energéticas por elas deixadas. Os traços pensênicos das consciências sempre podem ser seguidos.

Animosidade. Todo pensamento próprio – *autopensene* – que produz mal-estar deveria ser objeto de maior interesse. É justamente aquilo em que a conscin deveria se aprofundar em primeiro lugar para compreender, livrando-se da origem e causa, quando patológica. Mas em geral ocorre justamente o contrário: todo pensamento de algum modo perturbador é o primeiro a ser *varrido para debaixo do tapete.* Daí porque pensamentos e sentimentos de animosidade acabam não sendo enfrentados como elemento de autopesquisa: devido ao teor de perturbação emocional que provocam.

Patopensene. Sem condições de avaliar a qualidade das próprias intenções, mantemos a mente tagarela, presa a devaneios mentais obsessivos, . E é justamente esse padrão de *patopensenes* – pensamentos doentios – que intoxicam o próprio emitente. *Obsessão é manter o pensamento fixo – monopensene.*

Série harmônica. Cada consciência tem a modulação psicológica própria, carregada de intencionalidade, que define a frequência e a direção da assinatura mental. Este acorde vibra e produz sonoridade no Universo como veremos na Parte 2, Cap. 11, no qual será abordado o *modelo teórico da Série Harmônica* (V. Sheldrake, 1989; Laskow, 1997; Vieira, 1999a).

Pensenidade Autocurativa *(pensanidade)* e Autodestrutiva *(enfermidade)*

Discernimento. Diante do reconhecimento de que *somos o que pensamos*, podemos adotar novas atitudes para alcançar a solução dos problemas afetivos. Para tanto, utilizamos o autodiscernimento (capacidade de selecionar as melhores escolhas). Tomamos, então, uma destas duas posições: a mais madura *(sadia),* ou a mais imatura *(doentia).*

1. **Postura sadia – mais madura.** Denota confiança nos próprios recursos (autoestima sadia) e na assistência multidimensional. Trata-se da postura mental mais otimista, constituindo medida autocurativa. *Nada melhora sem o autoesforço de mudar para melhor.*

Autoestima. Compreendendo que a medida do tempo humano é apenas convenção, ainda que se leve esta vida inteira e outras mais, não haverá desistência das metas estabelecidas (reconciliações progressivas) se o empenho e a automotivação forem mantidos intactos. Vale lembrar que o perdão cria *feedback* (retroalimentação, retorno) positivo, o que fortalece a autoestima de maneira natural – processo autocurativo. O ideal seria que o perdão fosse incluído na dieta afetiva do dia a dia (Emprego do Perdão; *Conscienciograma.* Vieira; 1996a).

Evolução. *Emoções positivas unem consciências afins.* A meta clara – *evolução* – ajuda a conscin a manter os olhos fixos no caminho a seguir, sem desânimo contraproducente, *sem dar bobeira.* É o processo natural, o caminho seguro e progressivo da autocura.

Pensanidade. A pensenidade sadia – *pensanidade* – ativa reservas suplementares de energia e ajuda a agilizar a reparação. Planejar, rever metas e idealizar projetos construtivos para o futuro garante o continuísmo da proposta. Quem escuta e atende às necessidades autoevolutivas desenvolve autoapreciação realista.

2. **Postura doentia – mais imatura.** Indica insegurança quanto aos recursos pessoais (baixa autoestima) e falta de confiança na ação da multidimensionalidade (intervenções benignas dos amparadores). Desse modo, a autointoxicação com os próprios pensamentos permite toda sorte de intrusão pensênica (assedialidade). Não se pode negligenciar o *ciclo de comportamentos autodestrutivos gerados pela autoestima negativa* (Branden, 1995).

Autoculpa. Esta atitude leva a receber, sem discernimento, a influência interconsciencial de consciências enfermas, de guias extrafísicos cegos ou amauróticos fragilizadores da atuação pessoal, paralisando decisões, reforçando autoculpas e a autovitimizações (Balona, 2008).

Revisão. O arrependimento, quando sincero, pode ser até certo ponto saudável. Representa a revisão do posicionamento pessoal. Neste caso, constitui o reconhecimento do equívoco, do erro, de que algo poderia ter sido feito de melhor maneira (autocura). Contudo, quando se transforma em remorso impróprio (autoculpa), sentimento de fracasso, sem a esperança lúcida de crescimento progressivo, retarda iniciativas práticas em prol da autorremissão.

Atitude. *Emoções destrutivas isolam consciências.* Vale a pena lembrar que *tudo* pode ser aperfeiçoado e modificado para melhor. Existem, *sempre,* novas oportunidades, inclusive extrafísicas. Manter servidão emocional, codependência psicológica, manipulação e chantagens emocionais (feitas ou recebidas) são atitudes inaceitáveis para quem quer progredir. Livrar-se delas só depende de nova atitude mental com aplicação madura do livre-arbítrio.

Autodestruição. A fragilidade ou falta de propósitos, a ausência de metas e de decisões quanto à evolução alimentam emoções patológicas – *autoassédios.* A covardia evolutiva é doença grave (derrotismo) e costuma ser a raiz dos quadros de autodestruição. Surge a melancolia intrafísica (*melin*) ou frustração quanto à vida humana, desgosto, perda do sentido da vida e depressão. A energia que deveria ser utilizada para o crescimento consciencial está sendo dispersa pela autoculpa, sem nenhum ganho real.

Revanche. Em certos casos, o sentimento de menos valia, de nulidade evolutiva contribui para criar a personalidade reivindicatória. É o caso da pessoa que se sente o tempo todo injustiçada perante a evolução. Ela quer ir à forra, fazendo a *revanche* contra a vida e gerando a personalidade amarga.

Militância. Este tipo de personalidade, muitas vezes com atuação nula na família, fora de casa, no trabalho ou em outros ambientes, apresenta-se atuante, forte no rancor, na indignação, na reivindicação e na agressividade. Não é difícil encontrá-la evolutivamente fracassada e revanchista, nas militâncias políticas. Fazer política anticosmoética não exige autopesquisa, basta deixar extravasar traços imaturos (Overstreet, 1967).

Depressão. Segundo alguns autores, o século XX foi a *Era da Ansiedade* e o século XXI se anuncia como a *Era da Melancolia,* devido aos quadros de depressão psicológica que aparecem, com frequência crescente e cada vez mais precoces. A psiquiatria trata a depressão, a angústia e a ansiedade incluídas nos chamados *distúrbios da afetividade* (Goleman, 1996).

Urgência. Para o indivíduo ansioso, há sensação de urgência permanente, de que algo precisa ser feito e que não haverá tempo. Existe estreita relação deste processo com a ideia subjacente da tarefa de vida ou programação existencial não atendida. Há muitos quadros de *melin* encobertos pela ansiedade. Seria o mecanismo de defesa do deslocamento, a fuga da causa real da insatisfação? A *síndrome do pânico* é considerada surto agudo de ansiedade (Kramer, 1995).

Pressa. Há pessoas que passam a vida com a eterna sensação de pressa, de perda de tempo, de falta de tempo, com a impressão de que o tempo está escoando entre seus dedos, vivendo num nevoeiro mental autoinduzido (obnubilação). Esse distúrbio emocional e psicológico está classificado no campo das chamadas *doenças do tempo*. A ansiedade apresenta relações estreitas com autocorrupção, gerando confusão emocional e baixos resultados (Vieira, 2007b). *Muito ruído para poucas nozes.*

Velocidade. Como exemplo de válvula de escape contemporânea, pode-se observar a mania de velocidade. Para muitas pessoas, sair por aí em carreira desabalada, em carros cada vez mais velozes, ou despencar de abismos como *ioiô humano* nos esportes radicais é a tradução da ansiedade íntima levando a vida ao limite, de maneira irresponsável e autodestrutiva (Weissmann, 1966; Ashcroft, 2001).

Necessidades. Tais condições podem surgir em virtude da autocobrança da consciência, este um dos mais duros tipos de cobrança. A autoestima é rebaixada, principalmente quando a consciência está devendo a si mesma, negligenciando, *fazendo gol contra*, ampliando a conta egocármica sendo displicente quanto às reais necessidades autoevolutivas.

Egomania. Geralmente, atrás dos quadros de autodestruição, quase sempre encontramos histórico de excesso de autointeresse (egoísmo) ou de derrotismo. A pessoa acha que *não tem mais nada a perder*. Os processos de egomania ou narcisismo são elementos fixadores psicofisiológicos dos piores aspectos consciencíais.

Melin. A fadiga crônica, ainda sem solução, também conhecida como *síndrome de burnout (Codo, 1999; Patarca-Montero, 2000)*, cuja etiologia permanece obscura para a ciência, pode apresentar estreitas relações com a sensação de fracasso evolutivo, *pano de fundo* da *melin. O egoísmo extremo pode levar à exaustão psíquica, energética e emocional* (Revista Plantão; Ano II, no 5t, Maio/Junho; 2002).

Autocorrupção. Negligência e autocomplacência são conceitos sinônimos de autocorrupção, criados pela tolerância permissiva com falhas pessoais que já poderiam ter sido superadas. O sentimento de insatisfação crônica afunila as perspectivas pessoais, diminuindo a visão de conjunto. É a chamada *síndrome da mediocrização* (Vieira, 1994).

Carência. A qualidade da energia pessoal, cujo estudo será aprofundado no Cap.10, depende exclusivamente do *pen,* do pensene (intenção do pensamento). O *sen,* do sentimento ou emoção, é a carga indissociável. Portanto, quando o autodescontentamento e o desgosto predominam, o indivíduo pode apresentar carência energética e afetiva aparentemente insaciáveis.

Vício. Pessoas mal resolvidas do ponto de vista afetivo costumam buscar a compensação do seu vazio existencial no consumismo desenfreado. *Comprar, comprar, comprar: o vício de comprar.* Hoje, existe terapia para quem gasta compulsivamente até o último centavo do salário. E a sociedade alimenta o individualismo cego para quem teima em não querer usar o autodiscernimento.

Teimosia. Essa é uma abordagem *trafarista* (*trafar* – traço fardo ou falho), porque põe em relevo e mantém os aspectos mais imaturos da consciência. Por outro lado, tentar trapacear consigo sobre as necessidades autoevolutivas é pura perda de tempo – teimosia inútil.

Compensações. Os ganhos secundários, as compensações neuróticas, qualquer sistema de recompensas, a tentativa de controle do mundo externo ou de alguém ou o consumismo desenfreado não trazem, em curto e médio prazo, o esperado alívio. É preciso questionar o quadro da *ansiedade* (excitação, *queimar a vela da vida pelas 2 pontas*) e da *depressão* (apatia, prostração), que podem ser lembretes dos compromissos inadiáveis da evolução pessoal. "*Tenho tudo e ao mesmo tempo sinto que tudo me falta*".

Impasse. Não é preciso carregar mutilações afetivas nem aleijões emocionais. Existem modos mais saudáveis de buscar soluções. Há sempre novas formas de atuação e as possibilidades de autorregeneração se multiplicam a cada momento. Nesse ponto, pode surgir a vontade acanhada de "ajudar os outros", para sair do impasse. Este pode ser o começo da ligação do "desconfiômetro" relacionando bem-estar íntimo com o auxílio aos demais.

Bondade. Neste caso, busca-se um conjunto de ações na tentativa de utilizar a energia pessoal em algo mais produtivo. Por exemplo, o engajamento numa tarefa assistencial consoladora, representada pelas campanhas sociais e explorada pelos políticos ou religiosos (fazer *média com a mídia)*. Além de aliviar a consciência pesada, traz algum tipo de recompensa: o *ibope pessoal* (aplauso público, "aura de bondade"). Exemplos: campanha contra a fome em prol de crianças carentes, filantropia genuína ou *pilantropia* em geral.

Codependência. Além de não resolver o problema do necessitado, pode criar outro, como a codependência. Ajudar apenas motivado pela consciência pesada não alivia a autoculpa do assistente. Para o assistido, dependendo do tipo de ajuda recebida, o sentimento de menos valia será reforçado, rebaixando a sua autoestima.

Melhor. Contudo, qualquer assistência, ainda que egoísta ou malintencionada, é melhor que nenhuma. Pode ser o primeiro passo para aqueles que sentem que chegaram ao fim da linha pelo individualismo e isolamento social. A solução definitiva para o problema está no uso do autodiscernimento (mentalsoma), que é a capacidade de saber o que é melhor e separar o que dá mais lucro evolutivo daquilo que não serve mais. *O que não serve, não serve mesmo. Melhor jogar fora.*

Status. Nesta etapa, visando a auxiliar os interessados a pensarem por si – autonomia pensênica –, os amparadores procuram descortinar as possibilidades de neo*status* evolutivo. O autodiscernimento da pessoa aumenta e ela vislumbra a própria vida melhor e mais produtiva. Nasce a esperança de melhoria pessoal e um esboço de autoconfiança. Contudo, para lograr o neopatamar evolutivo será preciso abrir mão de algumas posturas ultrapassadas ou defasadas.

Amparo. Apesar de reconhecer a oportunidade de crescimento ao antever a grandeza da tarefa à frente, a consciência aparentemente regride, com medo de enfrentar a nova rota desconhecida. Passado o primeiro efeito positivo trazido pelo amparo, o psicossoma da conscin pode disparar surtos de regressão infantil e neste momento, ela se encolhe e duvida da própria competência.

Autodesmotivação. Baseada em antigas referências, a consciência pode cair na desmotivação evolutiva, criando a ilusão de que *não dará conta do recado*. Dominada pelo psicossoma, o corpo da emoção, a conscin agarra-se ao medo, à covardia e à neofobia. O termo utilizado pela Psicanálise para esse processo é *resistência* (Laplanche & Pontalis, 1970).

Regressão. A regressão psicológica é processo que precisa ser profundamente compreendido pela consciência reconciliadora. Mesmo após ter adotado posturas mais positivas, de tempos em tempos ela é praticamente sequestrada pelas emoções regressivas. É quando entra em surto de imaturidade (comentado no Cap. 1). Surge o *amuo*, a *suscetibilidade*, o *melindre, o medo, a autopiedade* e, como resultado de tudo, a frustração (Vieira, 1998).

Barganha. Contudo, o surto é ainda preferível à dissimulação e repressão permanentes. Quando estas situações ocorrem, a consciência tenta barganhar se perguntando: "*mas tenho mesmo que pagar esse preço? Eu preciso mesmo passar por isso? Assim já é demais...*" E antes de ouvir a resposta ditada pela própria necessidade evolutiva interior, refugia-se na dor e no sofrimento, que é tudo o que ela reconhece.

Traumas. A consciência cultiva o mau hábito de justificar os seus receios de mudança, evocando, de modo inconsciente, situações negativas similares ocorridas no passado – *traumas.* A crença no pior justifica a fuga do impasse evolutivo que representaria justamente nova oportunidade de crescimento.

Paracicatrizes. Vive-se, literalmente, da memória, geralmente vincada mais profundamente pelas experiências malsucedidas, mais carregadas de emoção e de energias doentias – *paracicatrizes.* É justamente a essas experiências que a consciência recorre e se agarra quando chega a hora de mudar (Vieira, 1994; Epstein & Altman, 1999; Luskin, 2002; Balona, 2006).

Crise. Esta situação é chamada *crise.* Seu papel é tirar a pessoa da paralisia evolutiva em que se encontra. O movimento natural põe a conscin literalmente *contra a parede* da renovação e ela fica ali, tentando ludibriar a oportunidade, se aconchegando naquilo que já é conhecido. Crises surgem para indicar que, sem neoestratégias, chegou-se ao fim da linha. As possibilidades daquela posição estão esgotadas.

Iatrogenia[57]. A verdadeira libertação está justamente em superar a pressão da experiência nova, buscando as informações contidas no mentalsoma. Mas, temendo *morrer da cura,* a conscin se acovarda perante a proposta evolutiva e se aninha no psicossoma.

---

[57] *Iatrogenia.* Enfermidade iatrogênica é aquela adquirida no ambiente hospitalar, em decorrência do tratamento, do procedimento ou da medicação prescrita para uma doença. Pode ser entendida como um efeito secundário ou colateral decorrente desse processo, com resultado contraproducente para a saúde do paciente. Expressão popular: *morrer da cura* (Botsaris, 2001; L. da Luz, 2001).

Entropia. Pronta para disparar a enfermidade fatal a qualquer momento, a consciência amargurada tem poder destrutivo suficiente para sabotar o próprio sistema imunológico. Transformada em *homem-bomba* ou *mulher-bomba* pela própria pressão íntima, envia mensagens confusas à rede fisiológica de comunicação das células imunológicas, dos tecidos e dos órgãos, desencadeando o estresse, a entropia e a confusão. A doença fatal é a substituta patológica da *Técnica de Mais 1 Ano de Vida*[58] que pode ser aplicada de maneira lúcida e sadia.

Somatização. Segundo o cardiologista Marco Aurélio Dias da Silva, autor do livro *Quem Ama não Adoece*, "*... é possível dosar uma enzima, radiografar e medir um coração, isolar um vírus ou uma bactéria, mas não se pode 'medir' o grau de tristeza ou de sofrimento de alguém*". Nessas condições, podem surgir quadros de hipocondria, mania de doença, que começam na somatização ou doença fictícia, e podem terminar na criação real da patologia. Na década de 1990, segundo pesquisas, 10% da população americana sofria do mal psicológico (Mello Filho, 1992; Vieira, 1994; Jeammet, Reynaud & Consoli, s.d.).

Impossibilidade. A autofuga deliberada como o suicídio, por exemplo, é o indicador de que a consciência está tentando, por meios extremos, fugir do encontro consigo (*autoenfrentamento),* o que, por si só, constitui total impossibilidade evolutiva. A consciência estará autoacompanhada por toda a eternidade. Existir implica estar condenado à autoconvivência, nessa ou em outras dimensões (Dethlefsen, 1997).

Autopensene. Daí a importância da reflexão: *o que penso a meu próprio respeito? Como me tenho em conta? Posso confiar em mim? Posso contar comigo quando preciso? Tento a autofuga quando preciso fazer autocrítica? Esperneio, grito, mas aguento*

---

[58] *Técnica de Mais 1 Ano de Vida Intrafísica*. Vieira, Waldo – *700 Experimentos da Conscienciologia*; cap. 543; p. 607.

firme? Ou saio correndo quando a coisa aperta para o meu lado? Qual é o meu autopensene dominante nessa hora?

Ressonância. Segundo a Conscienciologia, a autopensenidade patológica (intencionalidade destrutiva) em muitos casos é a causa do desequilíbrio da saúde e da depressão psicológica, em muitos casos. Nunca nos esquecendo que a *doença do soma é apenas ressonância de ideias doentes no mentalsoma*. Hoje, já é conhecida a "*neura*" de domingo ou *síndrome de segunda-feira,* que acomete, em geral, pessoas infelizes com as próprias carreiras profissionais ou com a vida afetivo-sexual e que não têm força para modificar a rotina (Weissmann, 1966; Negreiros, 2002).

Atividade. Há também os eternos carentes intelectuais, aqueles que sabem que precisam voltar-se para atividade intelectual produtiva, estudar ou completar estudos, para evitar problemas piores na idade madura. Porém, estes indivíduos sentem-se desmotivados para romper com a preguiça mental. Exemplo dos males do sedentarismo intelectual: *mal de Alzheimer*, de etiologia ainda obscura (Cowley, 2002).

Quem mata o tempo morre mais cedo.

Memória. Alguns pesquisadores já associam hoje a diminuição gradual da memória (que muitos atribuem ao envelhecimento natural) à perda de interesse pela vida e aos distúrbios psicoafetivos. A hipoeficiência cerebral está diretamente relacionada com a desmotivação para viver. Muitos cometem o chamado suicídio branco ou eutanásia lenta, morrendo aos poucos pela falta de exercício físico e mental (*sedentarismo holossomático*) que, associada a outros maus hábitos, soma 50% de responsabilidade nas doenças cardiovasculares, dentre outras (Le Poncin, 1989; Vieira, 2007b).

Dor. A cefaleia tensional, a gastrenterite, as dores musculares (*mialgias*), as intolerâncias alimentares diversas e os problemas respiratórios e dermatológicos estão entre as queixas para as quais nem sempre se encontram causas apenas físicas. Pesquisas demonstraram que nos Estados Unidos da América o custo anual da dor pelo decréscimo de produtividade é de mais de 30 bilhões de dólares (Pierrakos, 2000).

Intoxicação. Depois do fim de semana de inércia na frente da TV para aturdir-se com os excessos de comida e de bebida (compensação afetiva) e da falta do sono reparador (insônia crônica), que muitas vezes tem como causa primária a *tanatofobia* ou *dessomatofobia* (medo da morte), boa parte das pessoas inicia mais uma semana de trabalho (ou de ócio) em profundo estado de intoxicação energética e melancolia difusa.

Solução. Muitos se autoenganam compondo o perfil dos chamados *buscadores-borboleta,* pulando de um lado para o outro, sempre com a desculpa de buscar soluções mais eficientes. Nunca se comprometem com o conhecimento já adquirido, nem desenvolvem um corpo filosófico claro. São indivíduos, homens e mulheres, de todas as faixas etárias, que se lançam atrás da *última palavra, da técnica em voga, da dieta do momento, da terapia da moda,* sobre as quais pouco sabem de concreto. Preferem manter a ilusão e a fantasia da solução mágica. A maioria sabe, de antemão, que não está, de fato, disposta a mudar hábitos ou a si própria.

Infantilismo. E, quando tudo vai *por água abaixo*, resta sempre a possibilidade de lançar a culpa na terapia, na oração, no ritual, na dieta, na seita mística, no cristal, no talismã, no profissional da modalidade escolhida, livrando-se outra vez do ônus de encarar a própria responsabilidade. É o comportamento típico do infantilismo adulto (Overstreet, 1967; Balona, 2008).

Ajuda. Não obstante, existem saídas para este quadro. A próxima técnica é, como tudo que funciona, muito simples. Existe a tendência de não se dar valor às formas simples de ação, embora sejam, muitas vezes, eficazes e práticas. Para quem busca a autopesquisa com sinceridade, nada mais objetivo do que marcar encontro prévio com os amparadores pessoais. Se já se admite a possibilidade de receber ajuda de outras dimensões, é preciso tornar-se disponível (Vieira, 2007b).

Técnica da Madrugada: *campo de atuação do amparo*

(baseada na orientação proposta pela equipe extrafísica do *Curso de Extensão em Conscienciologia e Projeciologia 2 (ECP2); Brasília, abril, 2001)*

Instruções. Durante 3, 5, 7dias, de acordo com a complexidade de cada caso, procure acordar de madrugada, em horário confortável, por exemplo, às 3 ou 4 horas da madrugada.

- Beba 1 copo d'água para manter-se desperto.
- Disponibilize folhas de papel em branco e caneta.
- Sente-se sozinho numa cadeira cômoda em frente à mesa de estudo.
- Exteriorize energias e instale o estado vibracional (Cap. 10, *manobras básicas com bioenergias* e *estado vibracional (EV) profilático*).
- Exponha mentalmente aos seus amparadores o problema para o qual a solução ainda não está clara. Estabeleça diálogo mental com eles.

Predisposição. Com isso, cria-se a predisposição para definir:

1. O que *se quer* realmente. Minhas escolhas e decisões.
2. Com o que *se pode* contar hoje – *trafores.* Minhas experiências acumuladas (traços maduros).
3. O que *é preciso* superar logo – *trafares.* Meus defeitos e inexperiências (traços imaturos).
4. Quais são as neoqualidades a adquirir – *trafais.* O que me falta aprender (traços faltantes).

Ideias inatas. O principal é permanecer aberto e atento às inspirações para recuperar ideias inatas do curso intermissivo, buscando sugestões para o fluxo estratégico de ações (Vieira, 2007b).

- Anote, sem censura ou correções, as inspirações úteis. Elas clarearão pontos obscuros da autopesquisa.

- Anote os *prós* e os *contras* da questão em pauta.
- Reflita sobre as possibilidades e consequências futuras da decisão.
- Prossiga com as autorreflexões nos dias seguintes, na mesma hora e lugar.
- Decorrido o prazo de aplicação da técnica, releia o texto integral, tomando com serenidade as decisões cabíveis.

Técnica da Pesquisa Etimológica

Sentido. A ciência da origem (*étimo*) e das circunstâncias da evolução das palavras pode também ser auxiliar preciosa para quem quer aprofundar a autopesquisa. Quando se busca o real sentido dos termos, seu conceito mais direto, entra-se no holopensene (campo energético da informação) daquela ideia. Com surpresa, descobre-se que, às vezes, as ações estavam sendo contaminadas pelo sentido oculto do vocábulo, cujo significado não havíamos compreendido em profundidade.

Insight. Essa é a forma assertiva de acabar com certos comportamentos arraigados na conduta diária, cujas consequências vêm comprometendo as ações com ranços indesejáveis. É quando "*cai a ficha*" ou ocorre o *insight*.

Intenção. Por exemplo, o termo *prepotência* indica grande poder de influência, que a pessoa *supõe* antecipadamente possuir para exercer determinada ação. Quantas vezes a prepotência aparece mascarada na boa intenção de ajudar o outro? A intenção pode até ser boa, o que falta é discernimento. *Eu possuo as experiências requeridas para atender o que essa pessoa necessita?* (Cunha, 2001).

Extremismo. A expressão *beligerância* significa atitude belicosa, bélica, de guerra, que às vezes pode estar camuflada por detrás de queixas, melindres, reivindicações e críticas excessivas. São atitudes que denotam inflexibilidade, extremismo, radicalismo ou algum fundamentalismo residual embutido no corpo das ações pessoais.

Vitimizações. Um dos mais importantes resultados obtidos com esta técnica para a consciência reconciliadora é aquele relativo a qualquer tipo de atitude reivindicatória, ao vocábulo *reivindicação.* Todos se acham no direito de reivindicar isso ou aquilo, nessa ou naquela circunstância. Contudo, a raiz do verbo *reivindicar* é *vindicare,* do Latim, que quer dizer *vingar-se.* Achamos legítimo reivindicar os direitos pessoais (vingança legítima?), sem tentar aprofundar a compreensão do conceito. Reconciliação é o oposto da reivindicação, pois significa buscar o entendimento, a afinidade, abrindo mão da conduta reivindicatória. (Silva, 1997; Cunha, 2001).

Autopesquisa. Anote os adjetivos com os quais você já foi *presenteado* pela heterocrítica e vá buscar a raiz etimológica: *prepotente, centralizador, pusilânime, egoísta, agressivo.* Aprenda mais sobre si e sobre os outros através dessa pesquisa pessoal singela – autopesquisa.

Técnica da Interseção: *cruzamento de linhas afins*

(V. verbete Principium Coincidentia Oppositorum)

Flexibilidade. Uma das mais proveitosas formas para mudar a autointencionalidade, facilitando o processo de reconciliação, é a *técnica da interseção*: buscar o ponto em comum com o outro. Esta nova abordagem constitui excelente instrumento prático para o desenvolvimento da flexibilidade mental. Não vale começar com má vontade dizendo que com aquela pessoa não há afinidade possível. Ou até argumentar:

- *Buscar algum tipo de afinidade não seria fazer vista grossa para os erros cometidos por tal pessoa?*
- *O que existe de bom nele ou nela que eu não consigo identificar?*

Conflito. É claro que é justamente a falta de afinidade positiva a maior causadora do conflito. Contudo, sempre se pode tentar, com boa vontade, boa intenção e autodiscernimento, procurar no outro o que ele, ou ela, tem de bom, de talentoso, de positivo apesar de todas as dificuldades.

Abordagem. Chamamos este processo de abordagem *traforista* (*trafor* – traço força), o qual intensifica a afinidade positiva (*rapport*). Ao invés de reforçar o que está errado com a pessoa (*trafarismo – traço-fardo*), procura-se encontrar o que está sadio, correto, na estrutura daquela personalidade, viabilizando a intersecção.

- *O que os amparadores identificam de positivo nessa consciência?*

Talento. Após este exercício sincero e dedicado, muitas vezes descobre-se surpreso que o *fulano,* ou *fulana,* faz algo muito bem, que é competente em alguma coisa, que tem ideias interessantes, que tem um ponto de vista de valor, enfim, que tem algum talento ainda que encoberto ou mal empregado. Isso ajuda a flexibilizar o pensamento a respeito daquela pessoa. É importante, a cada momento, evitar a clivagem maniqueísta: *bem ou mal, bom ou ruim, ótimo ou péssimo, certo ou errado.*

Relato. Esta abertura cria, pouco a pouco, a plataforma de confiança na relação com o outro, buscando a afinidade pelo aspecto mais sadio. Exemplo singelo da aplicação espontânea da técnica foi o relato ouvido em um dos cursos sobre reconciliação ministrados pela autora. O participante, jovem médico, relatou:

> *"Eu tinha enorme dificuldade no relacionamento com meu pai. Nenhum tipo de interesse em comum. Mas ele adora pescar. Então busquei me informar de tudo o que diz respeito à pesca, embora não seja apreciador do chamado "esporte". Esta simples providência já nos tem ajudado bastante na manutenção do diálogo livre de discussões".*

Clima. O esforço de compreender as razões do outro é processo terapêutico para estabelecer uma nova relação, o que acaba favorecendo a ambos. É o tipo de *negócio no qual todos ganham.* A crítica recebida do outro (heterocrítica), quando cosmoética, pode ser muito útil. Contudo, o clima interconsciencial deve ser o aspecto primordial a ser respeitado. O caso demonstra que é preciso fazer concessões inteligentes, dando o primeiro passo na intersecção, buscando algum ponto onde as linhas se cruzem para criar o clima pacifista adequado ao esclarecimento mútuo. Desse modo prepara-se o terreno, produzindo o efeito halo positivo para o progresso da comunicação.

A vida humana nivela as consciências pela dificuldade e as afiniza pela solução.

Dialética. *Conscienciometria* é o processo técnico avançado de avaliação que permite medir e acompanhar a dinâmica psicológica da consciência, analisando, sem censura nem juízo de valor, o que a leva a atuar de determinada maneira. Entender como o outro pensa e age (jogo mental, intencionalidade) é o bem maior a ser aprendido, pois representa valor de alta significação a ser aproveitado para o conhecimento de si próprio – autoconhecimento. É a ação da dialética do *egoísmo-altruísmo,* vista no Capítulo 1.

Capítulo 5

Lucidez Cronológica (LUCRO)

Ideia-força: *real + idade*

Técnicas (2): *Técnica das 100 Autoafirmações Realistas*

Técnica do Binômio Admiração-discordância (Vieira, 1994)

Filme: *Feitiço do Tempo (Groundhog Day)*

Passado-Presente. A convivência com o grupocarma é sempre grande oportunidade de autoatualização do ego, embora, muitas vezes, acabe acontecendo a repetição de velhas posturas (mimese grupal). As relações parecem enredar-se cada vez mais – codependência patológica ou interprisão grupocármica. Por isso, a maioria das consciências vive seu eterno *passado-presente* (Vieira, 1994; Dethlefsen, 1997).

Temática. Parece o *remake* (refilmagem) do *replay* da mesma novela, sempre no mesmo capítulo, com os mesmos personagens, o mesmo diretor e quase nenhuma variação do roteiro que nunca termina. Isso ocorre porque as partes envolvidas não querem abrir mão do antigo referencial de comportamento cristalizado no passado. Aproveitamos para sugerir o filme *Feitiço do Tempo* (*Groundhog Day*), que aborda a temática com muito bom humor (V. Filmografia).

Paracicatrizes. As experiências frustrantes depositam camadas de energia superpostas, sedimentando-as sobre as cicatrizes do nosso corpo emocional – psicossoma. São as chamadas *feridas psicológicas, queloides emocionais* ou *paracicatrizes* apresentadas na introdução e que serão aprofundadas no Capítulo 7.

Pressão. Desde o passado distante, esses nódulos vêm se mantendo, vida após vida, fortalecidos pelos atritos (hostilidade), conflitos íntimos – autoassédio, ideias fixas (autoconceito negativo), conflitos externos ou intrusão pensênica interconsciencial (pressão e antagonismo de outras consciências sobre nós). A hostilidade é forte elemento nas cardiopatias. A troca doentia de animosidades contribui para a manutenção do quadro afetivo patológico. Perdoar é pôr fim ao ciclo do assédio em nossas vidas.

Afunilamento. Para promover a profilaxia dessa situação, vale consultar outra vez o *Mapa de Acompanhamento* (Cap. 2), cuja utilidade é registrar os progressos relativos alcançados. Medir os resultados é a vacina contra o desânimo. Forma banal de autoassédio é a "*pessimização* de *tudo*", ver sempre tudo pelo lado pior. Os assediadores usam esta estratégia, produzindo o afunilamento da visão para reduzir sempre mais a credibilidade dos autoesforços empreendidos.

Distorção. Por exemplo, quando tudo está indo bem, basta uma *coisinha* sair errada e é como se nada tivesse dado certo. Há técnicas simples que permitem evitar tal distorção, clareando a visão dos fatos e fortalecendo a autoestima do interessado. É preciso expandir o nível de autocompreensão, principalmente quando tudo parece piorar. A próxima técnica que vamos descrever mostra-se bastante eficaz nessas situações.

Técnica das 100 Autoafirmações Realistas

Histórico. Em janeiro de 1999 fui transferida do Rio de Janeiro para a cidade de Barcelona, na Espanha. A mudança teve por objetivo assumir a coordenação do IIPC local e a organização do *1º Fórum Internacional de Pesquisa da Consciência (FIC) / II Congresso Internacional de Projeciologia* (*II CIPRO*), que deveria acontecer em outubro do mesmo ano, naquela cidade.

Evento. Apesar de minha experiência de mais de duas décadas na organização de eventos, esse parecia particularmente difícil de concretizar. Havia muito a fazer em curto prazo. Costumo dizer aos colegas: em princípio, *todo evento é vento.* Convenções e congressos são geralmente constituídos de elementos abstratos, tais como: futuros patrocinadores e expositores, cálculo do possível número de congressistas, definição do conteúdo técnico-científico, aceitação do convite pelos expositores e conferencistas, e outros. O evento só se torna real com a proximidade da realização.

Tradicionalismo. A pressão extrafísica já era esperada. Afinal, a apresentação da Conscienciologia, neociência que vinha para quebrar formalismos e descortinar novas possibilidades de crescimento para aquela parte do grupocarma tão necessitada de renovação, fazia *tremer* o Velho Continente, reduto do tradicionalismo e do conservadorismo.

Desânimo. Sob o peso de tamanha responsabilidade e não vendo o trabalho progredir, passei por momento de desânimo contraproducente, atribuindo a falta de resultados à própria incapacidade de *bancar* a situação. No dia 21 de março de 1999, à meia-noite, horário da prática da *tenepes* (técnica de ajuda à distância já mencionada na Introdução), percebi a inspiração dos amparadores para escrever algumas ideias que chegavam em bloco.

Ideias. Procurando não exercer censura sobre o que surgia, registrei de uma só vez longa listagem de ideias. Ao reler frases curtas e diretas, percebi que faziam referência a minha condição. Não havia exagero, contradição ou incoerência maior no que o texto dizia, embora não houvesse sido escrito de modo consciente. Observei com curiosidade que as formas negativas não apareciam (exemplos: *não, nunca, nenhuma* e outras).

Luz. O fato causou surpresa, em se tratando de 100 frases exatas. Ao ler e reler a simplicidade daquelas ideias, foi observado o quanto a leitura evocava energias positivas, de ânimo, esperança, produzindo o aumento gradativo da autoconfiança.

Surgia grande bem-estar, certa despreocupação tranquila que, naquele momento, me permitia ver a *luz no fim do túnel.*

Teste. Verifiquei que no livro *700 Experimentos da Conscienciologia,* teste consciencimétrico 519, página 583 *(Teste da sua Evolução Criativa)*, havia ideia similar, embora as 100 frases recebidas por mim fizessem alusão direta à conduta pessoal (Vieira, 1994). Tudo indicava que o texto fora inspirado pelos amparadores responsáveis pela realização do evento. Decidi utilizá-lo como tema da próxima palestra, agendada para aquele mesmo fim de semana.

Efeito. A repercussão positiva não se fez esperar. Houve limpeza geral das energias, o que contribuiu para mudar de vez a postura pessoal. É o que chamamos, em Conscienciologia, de autodesassédio. Os participantes também comentaram, espontaneamente, o efeito positivo da técnica, criando abertura para a renovação de todos – heterodesassédio. A partir daí, tudo passou a caminhar muito melhor, tendo o evento sido realizado com êxito dentro do planejamento original, contando com abertura solene em 8 idiomas para delegações de 11 países e quase 300 participantes.

Releitura. Sempre que as situações pessoais parecem complicadas e sem solução, busco fazer a releitura desta técnica em voz alta. Durante os cursos e palestras sobre autocura para plateias no Brasil e no exterior, foi sugerido que cada participante elaborasse a própria listagem. O resultado era similar: a maioria dos presentes sentia modificar o próprio padrão de energias para melhor.

Sinceridade. A decisão de reproduzir, aqui, o texto original na íntegra foi definida menos por exposição pessoal e mais com o objetivo de oferecer base de construção de listagem própria ao interessado, ou interessada, que buscará referências condizentes com a sua realidade. Cada qual pode fazer a conexão com os amparadores pessoais e reproduzir, com a máxima sinceridade, condições atuais similares para compor a própria versão da *Técnica das 100 Autoafirmações Realistas.*

Autoengano. Cabe o esclarecimento: a técnica oferecida pelos amparadores nada tem a ver com as inúteis práticas modernas de autoajuda que incentivam a pessoa a repetir para si, de preferência diante do espelho, situações mentirosas e desconectadas da realidade pessoal. Não se trata de programação neurolinguística ou similar. Nada de incentivar o autoengano açucarado, a *douração de pílula,* para não cair na frustração e perda de autocredibilidade em busca de soluções mágicas.

Esforço. A cada semana, são publicados livros, predicando que a repetição diária de frases do tipo *eu me amo, eu sou bom e forte,* aumentaria a autoestima e traria ótimos resultados. Ainda que repetidas 20 mil ou 1 milhão de vezes por dia, não trarão nenhum efeito benéfico caso não seja acompanhado pelo esforço pessoal correspondente para modificar a causa do problema – autopesquisa.

100 Autoafirmações Realistas

01. Geralmente, me sinto bem comigo mesma(o).
02. Normalmente, consigo realizar meus projetos pessoais.
03. Raramente fico doente.
04. Quando fico doente, me recupero com facilidade.
05. Normalmente, tenho facilidade para aprender.
06. Consigo dedicar-me a tarefas complexas com satisfação.
07. Gosto de fazer as coisas bem feitas.
08. Evito o perfeccionismo.
09. Seria prematuro considerar minha vontade inquebrantável.
10. Minha confiança nos amparadores é inabalável.
11. Normalmente, desculpo os demais.
12. Sei formar e trabalhar em equipe.

13. Reconheço o talento dos demais.
14. Geralmente, sou otimista.
15. Sempre tenho ideias originais.
16. Sinto-me assistida o tempo todo.
17. Muitos amparadores me querem bem.
18. Já ajudei muitas pessoas a melhorarem a autoestima.
19. Considero minha autoestima sadia.
20. Sou considerada(o) boa (bom) companheira(o) de trabalho.
21. Tenho facilidade para ser pontual.
22. Busco respeitar o silêncio e a privacidade dos demais.
23. Sinto-me satisfeita(o) em poder ajudar.
24. Geralmente, sou *persona grata* onde quer que vá.
25. Acho natural que nem todos me apreciem.
26. Gosto de estudar as pessoas.
27. Gosto de me autoestudar.
28. Normalmente, fico satisfeita(o) com o meu desempenho.
29. Em geral, sou simpática(o).
30. Costumo ter bastante facilidade para ensinar.
31. Posso ser considerada(o) pessoa objetiva.
32. Busco esquecer ingratidão e desconsideração.
33. Procuro estar *na pele* dos demais.
34. Sinto-me segura(o) comigo mesma(o).
35. Normalmente, acho a vida humana boa.
36. Em geral, sou autossuficiente e motivada(o).
37. Posso realizar qualquer projeto que defina.
38. Normalmente, tenho boa visão de conjunto.

39. De maneira geral, sou pragmática(o).
40. Posso desenvolver a paciência sem problema.
41. Posso ser considerada(o) perspicaz.
42. Consigo sair de qualquer crise em pouco tempo.
43. Já superei inúmeras situações difíceis.
44. Geralmente, sou inspirada(o) nos piores momentos.
45. Sempre sinto a presença do amparo.
46. Em geral, consigo captar informações extrafísicas com facilidade.
47. Normalmente, sou fiel.
48. Sempre reflito sobre quantas oportunidades recebo.
49. Gosto, naturalmente, de situações novas.
50. O mundo parece sempre aberto para mim.
51. Qualquer lugar, país ou cultura, me é interessante.
52. Em geral, evito críticas ácidas ou cáusticas.
53. Costumo respeitar meus princípios pessoais.
54. Consigo esperar pelo momento mais oportuno para esclarecer.
55. Muitas vezes, me senti feliz com o resultado de decisões graves.
56. Observo que progrido efetivamente, dia a dia.
57. Aprecio imensamente a natureza e a boa música.
58. Posso me dedicar com sinceridade a alguém.
59. Geralmente, sou desreprimida(o) e desinibida(o).
60. Tenho orgulho positivo e real quanto à minha conduta.
61. Com frequência, sinto alegria de viver.
62. Supero, facilmente, momentos de indecisão.
63. Tenho bom sentido de humor.
64. Utilizo o humor para superar situações desagradáveis.

65. Posso resolver qualquer condição pessoal adversa.
66. Em geral, consigo fazer o *autodesassédio* com rapidez.
67. Com frequência, me interesso pelos problemas alheios.
68. Posso me dedicar com facilidade aos demais.
69. Geralmente, evito pedir o que apenas me favorece.
70. Peço com tranquilidade em favor dos outros.
71. Jamais fico constrangida(o) ao solicitar o que é necessário para os demais.
72. Expresso com facilidade minha opinião.
73. Normalmente, me expresso bem.
74. Em geral, penso com clareza.
75. Posso rir de mim mesma(o), sem deboche.
76. Tenho facilidade para desdramatizar situações críticas.
77. Escrevo meu pensamento com facilidade.
78. Geralmente, compreendem o que explico.
79. Minha auto-organização é razoável.
80. Posso seguir muito tempo com a mesma tarefa, sem problema.
81. Com frequência, entendo as razões dos outros.
82. Tenho facilidade para fazer retratos psicológicos.
83. Em geral, faço leituras de personalidade muito acertadas.
84. Posso desenvolver minhas habilidades em níveis de excelência.
85. Já cheguei a desfrutar de *primener*[59] (primavera energética).

---

[59] *Primener.* Primavera energética; condição pessoal, mais ou menos duradoura, de apogeu das energias conscienciais (ECs) sadias e construtivas (Vieira, 1994). Primavera eterna do ser (Drouot, 1996).

86. Constantemente, vejo continuidade no que faço.
87. Tenho tido muitas vivências interessantes.
88. Acho que a minha experiência pode ser útil aos demais.
89. Sou grata(o) aos *amparadores.*
90. Sou ávida(o) por absorver as experiências alheias.
91. Sei me posicionar, quando necessário.
92. Gosto de facilitar as coisas para os outros, se posso.
93. Tenho bom sentido organizacional.
94. Aplico a criatividade em todos os setores de minha vida.
95. Sinto prazer em aprender.
96. Admiro a inteligência *cosmoética.*
97. Aprecio o esforço evolutivo das consciências.
98. Com frequência, o sofrimento humano me comove.
99. Minha confiança na *multidimensionalidade* (amparadores) é absoluta.
100. Sei que a *desperticidade*[60] é somente questão de autoesforço.

Maturidade. Quantas dessas afirmações são verdadeiras também para você? Quantas outras precisam ser acrescentadas ou substituídas, no seu caso? Vale conjugar a *Técnica da Madrugada,* apresentada no capítulo anterior, com a *Técnica das 100 Autoafirmações Realistas.* A maturidade é o estado de liberdade mais permanente.

---

[60] *Desperticidade.* Estado evolutivo avançado de intangibilidade cosmoética, que pode ser alcançado, pela consciência motivada, em duas décadas, a partir do nível do seu esforço. Ser *desperto* ou *dessassediado, permanente, total.*

Técnica do Binômio *Admiração-Discordância* *(Vieira, 1994)*

Erro. A aplicação do binômio *admiração-discordância* favorece a melhoria do entendimento interpessoal. Amar, querer bem a alguém, quer dizer, necessariamente, concordar em tudo, o tempo todo, com ela ou com ele? Somos obrigados a ter afinidade total ou, sem ela, não há entendimento possível? Trata-se de erro comum de abordagem que gera ruído e perturba a comunicação afetiva. É possível compreender, mesmo discordando.

***Compreender* não é o mesmo que *concordar*.**

> Podemos viver discordando de uma conscin e, ao mesmo tempo, *cooperar e aprender muito com ela* (Vieira, Waldo; *Dissidências Ideológicas;* Manual da Proéxis; Cap. 19, p. 78).

Progresso. A discordância ou refutação é instrumento que, geralmente, traz grandes contribuições à ciência. Dissidências relativas às teorias científicas levam a ciência a amadurecer, mantendo seu caráter universalista. Graças a essa crítica permanente de ideias, há progresso e renovação constante no meio científico.

Saudosismo. A autoaplicação do binômio admiração-discordância constitui dos maiores problemas para a consciência: discordar dos próprios trafares (atitudes imaturas), compreendendo as dificuldades pessoais sem condescendências espúrias. Por outro lado, reconhecer as próprias qualidades (*trafores*), instrumentos de superação desses mesmos problemas. A dissidência íntima é dos piores tipos de autodiscordância, pondo os valores conscienciais em jogo. Tal atitude gera dissonância / incoerência evolutiva, levando a conscin ao padrão regressivo, *de volta ao passado*, para o saudosismo evolutivo.

Ônus. Em geral, somos convencidos pela família, pela escola e pela sociedade, de que discordar gera desentendimento.

A discordância pode até ser confundido com a falta de respeito e insubordinação. Por isso, muitos fogem do *ônus do não,* pensando desse modo evitar polêmica. Principalmente nos casos em que a relação é baseada no autoritarismo, na gurulatria, na hierarquia, seja social, familiar, política, religiosa e profissional.

Hierarquia evolutiva não é *poder*,
é responsabilidade.

Posturas. Desse modo, aprende-se que discordar é mau e negativo. E quando não consegue concordar com o mínimo de sinceridade, a conscin sente-se hipócrita, culpada, constrangida ou assume postura reivindicatória: fica *do contra.* Será que se deixa de amar, de querer bem a alguém, apenas porque não se concorda com algum ponto de vista dessa pessoa? Melhor então seria baixar a cabeça dizendo *amém* a tudo? Ou brigar e se desentender? Qual dessas posturas indica maturidade? São posturas satisfatórias?

Opinião. Em muitos contextos, mesmo discordando às vezes, pode-se deixar o outro à vontade. Amar é fazer o outro se sentir melhor do que nós mesmos. Na visão da Conscienciologia, discordar é saudável, necessário e não significa desentender-se. O importante é entender a posição alheia, com a qual não se tem, necessariamente, que concordar, mantendo a própria opinião.

Impasse. Outro aspecto a considerar é a postura pessoal diante do diferente. Vale analisar o antagonismo *diferença-semelhança.* Quando a consciência se encontra diante do impasse evolutivo, as informações conhecidas já não lhe valem, pois se tornaram insuficientes. Por esta razão ela sai em busca de novas ideias. Os próprios amparadores interessados no seu amadurecimento viabilizam o encontro com a renovação procurada.

Discordância. Contudo, ao deparar-se com o neoparadigma (nova informação necessária à autorrenovação de que tanto carece), a consciência quer encontrar tudo aquilo que se pareça ou até seja igual ao que já é por ela "conhecido", postura que afunila o autodiscernimento, impedindo-a de enxergar a extensão da nova proposta – distorção perceptiva. Até que ponto a intercessão assistencial tem como base a *discordância cosmoética*?

Verdades. O paradoxo é que somente através do *diferencial*, ou seja, buscando aquilo que é diferente do conhecido, a consciência poderá encontrar a saída para seus males. Somente ao abrir mão do antigo referencial ela consegue vislumbrar a solução de que necessita para superar os conflitos evolutivos. Na ciência, a discordância permite o avanço e a evolução do conhecimento, sistema de verificações sobre verdades que estão sempre mudando.

Sistema. Por isso, na autopesquisa é prova de inteligência buscar e aprender a apreciar o diferencial. A ambivalência, a flexibilidade mental e a evitação da clivagem do *certo ou errado*, permitem à consciência alcançar o progresso relativo de maneira mais rápida. Toda consciência é *singular* pela própria natureza e *similar* pelo comportamento (necessidades autoevolutivas).

Autossegurança. portanto, na hora da mudança inevitável, a conscin apoia-se no próprio sistema de crenças buscando o que lhe é familiar para sentir-se confortável (zona de segurança). E é justamente esta atitude que a impede de sair do lugar.

Revisão. Toda conscin apresenta algum tipo de tradição, autofolclore, reducionismo pensênico (redutores do autodiscernimento), atitudes carentes de renovação. O que mais diferencia as consciências é o objetivo de vida. A evolução se dá pelo novo, pelo impensado, pelo inusitado. É diante do imprevisto que a consciência é levada a atuar com criatividade, atingindo a autossuperação. Para evoluir, é preciso deixar a *zona de conforto*. É preciso aprender a viver na impermanência com segurança relativa. Daí a importância da revisão periódica do sistema pessoal de crenças.

Posicionamento. Outro aspecto para aprofundar a autorreflexão: o ser humano aprende a discordar de *pessoas*, não de *ideias*. É o que faz toda a diferença. Esse tipo de autocorrupção é frequente e implica na fuga do posicionamento pessoal. Denota que se está confundindo avaliação crítica com *falar mal, fazer fofoca*. Por que esse autoconstrangimento é tão comum? Diante do fato que exige autoposicionamento surgem com frequência as justificativas:

- *Não estou em posição de avaliar.*
- *Quem sou eu para julgar alguém?*

Distorção. Talvez o desconforto venha do histórico mau hábito de criticar pessoas, gratuitamente, sem qualquer objetivo prático. Essa atitude impede o indivíduo de eliminar a autoculpa, a hipocrisia e a insinceridade, para aprender a criticar de maneira isenta quando necessário. Como é possível esclarecer alguém bancando o *bonzinho?* Não se pode misturar heterocrítica técnica com autoculpa crônica. Os assediadores adoram esta distorção.

Repressão. É comum ouvirmos comentários do tipo: *fulana é santa! Fulano é pessoa tão boa, não merece tal coisa.* O que não se sabe é se, por trás do quadro de resignação e silêncio, está a pessoa feliz e realizada ou recalcada e infeliz. Se for o caso da segunda opção, alguém pagará a conta. A falsa bondade, na maioria das vezes, é fruto da autorrepressão social e costuma esconder o fracasso afetivo. *Mecanismo de sublimação:* sufocar necessidades através de pseudorrealizações.

Franqueza. Certo jornalista brasileiro da década de 1970 repetia sempre: "*sem liberdade para espinafrar, nenhum elogio é válido*". Melhor aprender a ser franco, isento e positivo. Também não resolve confundir sinceridade com *estupro evolutivo*. Franqueza bruta, deslocada, não educa ninguém, apenas desestrutura. *Sinceridade sem ingenuidade. Franqueza sem imprudência.*

Verdade. Em certos contextos, (Cap. 11; Inteligência Contextual), a verdade deveria ser *a primeira a ser dita*. Em outros, *a última* deveria ser a verdade. Existe o *eufemismo cosmoético*, bem-intencionado e terapêutico e o *eufemismo anticosmoético* (sociosidade). Apesar da boa vontade em acertar, na maioria das vezes, erra-se na escolha das duas opções. E os resultados podem ser desastrosos se a primeira for aplicada no lugar da segunda e vice-versa. *Verdade dita* – evitação do acumpliciamento anticosmoético ou estupro evolutivo? *Verdade não dita* – omissão superavitária ou acumpliciamento anticosmoético?

Paradoxo. Por outro lado, também não é fácil para a conscin receber heterocrítica, bem ou mal intencionada, sem refugiar-se na autovitimização, na infantilização, na frustração, na fragilização ou na rejeição (sentimento de exclusão, de não ser aceito). Curiosamente, como vemos nesse paradoxo da evolução, a desrepressão progressiva, alcançada pela consciência em vias de amadurecimento, não permite sufocar posicionamentos ou esconder sentimentos e emoções. Tampouco podemos chamar de desrepressão o ato de *despejar* as imaturidades sobre os outros sem nenhuma reflexão.

Carga. O que costuma variar, e tem importância quando se discorda é a carga de energia negativa empregada na hora de defender a argumentação que nos parece a mais correta. É possível discordar sem censurar, condenar, negar, acusar ou depreciar o outro por suas posições e opiniões, seja de modo explícito, falado, ou implícito, mudo, apenas mental. Como se diz popularmente: *evitando carregar nas tintas.*

Domínio. Desqualificar o outro ou a si próprio, ainda que seja para assumir a responsabilidade pelo equívoco, é sempre mau começo para a reconciliação. Também se sabe que não é nada fácil defender ideias corretas, sem perder o controle perante as energias antagônicas que nos chegam a cada instante. Daí a importância do domínio energético para a reconciliação, para se fazer assistência e para garantir a autodefesa sadia. Este assunto será profundamente explorado no Capítulo 10.

Seletividade. A seletividade nas escolhas é característica da maturidade. A consciência imatura confunde *seletividade* com *sectarismo*. A pseudosseletividade imatura é excludente.

Fazer acepção de situações ou de consciências não costuma ser sinal de maturidade. É a tentativa inútil de queimar etapas evolutivas deixando esse ou aquele fato ou pessoa *de fora* (exclusão). Exemplo de raciocínio simplista e reducionista que impede o amadurecimento da consciência: "*se ele saísse do caminho, tudo seria mais fácil*".

Problema. Tentar chegar ao *melhor* pela simples eliminação do que é considerado *pior* nem sempre traz bons resultados. O preconceito é exemplo típico de escolha pelo *pseudo-melhor* a partir da exclusão. Parece mais fácil, pois, aparentemente, resolve. Contudo, não leva a lugar nenhum, apenas adia a solução do problema.

Contrafluxo. A opção pessoal pelo mais cosmoético é, geralmente, a escolha pelo mais difícil. Optar pelo melhor do ponto de vista evolutivo não costuma dar *ibope*. Não atrai simpatia e, muitas vezes, até coloca o interessado no contrafluxo social. Todo processo de reeducação é lento e deve levar em conta as tendências e o passado de cada consciência. Estamos reeducando a nossa resposta emocional para cada contexto. Logo:

- *Quanto tempo essa consciência levou atuando dessa forma?*
- *E no meu caso, há quanto tempo atuo dessa forma?*

Autopiedade. Desse modo a consciência se torna mais realista, dando os descontos necessários e planejando melhor. Essa técnica é útil e funciona bem quando aplicada aos demais. Quando aplicada ao próprio caso, pode levar à autopiedade improdutiva e à autocorrupção. É a velha história: autoperdoar-se, sim, em certos casos. Autocompreender-se é positivo, contudo, passar a mão na própria cabeça ou afagar o próprio ego pode levar a conscin a repetir as mesmas falhas.

Solução. Até a doença pode ser utilizada como refúgio, fator de impotência, motivo para a autopiedade. É sabido o quanto alguém afetivamente carente pode uzar a doença como elemento de chantagem emocional e de controle do grupo. Isso ocorre com crianças e com *pseudo-adultos*. Personalidades fadadas ao fracasso afetivo encaram a doença ou até a morte como solução providencial (Laplanche & Pontalis, 1970; Mello Filho, 1992).

Enfermidade. Por outro lado, a dor física pode substituir a dor emocional, justificando a inércia, e a fuga da vida de relação com os demais. Muitos preferem ficar de fora da vida imaginando o pior, a entrar direto na luta de modo realista para ver o que acontece. Muitas pessoas se orgulham da doença rara que fabricaram, única forma original de autoexpressão: *"a minha doença é tão rara que só existem 3 pessoas diagnosticadas no mundo!"* São os tais 15 minutos de fama, transformando a própria enfermidade em valor pessoal agregado.

Ganho. Essa posição pode, também, garantir atenção e relativa segurança material ou afetiva. É lamentável perceber que a doença pode, muitas vezes, representar a única forma de autoexpressão existencial da pessoa – *ganho secundário.*

Acidentes. Pessoas com grande propensão a acidentes físicos (*accident proneness*), são, geralmente, estressadas e emocionalmente desequilibradas (labilidade parapsíquica emocional, assedialidade). Doenças e acidentes não acontecem por acaso, nem são tão *acidentais* como parecem. Ambos têm como pano de fundo, a vida emocional da consciência.

Estresse. Afinal, a doença grave ou o acidente podem ser a forma "legítima" e, aparentemente, menos onerosa de se abandonar o trabalho insatisfatório, de fugir de responsabilidades pessoais com as quais já não se suporta lidar, de justificar relações afetivas fracassadas geradoras do estresse emocional ou rota de fuga da proéxis.

Metáfora. A enfermidade daquele membro do grupo ou do casal pode ser a representação da dificuldade de todos ou a metáfora do conflito emocional cuja base expressa o relacionamento afetivo doentio. Contudo, é possível buscar a solução mais criativa do que a doença física, renunciando aos ganhos secundários que sempre representam perdas colaterais. O que preferimos, afinal? *Prêmios de consolação* ou *gratificações evolutivas*?

Conduta. O melhor é poder confiar na própria autoestima e no autodiscernimento para se entregar aos próprios cuidados, ao invés de estar sempre buscando alguém para tirar de nós a enfermidade e, com ela, o conflito. O cuidado com a saúde não deveria nascer do medo da doença, mas da noção real de responsabilidade sadia perante a autoevolução. De que adianta erradicar a doença física se a conduta errada permanece?

Freio. Do mesmo modo que alguns consideram a religião mal necessário ou *freio* para os desvarios humanos, outros consideram que a doença teria este mesmo papel. Mas vale a reflexão: *o freio é útil no automóvel e permanecer doente denota incompetência para tomar conta de si próprio.* Agora ou ontem, nesta vida ou nas anteriores, há aquela conduta que precisa ser modificada.

Autopesquisa. Como já mencionado na Introdução e no Capítulo 1, a maioria dos livros da rubrica autoajuda, em moda desde o século XX, tem contribuído para manter pessoas necessitadas de esclarecimento íntimo e de autopesquisa urgente longe do autoenfrentamento.

Anestésicos emocionais. Ninguém é totalmente inocente na própria dificuldade. Em algum momento faltou autodiscernimento ou esforço. Como vamos melhorar o quadro físico, se tentamos defender e manter qualquer tipo de ressentimento como legítimo?

> Ressentimento. A raiva, o ressentimento, a mágoa, e o melindre – os grandes inibidores do espírito de equipe, próprios dos animais subumanos – são *sempre* manifestações primárias, primitivas e atávicas de emoção (Vieira, Waldo; *Antiproéxis;* Manual da Proéxis; Cap. 17, p. 69).

Medicina. Alguns pesquisadores, como o médico norte-americano O. Carl Simonton, afirmam que os processos pelos quais as pessoas se livram do ressentimento perdoando faltas passadas farão parte importante da Medicina preventiva do futuro. Contudo, não é preciso esperar que esse tempo chegue para começar (Simonton & Simonton, 1987).

Mecanismos de Defesa do Ego: *Repressão, Negação, Identificação e Projeção*

MDE. No livro *Síndrome do Estrangeiro* há um capítulo inteiro dedicado aos chamados *mecanismos de defesa do ego* (*MDE*). No entanto, novas abordagens se fazem necessárias. É preciso, pois, complementar o tema, aprofundando o entendimento dos tipos mais comuns de *MDE* na linha de frente dessa dinâmica: 1. *Autojustificativa*; 2. *Autoculpa* (V. Balona, 2006).

1. ***Autojustificativa.*** É fruto da autodepreciação e inimiga da autoestima sadia. Faz a conscin sentir-se incapaz e incompetente. Em geral, reprime dose considerável de agressividade. Essa repressão, que é pai e mãe de outros processos de defesa do ego, contribui para conservar e alimentar inúmeros traços imaturos, ou *trafares,* da consciência (Balona, 2006).

Segurança. De nada adianta sepultar os aspectos imaturos. Eles acabarão surgindo de modo insidioso, sabotando a segurança íntima. Através da justificativa, a pessoa se perde no emaranhado de explicações sem fim para cada situação de insucesso. Depois vem a raiva por ter-se deixado pilhar outra vez em erro.

Mudança. *O trafar é o filho marginal.* Ninguém gosta de detectar o defeito, embora se trate apenas de falha. É o sintoma de que algo funciona mal. De que adianta sentir raiva do defeito? Que culpa tem ele? O erro é a linha de expressão e só a consciência pode mudar o resultado, assumindo, pois, a responsabilidade pela mudança.

Desculpa. Um dos processos de autocorrupção mais grosseiros é o da desculpa esfarrapada para não fazer nada: *"Ah! Mas, para você é fácil!"* Fácil? Justificativas corruptas dessa ordem indicam vontade fraca, desmotivação para melhorar, autodepreciação e falta de coragem evolutiva. Trata-se de postura autoassediadora.

Pistas. A repressão é o mecanismo de defesa que pode ser interpretado como tipo de constipação emocional ou bloqueio do fluxo natural de energias emocionais. Pelo condicionamento ou pelo medo da punição, essa energia é engolida e metabolizada pelo soma, processo chamado *somatização* (efeito de levar ao corpo a emoção reprimida). É universalmente aceito que o sofrimento psíquico pode infligir males ao corpo. Desde os primórdios da medicina, os médicos veem relação estreita entre conduta e doença. Afetividade, doença e sintoma são pistas que contam a história e expressam a necessidade.

Exemplos. Alguns autores relacionam a manifestação da obscura *síndrome do pânico* com bloqueios energéticos relacionados com a repressão. Recentemente, a *fibromialgia*[61] tornou-se outro exemplo (Dethlefsen, 1997; Greenwood & Nunn, 1999; Patarca-Montero, 2000).

2. ***Autoculpa.*** Ela nos faz sentir fracassados e só contribui para adulterar e diminuir o senso de autovalor. Segundo alguns autores, a autoculpa emocional esconde boa dose de agressividade e ressentimento.

Estado. Para muitos, é mais aceitável sentir culpa do que raiva, por exemplo. Contudo, ainda que no passado, recente ou remoto, tenha-se de alguma forma contribuído para o atual estado daquela outra consciência, hoje se adota postura diferente, com disposição para rever tudo com sinceridade. Dito isso, fazemos o convite:

---

[61] *Síndrome da Fribromialgia.* Condição que afeta os neurotransmissores dos músculos, ocasionando dor crônica.

- *Se eu posso mudar, você também pode.*
- *Para mim funcionou. Você quer experimentar?*
- *Eu me permito mudar, e você?*

Siameses. Mas, e quando a resposta do outro é o sonoro *não*? O que fazer? Vamos continuar grudados como siameses, presos para sempre? O autoexemplo vivo no uso da liberdade de mudar o próprio modo de pensar leva os demais à desrepressão. A autoatualização pode ser estímulo, neo-oportunidade, convite para passar aquela relação a limpo, oferecendo ao outro a neoedição própria revisada e ampliada. Emancipar-se da culpa já é o grande passo para crescer. *Faço o que me parece o melhor e assumo as consequências.*

Melhora. É preciso analisar a psicologia profunda das atitudes do perseguidor, ou perseguidora, evolutiva. Ele ou ela formou a pior impressão sobre alguém e agora se ega a admitir e confiar na melhora de intenções e atos do outro, mesmo quando muito evidentes. São personalidades que sofrem da síndrome de desconfiança crônica. "*Ele(a) não pode ser tão bom(a). Há algo por trás disso*". São algumas das ruminações mentais mais comuns. *Gato escaldado tem medo de água fria. Desconfiança não é prudência.*

Alerta. Quem desconfia o tempo todo não tem disponibilidade para tomar cuidado. Está sempre em alerta vermelho contra o bombardeio nuclear, cada vez que um pernilongo entra pela janela. Enquanto isso, o problema real entra pela porta da frente. Exemplos dessa natureza foram amplamente pesquisados no livro "*Os Manipuladores Estão entre Nós*", da psicóloga francesa Isabelle Nazaré-Aga. "*Assédio Moral*", da psiquiatra também francesa Marie-France Hirigoyen, é outra obra que aborda o tema. Em ambos, os interessados encontrarão informações sobre comportamento perverso e psicologia do assediador ou da assediadora (Nazaré-Aga, 2001; Hirigoyen, 2002).

Reconciliação. Eis 9 posturas assediadoras (anticosmoéticas) a ser evitadas pelos que buscam a reconciliação:

1. **Reconhecimento.** Alguém não quer dar o *braço a torcer*, não aceita fazer o reconhecimento da mudança do outro. Não quer mudar a opinião que formou a respeito da pessoa no passado, apesar de todas as evidências atuais em contrário.
2. **Covardia.** Um dos envolvidos sente-se frágil ou covarde diante da própria evolução. Caso passe a reconhecer abertamente a mudança do outro, não terá mais desculpas a não ser começar a esforçar-se também, correndo atrás do próprio prejuízo. A grande preocupação do(a) assediador(a) é: "se der certo para ele(a) dessa vez, eu terei que rever minha postura".
3. **Autofuga.** A pessoa tenta fugir de si, do autoenfrentamento, utilizando-se de mecanismos de defesa que não resolvem o problema. *A autofuga é impossível.*
4. **Mecanismo de Defesa da Negação.** Negar os fatos ou a melhora do outro denota preguiça evolutiva, insegurança, incapacidade de assumir autorresponsabilidades. É não conseguir *bancar-se* (Mello Filho,1992).
5. **Mecanismo de Identificação.** Assumir como próprio o comportamento de outra pessoa não contribui para nos sentirmos melhor. Muitas vezes, a hostilidade é admiração mal resolvida. Pode então ocorrer uma tentativa paradoxal de imitação de quem se hostiliza: *imito os resultados, entretanto não quero ouvir falar dos seus autoesforços nem da trajetória para ter chegado até aqui* (impostura, usurpação de identidade). Imitação não resolve: por mais que a fotocópia seja boa, jamais será o original.

6. **Mecanismo de Projeção.** Jogar a culpa no outro não alivia a própria. Indicar, com empenho as falhas alheias, mesmo as mais sutis, não impedirá que os demais deixem de perceber as nossas (Klein & Riviére, 1970). Projetar responsabilidade em alguém indica dependência emocional. Dos mais antigos exemplos do uso do mecanismo de defesa da projeção ou deslocamento é o da lenda religiosa da gênese e do paraíso. Quando interpelado por Deus sobre o motivo de ter comido o "fruto proibido" (conhecimento), Adão tratou logo de culpar Eva que, por sua vez, fez o mesmo em relação à serpente. *Foi ele ou ela, não fui eu.* Exemplo clássico de neotenia, infantilismo adulto.
7. **Recaídas.** Esperar a debilidade ou fragilidade do outro para provar que tem razão. Essa tática é utilizada através de provocações. É quando o outro vem manso, mas o objetivo final é *dar o bote* para conseguir energia. Aceitar a provocação é mostrar fraqueza, confirmando para o preguiçoso a permanência nas velhas posturas. Por isso, ele ou ela torce para a mudança não dar certo confirmando o próprio ponto de vista: "vê como não adianta. Você é sempre o(a) mesmo(a). Não mudou nada. Eu sabia."
8. **Neofobia.** Sentir-se ameaçado pela mudança do outro, pela sua renovação. Daí a necessidade de estar sempre reafirmando as dificuldades alheias para justificar a própria conduta antiquada, atrasada, estagnada. É tentar manter a pessoa presa na atitude negativa do passado de ambos, que é terreno já conhecido. Essa energia em inércia (negativa) impede tanto um, quanto o outro de crescer.
9. **Erros repetidos.** O ideal é cometer erros novos, ainda não experimentados, indicando que a conscin está fazendo novas experiências e nelas é natural errar. O medo de errar já constitui, em si, atitude errada. É preciso ser original, ainda que através dos erros. Cometer,

sem parar, os mesmos erros é negativo, pois leva ao círculo vicioso da *automimese*[62].

Desafios. Para o interessado em resolver o conflito, situações como essas constituem grandes oportunidades evolutivas. Tomadas como tais, são desafios dos quais sempre é possível tirar proveito, permitindo ascender a novo patamar de cosmoética.

Trabalho. Afogar a necessidade de solução do conflito emocional nas drogas, na vida atribulada ou no trabalho obsessivo como o do *workaholic* (autoabnegação negativa) pode postergar, mascarar, contudo não substitui a necessidade de autorreconciliação afetiva.

Bem-querer. Em cada existência, vivemos encontros de destino para a mudança de nível evolutivo. Os amparadores enviam, então, aquela *conscin-problema*, homem ou mulher de difícil convivência, que precisa ser compreendida, perdoada e também assistida. Como bem-querer, neste caso? Como pensar o melhor dessa consciência complexa, cujo comportamento ainda está preso nas malhas do passado negativo conosco?

Não basta perdoar, compreender.
É preciso assistir.

Imagem congelada. Além de não desejar esquecer o passado, esse tipo de personalidade parece querer reeditá-lo (evocação negativa), não permitindo que seja esquecido. Esse processo traz-lhe pseudossegurança, já que não conhece outra situação e tem medo do futuro, do desconhecido, da nova relação que teria que construir conosco, caso viesse a mudar a própria atitude.

Fotografia. É como se essa pessoa tivesse no bolso antiga fotografia e olhasse para ela cada vez que se encontrasse conosco, para certificar-se e reafirmar, para si e para nós, que nada mudou. Em certos casos, a ex-vítima pode comportar-se de maneira pior do que o algoz do passado.

---

[62] *Automimese Existencial.* Imitação das próprias vivências ou experiências passadas, sejam do renascimento intrafísico atual ou de existências anteriores.

Ingratidão. Nessa hora, a consciência reconciliadora sente-se desanimada e infeliz, cheia de razão para não perdoar. Surgem as frustrações perante a insensibilidade e ingratidão do outro. Mas é justamente este o momento de ajudar, de esclarecer e de atualizar aquela consciência. É cosmoético deixar-se ajudar.

Desilusão. Muitos não recebem mais assistência porque não se permitem ser ajudados. Nunca é tarde para pedir ou receber ajuda. A desilusão pode ser terapêutica quando obriga a consciência a rever a própria vida, repensando as ações: *de que forma essa consciência pode ser grata, se nem percebe que precisa de ajuda ou que já está sendo ajudada? E justamente por mim?*

A tarefa do esclarecimento – *tares* – é a sequência de desilusões cosmoéticas que libertam a consciência do *ego* e do *grupocarma*.

Sentimento. Neste tipo de situação, pode-se identificar perfeitamente a diferença entre *emoção* e *sentimento*. O mentalsoma é o veículo da racionalidade. É preciso primeiro analisar, reconhecer, entender que a ajuda foi recebida, para depois sentir gratidão, exemplo de sentimento mentalsomático. De manifestação mais permanente, o sentimento é fruto da reflexão e convive com o discernimento.

Emoção. Pode-se dizer que os sentimentos são emoções maduras. Não se tratando, portanto, daquela emoção comum, avassaladora, envolvente, que surge abruptamente desequilibrando e dominando a conscin. A paixão ou a hostilidade, por exemplo, são tipos de *emoção* (psicossoma). Quando submetidas ao discernimento (mentalsoma), longe da lente distorcida das autocorrupções, podem levar à lucidez ou à decisão de perdoar (Vieira, 2007b).

Participação. O mais positivo no ato de perdoar é compreender que a intenção individual sincera tem validade, independentemente da resposta ou do reconhecimento do outro. Por esse motivo, desde o início, a energia da relação começa a ser reciclada. Os resultados podem aparecer antes mesmo da participação do outro. Este é o mecanismo real do livre-arbítrio em ação: *quando um não quer, dois não brigam* (segundo Vieira, libertação da *paranoia á deux*).

Energias. A distância geográfica torna-se relativa nesse caso, pois existe o trabalho com as energias pessoais (Cap. 10) e a projeção da consciência planejada com o objetivo da reconciliação. A partir daí, passa-se a dizer: *graças a fulano* aprendi isso. E não mais: *culpa de fulano*, veja o que me aconteceu!

Perfeccionismo: *errofobia* ou aversão ao erro

Carência. O perfeccionismo é a tentativa de controle absoluto: de pessoas (manipulação), de objetos (mania) e dos fatos (ansiedade), tarefa que tudo indica ser impossível. Revela enorme carência afetiva e baixa autoestima. Só traz como resultado mais ansiedade e crescente frustração. Todo desempenho pode ser melhorado e apresenta algum percentual de falha a ser corrigido. *Tudo é perfectível ou aperfeiçoável.*

Impossibilidade. Desejar a excelência é louvável, contudo a impossibilidade de *administrar o Cosmos* faz do perfeccionista um sabotador de primeira ordem: *puxa o tapete* dos próprios resultados e joga o *balde de água fria* na performance alheia.

Pesquisas. A consciência perfeccionista acaba não tendo tempo para se aprimorar, pois vive sempre assombrada diante da possibilidade de cometer algum deslize. Com isso, degrada os próprios esforços e normalmente exige demasiado dos outros, impedindo o desenvolvimento do espírito de equipe e o exercício da grupalidade sadia. Segundo pesquisas, a enxaqueca crônica é mal relacionado ao estresse e a personalidades perfeccionistas (Hilfiker, s.d.; Rossi, 1994).

Estresse. É sabido que para vencer o estresse é necessário grande autocontrole emocional. Paradoxalmente, o autocontrole, por si só, pode ser fonte de grande estresse emocional. Conclusão: tentar exercer controle sobre os demais produz e alimenta estresse cada vez maior, praticamente insolúvel.

Mídia. A autocura apoiada na reconciliação vai exigir do interessado a renúncia às expectativas infundadas sobre si e sobre os outros. Segundo a mídia especializada, profissionais perfeccionistas não são boa companhia: inseguros e detestam férias (Poles, 2001; Vieira, 2007b).

Frustração. O detalhismo é importante aspecto e qualidade a ser desenvolvida por qualquer conscin. Já o perfeccionismo é a distorção dessa característica. Abandonar tal conduta permite à consciência aumentar seu nível de lucidez, abrindo espaço íntimo para calçar situações negligenciadas no presente, errando menos no futuro. A consciência perfeccionista não consegue manter o nível de automotivação sadia. Criando expectativas quanto à perfeição irrealizável, está sempre caindo em frustração e projetando o seu fracasso imaginário nos outros (Vieira, 1997c).

O perfeccionismo é a caricatura da auto-organização.

É Possível Arbitrar o Passado?

Cotidiano. Muitos admitem a influência do próprio passado de outras vidas sob a superfície do cotidiano e, por isso, desejariam conhecê-lo: "*Se um dia eu pudesse descobrir por que tenho tal ou qual dificuldade com fulano ou com sicrano, aí sim, tenho certeza que tudo seria diferente*".

Holomemória. Essa leviandade criou o modismo da TVP (terapia de vidas passadas), que está longe de representar a solução para o problema. Se assim fosse, não se chamaria "regressão", e sim *evolução através de vidas passadas.* Seus resultados dependem, sempre, da assistência pessoal do "regredido" e principalmente de quem promove a "regressão", da qual os envolvidos podem sair assediados. A holomemória não aceita que se baixe seus arquivos a fórceps (autoestupro evolutivo).

Biblioteca. A intenção aqui não é a de minimizar o valor da *retrocognição*[63]. Por experiência pessoal, sabe-se o quanto é útil e indispensável à autopesquisa, embora não seja a única alternativa. Para produzir mudanças no presente, o passado pode ser consultado na condição de biblioteca, banco de dados ou quadro de referências, desde que não fiquemos presos a ele.

Poder. Não é preciso esperar que a memória ancestral (*holomemória*[64]) seja recuperada para explicar as causas de todas as dificuldades de hoje. Se já é possível identificar o problema é lógico que estamos perfeitamente aptos a encontrar a solução. É o mesmo processo que ocorre na ciência: *quem procura, acha*. Na realidade, o único momento de poder do *livre-arbítrio* é o *aqui / agora multidimensional*, o *eterno–presente-futuro–evolutivo*. Vive-se quase sempre o *eterno–presente-passado–evolutivo*. Contudo, não podemos arbitrar o passado. *O ideal é viver no presente-futuro* (Alegretti, 1998).

Prioridades. Para a consciência, o passado, o presente e o futuro coexistem. Do passado temos as memórias. No futuro projetam-se as metas, as esperanças, as expectativas de mudança, as tarefas e os projetos. Podemos, portanto, garantir o melhor futuro evolutivo possível tomando agora, no momento presente (único tempo que não tem fim) as decisões mais acertadas, escolhendo as melhores prioridades para a evolução.

Cosmoética. Não adianta *chorar sobre o leite derramado*. Melhor limpar o que for possível e ir em frente, recomeçando tudo cada vez mais correto. A vida é feita de retificações. *Portanto, mãos à obra! Vamos realizar o melhor-correto-do-possível-agora*. A cosmoética atua de modo inexorável sobre todas as

---

[63] *Retrocognição*. Latim: *retro*, atrás; *cognoscere*, conhecer. Faculdade cognitiva pela qual a consciência fica conhecendo fatos, cenas, formas objetos, sucessos e vivências pertencentes ao passado distante, comumente relacionados com a sua holomemória.

[64] *Holomemória*. Memória causal, composta, multimilenar, multiexistencial, implacável, ininterrupta, pessoal, que retém todos os fatos relativos à consciência; multimemória; polimemória.

consciências, alcançando-as em qualquer vida, em qualquer dimensão. Não é única lei para todos: atua segundo o nível de entendimento – evolução, maturidade ou experiência de cada consciência. Rege, portanto, a evolutividade das consciências.

Realismo. É possível, para qualquer consciência motivada, acertar os ponteiros da autoproéxis (por exemplo, em um ano de auto-organização prática). Sempre é hora de acertar o passo evolutivo. A lucidez cronológica (*lucro*), consiste em saber aproveitar o aqui/agora com o máximo realismo possível quanto ao que falta ser vivenciado, assumindo *a real + idade evolutiva individual.*

Proéxis. Ao trocar o prazer momentâneo pelo entendimento permanente, a conscin substitui a emoção fugaz pelo autodiscernimento. Existem tarefas agradáveis e tarefas necessárias. Na execução da proéxis, o que é necessário torna-se igualmente agradável para a consciência, quando mais lúcida. É a vivência teática do *trinômio automotivação, trabalho e lazer* (Vieira, 2007b).

Compléxis. Pelo exposto, o perdão traz benefícios inavaliáveis para o cumprimento das responsabilidades para com a autoevolução, além de contribuir para o crescimento dos elementos do grupocarma. É até possível alcançar o completismo existencial (*compléxis*) a partir dessa primeira medida saneadora (Vieira, 1998).

Deficit. Para a maioria das consciências, entretanto, é mais comum a incompletude existencial ou *incompléxis.* Alimentando o ressentimento, chegam ao fim de mais uma vida, ainda em débito com a autoevolução, principalmente devido à falta do entendimento consensual entre os componentes do grupocarma, caracterizando o *déficit* de aprendizado.

Casais. A incompletude íntima a dois, por sua vez, pode ser igualmente a situação responsável por vidas afetivas insatisfatórias, nas quais os componentes costumam projetar carências e necessidades idealizadas fora do seu território emocional. A maioria dos casais que compomos ou com os quais convivemos formam os chamados *casais incompletos*, caracterizando mecanismos de defesa do ego: *deslocamento e compensação* (Vieira, 1994).

Capítulo 6

Autorreconciliação

Ideia-força: *Integridade*

Técnica: *Técnica das Pequenas Tarefas Diárias*

Concessões Necessárias e Perdas Evolutivas

Concessões. Quando é hora de *bater em retirada, ligar o desconfiômetro, jogar a toalha, sair à francesa, tirar o time de campo* ou *ir à luta* pela autoevolução? Quando atuar, quando calar, quando insistir, quando deixar? Quando é a hora de desistir de tentar "ajudar" o outro? Quanto às *concessões*, quais são as necessárias? Existem aquelas inevitáveis, inteligentes e refletidas. Outras são conciliações autocorruptoras, acumpliciamentos, negligências, teimosias e omissões. Estas representam paradas regressivas ou *perdas evolutivas* (Vieira, 2007b).

Ausência. A insistência exagerada em permanecer junto a alguém, ou de certo grupo de pessoas além do útil e do necessário, muitas vezes pode mais prejudicar do que ajudar. A ausência pode até ser mais educativa do que a presença forçada, fora de hora, sem credibilidade. Você, leitor ou leitora, já pensou sobre isso? O que concluiu?

Exemplo 1: a pessoa que trabalha na mesma empresa há mais de 3 décadas, se questionando se deveria ficar ou sair, sem nenhuma ação positiva. A dúvida é: *quem sabe ainda tenho algo a fazer lá? Será que isso é parte do meu carma?*

Exemplo 2: o casamento de duas décadas de infelicidade, principalmente para um dos cônjuges, principalmente quem quer renovar e passa o tempo todo falando mal do outro, sem parar, sem qualquer providência prática. A dúvida é: *quem sabe é isso mesmo que eu mereço? Será que isso é parte do meu carma?*

Exemplo 3: o filho que não define a saída de casa, embora *careca de saber* que é engolido, anulado pelos familiares. A dúvida é: *não é melhor aguentar para não gerar conflito? Será que isso é parte do meu carma?*

Decisão. Essas situações *já deram o que tinham que dar.* A decisão já passou da hora, já *caiu de madura*. Em outros casos, pode ocorrer justamente o contrário. Aquela justificativa: *"mas eu já fiz tudo o que podia. Não adianta. Acho que vou deixar tal pessoa ou tal grupo"*. Ou quando alguém se pergunta: *será que já é hora de deixar essa profissão, esse emprego, ou essa pessoa?* Se for o caso, na hora, no momento, se já fizemos de fato tudo o que estava ao nosso alcance, nos sentiremos tranquilos e decididos. Não haverá nenhuma dúvida nem cobrança íntima, nem desconforto nem autoculpa, embora, toda ruptura seja afetivamente delicada.

Distância. O problema é que, paradoxalmente, muitas vezes queremos desistir antes da hora, depressa demais. Se os amparadores, amigos extrafísicos multimilenares, fossem fazer o mesmo conosco, já estaríamos sozinhos há muito tempo. É claro que nada impede de continuarmos ajudando à distância. Não é preciso esperar o "fim do mundo" pela melhora de alguém, tampouco ficar grudado, cobrando e aguardando com impaciência a esperada mudança.

Dúvida. É como a pergunta daquela senhora durante palestra sobre autocura: "*será que está na hora de me separar do meu marido?*" E nossa resposta: *se ainda estamos perguntando é porque não está.* Cabe aqui a sábia fórmula: *na dúvida, abstenha-se.* Contudo, a maioria que pergunta não tem mais dúvida, porém vai postergando a decisão. Quando o momento chega, o interessado é o primeiro a ser informado. Os indicadores maiores são: o equilíbrio entre a pressão íntima para resolver, o alívio e a segurança para decidir.

Universalismo. Outra condição que não ajuda é concentrar toda energia, todo tempo, todo esforço para assistir uma única pessoa. Com a desculpa de "ajudá-la", muitas vezes o que se está tentando fazer, sem sucesso, é mudá-la ou moldá-la a conveniências pessoais. Falta universalismo nessa atitude que, por isso, não recebe assistência dos amparadores.

Ajuda. Frequentemente os bons resultados não ocorrem justamente porque a consciência escolhida como objeto central da assistência personalizada, simplesmente, não deseja a ajuda recebida. Ou até quer ajuda, porém não proveniente de nós. É o que se chama *gastar boa vela com mau defunto.*

Carma. Além disso, ao envolver-se demasiado com o carma alheio (fardo do outro) tentando facilitar de modo deslocado ou excedendo a ajuda não solicitada, pode-se acabar endividado, aumentando o próprio fardo evolutivo. Ajudar o outro, sim, é imprescindível, contudo sem negligenciar as próprias tarefas existenciais – autoproéxis e proéxis grupal.

Respeito. É também considerado *estupro evolutivo* querer amadurecer alguém à força, tentando esclarecer antes que a neoexperiência do assistido venha requisitar a informação, antes que a necessidade evolutiva surja de maneira espontânea. A *Cosmoética*, lei que rege a evolução das consciências, tem entre seus princípios o respeito ao nível evolutivo. Será que ele ou ela está pronto para dar o próximo passo? Essa informação, essa ajuda, poderá de fato contribuir ou está deslocada, poluída, fora de hora? É dispensável ou será bem-vinda?

Ato de força. Mesmo que a pessoa entenda a proposta, mas se faça de desentendida, ou faça vista grossa às abordagens oferecidas, o melhor é sair de cena deixando a ajuda para quando for solicitada. Querer mudar alguém, mesmo que para melhor, com toda boa vontade e boa intenção do mundo, paradoxalmente pode constituir ato de força anticosmoético. Os assediadores aproveitam essa arbitrariedade para gerar o sentimento de repulsa e hostilidade cada vez maior por parte do assistido. Falta discernimento ao assistente.

Resultados. Em muitas situações, o melhor é sair de perto, deixando de querer "ajudar" à força, passando a oferecer a assistência a quem queira, sem qualquer preocupação com o retorno. Esse simples recurso pode aliviar a ideia fixa sobre aquele alvo, criando novas oportunidades para o esclarecimento e o futuro sucesso da empreitada. Uma vez aplicado, o perdão exige certa despreocupação com os resultados para que de fato ocorram. Algumas vezes, a ajuda fica impedida pela proximidade afetiva, pelo excesso de envolvimento emocional entre as partes. Faltam isenção e distância, tão necessárias nestes casos.

Respeito aos Princípios Pessoais

Conciliações. Na hora das concessões positivas e inevitáveis, o importante é não ceder nem tentar negociar com os princípios pessoais já adquiridos. É preciso evitar a autocorrupção para não fazer concessões indesejáveis ou espúrias. É a aplicação do binômio *concessão-exigência.* Há conciliações inconciliáveis.

Dívida. Boicotar a própria evolução adotando princípios alheios de menor valor, ou regressivos, conduz a consciência à autovitimização e à subjugação. Configura a autotraição, autoinfidelidade, autorroubo, sabotagem evolutiva. Constitui conduta que onera ainda mais a dívida egocármica.

Podemos respeitar os princípios pessoais alheios – ato de amor – sem trair os próprios princípios – ato de desamor que destrói a autoestima.

Valor. Solapar o próprio senso de integridade, ferir a cosmoética pessoal, representa literalmente *atraso de vida.* Nada pior que a autodifamação ou o ato de depreciar o próprio valor. Exemplos práticos de traição aos princípios pessoais em troca de prêmios de consolação não faltam:

- A esposa que aceita a rejeição afetivo-sexual e o homossexualismo do marido, entrando na promiscuidade física e multidimensional, além de arriscar a própria vida e a da família (*aids*). Tudo para manter o *status* e a *pseudocoerência* com a própria crença religiosa e as normas sociais. *Moral hipócrita* e *egocentrismo a dois.*
- O namorado enrustido que aceita a sedução explícita da namorada sobre colegas e amigos, porque acha que não merece nada melhor, sendo igualmente insincero e infiel. *Vistas grossas.*
- A secretária que aceita calada o assédio sexual do chefe para não perder o alto salário e o emprego. Casais incompletos, *casados de olhos solteiros. Ascensão social* e *sedução energossomática*[65] (V. Cap. 10).
- O jovem promíscuo bissexual que expõe a namorada a todo tipo de enfermidade sexualmente transmissível e não abre o jogo, para manter as aparências. *Compromisso de fachada.*
- A mulher acima dos 50, casada com o próprio assediador, que prefere a autovitimização diária a enfrentar a vida na terceira idade fora da interprisão afetiva. *Covardia evolutiva.*

Codependência. A esse acumpliciamento, a Psicologia chama de *compensação neurótica: traio os meus princípios por ganho menor do qual não quero abrir mão.* O processo envolve codependência psicológica (também chamada de adicção

[65] *Sedução energossomática.* Ação energética com intenção dominadora, mais ou menos consciente, de uma consciência sobre outras.

emocional), permissividade, omissão deficitária, covardia diante da possibilidade da perda de bens materiais ou do pseudoafeto de alguém.

Perdoar não é fazer *vistas grossas* para o erro.

Conformismo. Outorgar a outros a utilização pessoal do livre-arbítrio, fazer a transferência desta responsabilidade a líderes familiares, políticos ou religiosos tem trazido alto custo evolutivo para a humanidade. A resignação é, igualmente, um comportamento social incentivado pela repressão religiosa. Alimentador da autocorrupção individual e grupal, o conformismo não exime ninguém da responsabilidade individual para com a autoevolução, além de intensificar as interprisões grupocármicas.

Anemia. *Viver para os outros:* eis outra cantilena religiosa (*coleira do ego*), tipo de lavagem cerebral que leva à infelicidade e à perda da identidade. Acatar a desonestidade íntima, deixar de honrar as próprias necessidades e interesses, torna a consciência cínica, amarga e triste. Não se trata de fazer a apologia do egoísmo, cujos males já estamos cansados de conhecer. Dentre eles, a anemia afetiva e energética.

Assertividade. Conformismo é muito diferente de auto-abnegação consciente, de sacrifício lúcido, de renúncia evoluída, de desprendimento sincero e de despojamento evolutivo (*Homo sapiens fraternus*). A maioria dos autossacrifícios aos quais assistimos é mero masoquismo e fuga emocional. Não existem álibis que justifiquem a ausência de assertividade no que toca à autoevolução responsável (Vieira, 2001a).

Carência. Desistir dos princípios pessoais é o tipo de autorrejeição, cujo resultado costuma ser carência afetiva que ninguém pode preencher, nem mesmo o amparador da pessoa. *A pior carência afetiva é a miséria de autoafeto e de autorrespeito.* Alguns ditos populares que incentivam o conformismo:

- *Há sempre 1 pé de chinelo velho para 1 pé descalço.*
- *Não queira trocar o certo pelo duvidoso.*

- *Mais vale 1 pássaro na mão do que 2 voando.*
- *Ruim com ela(e), pior sem ela(e).*

Lastro negativo. Cabe aqui a pergunta inteligente: *o que é preciso deixar para trás para poder seguir adiante?* A acomodação, a transgressão ou a violação dos princípios pessoais, seja para qual objetivo for, costumam ter altos preços evolutivo, dentre os mais notórios a autodesmotivação crônica para viver. Considerada disfunção da vontade, a desmotivação é sintoma sério a ser considerado, pois tem relação direta com afetividade e autoestima.

Anticosmoética. Quando deixamos de aplicar o nível ético já por nós compreendido (código pessoal de cosmoética – CPC), ficamos em débito com a autoevolução. Carmicamente falando, isso nos pesará, onerando a conta corrente do *autocarma ou egocarma*. Quando a primeira atitude da conscin, para resolver qualquer pendência afetiva é abrir mão dos princípios pessoais mais caros adquiridos a duras penas ao longo de vidas, instala-se a dissonância cognitiva – *autocisma* – que aumenta cada vez mais o comprometimento evolutivo pessoal.

Fogos. Eis curioso e popular exemplo do incentivo a essa atitude. Quando alguém arranja um namorado ou namorada, os amigos perguntam: ele(a) é bonito(a)? Quando avisa que ficou noivo ou noiva, os parentes questionam: ele(a) é rico(a)? E, finalmente, quando alguém comunica que se casou ou que está vivendo junto, alguma voz mais madura se lembra de perguntar: ele, ou ela, é boa pessoa? *Com facilidade, trocamos princípios duradouros por fogos de artifício.* Muitas vezes, a essa altura, já é tarde para fazer valer critérios melhores. O ideal seria escutar a voz íntima – cosmoética – na hora das escolhas mais permanentes.

- *Do que estou me queixando?*
- *Qual foi o sistema de interesses que pautou essa escolha afetiva, profissional e outras?*

Atitude. Esta atuação pode ser responsável pela melancolia intrafísica (*melin*) ou perda do sentido da vida (*raison dêtre*), comentada no Cap. 4. *O homem se angustia com a própria cultura que ajuda a criar* (Klein & Riviére, 1970). Segundo Vieira, a queixa é sempre exigência à alguém, revelando incompetência para se lidar com algo. O ideal seria colaborar para mudar aquilo que nos afeta (ação), abandonando a reclamação que, paradoxalmente, é atitude passiva que *reclama ação.*

Impasses. Se a educação, a cultura e a família, que compõem a mesologia humana, nos levam a esquecer nossas origens extrafísicas e compromissos com a autoevolução, o ideal é fazer a **autorreconciliação** o quanto antes, para viver de maneira coerente com os princípios pessoais. Aplicar o nível de cosmoética que já se reconhece e com ele realizar a proéxis leva a impasses evolutivos que, a cada momento, a consciência precisa considerar e aprender a respeitar. Quando a conscin percebe que já está apta a viver sob um código de ética mais avançado não há como regredir, ou fazer de conta que não sabe. A partir da posse da neoinformação, ela é onerada pela incoerência entre a teoria e a prática (teática). São ambiguidades irreconciliáveis.

Saber **o que é melhor e não** ***fazer***
é diferente de não ***fazer*** **melhor**
por não ***saber. Autolealdade.***

Autoestima e Reconciliação

Valor. São muitas as relações da autoestima com saúde integral. Há comprovações de que a baixa autoestima deprime o sistema imunológico ou imunitário, facilitando a ação de vírus e bactérias. Ao contrário, a autoestima sadia parece despertar energias autocurativas. O termo autoestima significa *senso inato de valor pessoal.* Não é o mesmo que individualismo egóico ou adoração de si. A ampla liberdade de expressão pessoal permite à consciência fortalecer a relação consigo própria. A autoadmiração e o autorrespeito, sentimentos de competência e de valor próprios, formam o autoconceito positivo, responsável pela visão pessoal do mundo e das outras consciências.

Autodiscordância. Para esses casos, a autoaplicação da *técnica do binômio admiração-discordância* pode ser útil. Auxilia na autovalorização dos aspectos maduros – trafores (autoadmiração sadia) – e na erradicação dos comportamentos que precisam ser superados – trafares (autodiscordância cosmoética). *Isto também sou eu* (autoaceitação).

Liderança. A autoestima, quando saudável, reduz os níveis de ansiedade, construindo o temperamento intimamente mais seguro e sereno. A consciência cresce quando se expõe. Por isso, a liderança é dos seus testes mais críticos, a forma da própria autoestima se por à prova.

Efeito. Pesquisas publicadas no livro *Ouvindo o Prozac* (Kramer, 1995) indicam que personalidades líderes, sejam elas de animais ou de seres humanos, apresentam níveis diferenciados de serotonina no cérebro. Esse tipo de neurotransmissor tem importante papel nas sinapses (comunicação entre as células nervosas ou neurônios). Sua presença explicaria a autoestima elevada apresentada por certos epicentros no seu grupo. No entanto, ainda não há nada que justifique pensar que tomar *Prozac* elevaria a autoestima de alguém, sem exigir o mergulho profundo e sincero no autoconhecimento. Quanto tempo duraria o efeito "mágico"?

Amor próprio. Segundo Branden (1995), "a autoestima positiva pode ser entendida como um tipo de *conquista espiritual*, isto é, uma vitória na evolução da consciência". Muitos confundem autoestima com amor próprio, que é socialmente saudável como sinônimo de brio, orgulho ou senso de dignidade pessoal. Torna-se impróprio quando é fruto da emulação, do orgulho ferido e da autoafirmação. Existe, portanto, o autoamor *impróprio* – personalidade narcísica.

Vaidade. Por outro lado, a jactância e a arrogância, a superestimação da capacidade pessoal não contribuem para construir autoestima sadia. Pelo contrário, indicam forte dose de fragilidade emocional e carência afetiva. A vaidade, por exemplo, constitui um exemplo clássico do sistema pueril de recompensas – mecanismo de defesa da compensação neurótica.

Projeção. Tampouco se adquire autoestima sadia por *osmose* (como no processo celular), apenas pelo fato de conviver com pessoas positivas com boa noção de valor pessoal. Na situação de terapia, pode ocorrer o mecanismo de projeção, quando o assistido projeta seus sentimentos positivos ou negativos no terapeuta. Esta relação é chamada de transferencial ou transferência. Porém, aprofunda-se pouco o processo transferencial do terapeuta que, muitas vezes, também projeta as próprias expectativas de cura no paciente – contratransferência (Laplanche & Pontalis, 1970; Spinsanti, 1992).

Vitórias. Por mais que alguém queira o melhor para nós e até nos auxilie a chegar lá, ninguém pode se transformar no que os outros esperam sem alto custo da própria autonomia. Autoestima é patrimônio pessoal inalienável, construído através da sequência de posicionamentos e autossuperações íntimas pluriexistenciais. São as vitórias silenciosas na eterna luta evolutiva da consciência para autossuperar-se.

Felicidade. Na visão conscienciológica, a autoestima sadia é alimentada principalmente pela autopesquisa natural e constante. O indivíduo que anda em dia com a dose certa de autorrenovação íntima acaba desfrutando de bem estar interior maior e mais permanente (Seligman, 2002). Igualmente, torna-se necessário tirar o perdão do pedestal do idealismo (*teoria*) para trazê-lo à realidade de cada dia (*prática*). Há profundas e complexas relações entre perdão e visão de si (autoestima).

Herdeira. Quem perdoa passa a gostar mais de si próprio, num sentido altruísta e construtivo, formando o autoconceito sadio. Perdoar é autossuperar-se, ampliando as reservas de esperança quanto às mudanças pessoais empreendidas com elevação da autoestima. A falta dela traduz ausência de autoempatia, de autocompreensão e de afinidade consigo mesmo. Estar em débito com a autoevolução causa desconforto íntimo. A consciência é herdeira das próprias escolhas; logo, pode criar autodívidas. *Qual o nível do meu bem-estar íntimo? Sinto-me confortável comigo, em minha própria companhia?*

Autoassistência. É importante desenvolver o conceito de autoamparo ou autoassistência. Cada consciência há de ser, antes de tudo, seu próprio amparador. Como no exemplo do avião, em caso de emergência, a máscara de oxigênio deve ser utilizada pela própria pessoa, *antes* de pretender auxiliar aos demais. Quem se melhora está fazendo autoassistência, contudo, o objetivo é repartir este benefício em seu círculo de relações. Em contrapartida, de acordo com a teática e o exemplarismo, *quando aprendo e presto autoassistência, me capacito para assistir o outro. Cuido bem de mim para melhor servir aos demais. Efeito-halo interassistencial.*

Comando. Retificar as escolhas com o crivo da cosmoética, a cada passo, é promover a autocura constante ou paraprofilaxia. Esse movimento evolutivo pode desencadear um estado específico (*estado alterado da consciência*) que permite assumir o comando do sistema de segurança orgânico, promovendo até a regeneração de enfermidades. *O corpo sabe cuidar de si próprio quando bem comandado* (Affinito, 1999).

Criatividade. Há relações estreitas entre criatividade e autoestima. Personalidades que apresentam baixo nível de autoestima temem ousar ou inovar, e, com isso, deixam de ser criativas na vida e no trabalho cotidiano. A falta de criatividade impede novas iniciativas, inclusive nos relacionamentos afetivos, mantendo o apego ao próprio fracasso. *Acho que não mereço nada melhor.*

Diferencial. Estudos levados a cabo no *King's College of Medicine,* Londres, Inglaterra, evidenciam que há 4 atitudes mentais face ao câncer, que podem representar o diferencial entre a cura relativa e a morte das pessoas pesquisadas. São elas:

1. O espírito combativo.

2. A rejeição ou a negação da doença.

3. A aceitação estóica.

4. A desorientação e a depressão.

Frustrações. A sobrevida no caso do *primeiro* e *do segundo* grupos (personalidades pró-ativas) varia entre 22% a 55% a mais em relação aos dois grupos restantes (Mello Filho, 1992; Bizarri, 2001). Perdas afetivas (por morte ou ruptura), desilusões e frustrações estão entre os processos mais comuns relacionados de modo direto com a doença. Da mesma forma, a relação com eventos traumáticos anteriores à aparição do câncer também já foi comprovada. Galeno, filósofo e médico do século II, relacionou melancolia e câncer no seio. Mulheres melancólicas padeciam mais deste tipo de câncer (LeShan, 1994).

Inclinação. O Dr. Carl Simonton e a companheira Stephanie Matthews-Simonton, pioneiros na pesquisa de cura do câncer a partir da compreensão de processos psicoafetivos (1969) como parte do tratamento convencional, observaram que personalidades com tendência à doença geralmente apresentam *"inclinação para guardar ressentimentos e marcada incapacidade de perdoar"* (Simonton & Simonton, 1987).

Resultados. A partir da proposta de transformação psicológica e emocional aplicada aos seus pacientes, o casal obteve os seguintes resultados preliminares: 159 pacientes com diagnóstico de doença maligna e incurável foram acompanhados durante 4 anos. Apresentaram sobrevida de *24,4 meses* (com a terapia convencional a sobrevida prevista é a metade). Ou seja, os pacientes viveram *duas vezes mais* do que o esperado. Achavam que *tinham certa influência sobre o curso de sua doença.* Dos pacientes estudados, 51% manteve as mesmas atividades de antes do diagnóstico e 76% conservou 75% das atividades. A reconciliação é um tentativa inteligente de mudança do materpensene pessoal.

Metástase. Vale registrar que as células cancerosas são consideradas fracas e confusas (*células egoístas*). Alguma relação com o nível de egoísmo do portador? Multiplicam-se aleatoriamente sem levar em consideração os limites do órgão afetado. O processo de propagação do mal é chamado *metástase*, que significa *estado à parte* (Greenwood & Nunn, 1999; Dahlke, 2001).

Patrulhamento. A personalidade autossuperadora, que utiliza a própria doença como fonte criadora de autorrenovação, parece desenvolver mecanismos de defesa orgânica baseados na *fagocitose*[66], ativando as chamadas *natural killers*[67], células que combatem os tumores malignos (neoplasmas). Graças a esse patrulhamento constante, células defeituosas são eliminadas diariamente do organismo pela pessoa sadia (Regushi & Merta, 1989).

Oncologia. É lamentável que, apesar de tantos trabalhos científicos publicados sobre os benefícios de tratamentos *holistas*[68], os livros universitários sobre oncologia ou cancerologia negam-se a dedicar espaço, tempo e análise sobre a sinergia negativa: personalidade pessimista, baixa autoestima, processos emocionais estressantes (*life events*) e desenvolvimento de tumores malignos (LeShan, 1994).

Distanciamento. Esta indiferença absurda faz com que não seja raro encontrar oncologistas com graves quadros de

---

[66] *Fagocitose.* Função pela qual certas células animais (amebas, fagócitos), absorvem partículas, micoorganismos, englobando-os por pseudópodes, a fim de digeri-los. Dicionário e Enciclopédia Koogan-Houaiss Digital 2002.

[67] *Natural Killers* (assassinos naturais). Células NK, também chamadas *LGL* (*Large Granular Lymphocytes*), que apresentam capacidade espontânea de matar células *estranhas*, transformadas por um agente infeccioso, como o vírus, em células neoplásicas (Bizarri, 2001).

[68] *Holismo.* Uma das correntes derivadas do vitalismo que vê o ser humano como um todo e não em partes.

ansiedade. Na tentativa de mostrar uma pseudossegurança, aparentam frieza e buscam o distanciamento dos doentes, podendo adotar hábitos carcinogênicos, como o tabagismo ou o etilismo. *Acontece com o vizinho, não comigo; a mim, o trem não pega.*

Remissão. A ciência do homem deveria dedicar-se, com afinco e sem preconceito, ao estudo profundo da fisiologia da remissão ou da autocura. *Como funcionam pessoas que se refazem espontaneamente de agressões ao organismo? Como pensam? Como atuam? Quais são as suas propostas de vida? Qual é o nível cosmoético de sua autoestima?*

Patologia. É preciso mudar o foco da Medicina e da Psicologia que, hoje ainda, são especializadas em patologia ao invés de focalizarem a saúde. Alguns especialistas da área da saúde acham que há colegas que poderiam ser chamados de *profissionais da doença* por atuarem apenas com foco na enfermidade.

Bênção. Com todas as suas limitações, a ciência médica ainda é uma bênção para a maioria dos doentes excessivamente *passivos* e *pacientes* perante a própria condição. A maioria espera ajuda vinda apenas de fora, de um profissional: solução rápida, prática e que, de preferência, não ponha em cheque as escolhas afetivas, profissionais e éticas do interessado. Por isso, torna-se tão difícil ajudar. *Não ajudar é pior e saber ajudar é sabedoria.*

Imunidade. Já foi amplamente estabelecida a correlação de certos estados emocionais e mentais com a ativação do hemisfério direito do cérebro e do sistema imunológico de maneira positiva. Apresentada em vários trabalhos médicos, deixou claro que o sistema nervoso central influi diretamente sobre a imunidade do organismo, tendo relação estreita com a qualidade de vida emocional do indivíduo. Como o aprofundamento do tema não é o enfoque principal desta pesquisa, sugerimos o impecável trabalho de compilação do Dr. Mariano Bizzarri, "*A Mente e o Câncer*," Cap. 5, p. 121-155.

Rotina. Pesquisa recente aponta que as mulheres são mais responsáveis com a saúde do que os homens: 70% delas procura fazer os exames de rotina com a periodicidade correta; apenas 20% dos homens os faz; 65% das mulheres os faz por iniciativa própria; apenas 20% dos homens os faz; 50% deles busca ajuda médica por sugestão da parceira. Haveria relação entre estes dados e a autoestima feminina ou masculina? (Martits, 2002).

Mecanismo. Quando criamos expectativas exageradas de mudança que, de antemão, sabemos, não serão alcançadas, sabotamos os próprios resultados. Este fracasso reforça a autovitimização e passa a ser justificativa para não implementarmos novas mudanças, criando o mecanismo de autorretroalimentação negativa (Vieira, 2007b).

Mudanças. O ideal para elevar a autoestima é processar pequenas mudanças, incorporando ao cotidiano novos hábitos mais sadios de modo rotineiro e definitivo. O entusiasmo das grandes mudanças súbitas, de uma hora para a outra, *do nada*, tem vida curta e leva às frustrações. Segundo Watzlawick (1997), as mudanças podem ser classificadas em: mudanças de primeira ordem, que contribuem para reforçar uma situação ou estado – persistência – e mudanças de segunda ordem, que realmente promovem a saída de um estado para outro.

Técnica das Pequenas Tarefas Diárias

Autorreputação. Se nos interessa de fato, incluir novo hábito sadio ou mudar o hábito negativo de maneira duradoura, melhorando a qualidade da rotina, o ideal é *começar do começo*, em pequenas doses, devagar e sempre. Toda dificuldade que enfrentamos foi criada por nós como forma de autoaperfeiçoamento. Por isso, pequenas tarefas, se cumpridas durante determinado prazo (uma semana, por exemplo), aumentam a autocredibilidade (autoconfiança), permitindo assumir gradativamente cargas cada vez maiores de compromissos. A reputação mais importante a ser considerada é a autorreputação, aquela opinião formada sobre nós mesmos.

Entusiasmo. Para obter êxito nesta conduta, o melhor é desconfiar sempre do entusiasmo excessivo, do popular *"fogo de palha"*. O desânimo vem a galope e acaba em círculo vicioso contraproducente. *Entusiasmo* é diferente de *automotivação,* embora o primeiro seja facilmente confundido com o segundo. O primeiro é exemplo de "vontade emocional", cuja origem é o psicossoma, veículo do imediatismo inconsequente. A segunda é a "vontade racional", mais duradoura, fruto do mentalsoma, veículo da reflexão. O ideal é trocar o *prazer de 1 minuto pelo entendimento duradouro.*

Ilusão. A rotina pessoal pode ser tanto estagnadora, enfadonha e fossilizante, como pode ser criativa e prazerosa, tornando-se balizadora e alimentadora da automotivação diária. Quando o vendaval ruge lá fora, quando tudo vai mal ou parece dar errado, quando estamos *under attack* (sob ataque), o melhor é aproveitar a rotina útil, aperfeiçoando-a em níveis de excelência. A maturidade é a síntese das nossas desilusões sadias. Ilusão e desilusão, muitas vezes, podem ser contrapartidas da mesma fantasia (Vieira, 2007b).

Sincronicidades, Escolhas e Decisões

Sincronicidades. Toda escolha feita de modo livre conta dobrado em termos de responsabilidade evolutiva. Mais conhecimento gera mais responsabilidade. Por isso, quando estamos sob pressão, no momento de decidir sobre qualquer questão importante, é válido observarmos vetores ou sinalizadores cosmoéticos. Eles podem aparecer na forma de sincronicidades providenciais, como foi comentado na Hipótese – Parte 1, Cap.1.

Leitura. Para tirar proveito do cotidiano, tornando-o mais criativo, podemos identificar situações balizadoras que apontam para o término de uma fase da proéxis e o início de outra.

Existem preciosos indicadores que nos permitem perceber esses momentos. Dentre outros fatores positivos, podemos, por exemplo, obter a confirmação desses sinais através da leitura das energias.

Serendip. Essas ocorrências também chamadas coincidências plenas de significados ficaram conhecidas como *serendipitia, serendipitidade* ou mesmo *serendipidade.* O feliz neologismo surgiu nas publicações de Horace Walpole (escritor inglês 1717-1797), e foi utilizado para designar a faculdade de realizar acidentalmente descobertas afortunadas e achados felizes ou inesperados. O conceito surgiu pela primeira vez na fábula "*Os Três Príncipes de Serendip*[69]", publicada na Inglaterra em 1754.

Exemplo. Como exemplo pessoal de serendipitia, durante a elaboração desse livro, ao buscar dados sobre a origem do termo, essa autora encontrou referências a Walter B. Cannon, autor do termo *homeostase*, que, justamente no seu livro autobiográfico (capítulo *Gains from Serendipity),* havia resgatado o termo esquecido havia mais de 1 século, após a citação original de Walpole (Bach, 1970; Vieira, 1997b; Epstein & Altman, 1999).

Jung. A Psicologia Analítica, desenvolvida pelo psiquiatra suíço Carl Gustav Jung (1875-1970), também atribuiu especial valor à sincronicidade. Para Jung, tratava-se de linguagem psicológica providencial e plena de significados sutis.

Fluxo. Do ponto de vista da Conscienciologia, esses fenômenos são mais que mera curiosidade ou simples coincidência. Para o sujeito parapsíquico, as sincronicidades correspondem ao fluxo inteligente de informações (sinalética pessoal) com sentido próprio.

Sinergia. Há relações estreitas entre *sincronicidade, serendipitia e parapsiquismo.* Nos momentos de incerteza, as sincronicidades surgem à maneira de uma seta apontando para o próximo passo, dentro do fluxo cosmoético natural. Elas acontecem

---

[69] *Serendip*. Antigo nome do Ceilão, hoje chamado Sri Lanka.

através da sinergia (convergência energética) e quando interpretadas com isenção e autodiscernimento constituem linguagem silenciosa utilizada pelos amparadores para nos pôr em contato com a multidimensionalidade (Balona, 2002).

Integridade. Através da leitura e da observação desses fatores subliminares, pode-se inferir que a liberdade real para a conscin modificar-se para melhor é enorme. Um fato ou uma pessoa podem contribuir muito para o nosso aprendizado. Porém, nem um nem outro farão de nós melhores consciências sem a nossa inteira cooperação. Apenas eu ou você podemos fazer de nós pessoas mais realizadas, através de escolhas mais maduras e coerentes.

PARTE 2

A Espiral Evolutiva

*"**Eliminações.** Somente assim, eu e você conseguiremos eliminar discórdias, desconcertos, dias sombrios, muros de separação, o peito a peito, o corpo a corpo e a melex*[70]*, ou a melancolia extrafísica pós-somática, à frente, ou seja: depois da dessoma".*

Vieira, Waldo – *Teste da sua Consciência Grupocármica.* 700 Experimentos da Conscienciologia; cap. 561; p. 625.

[70] *Melex* (*mel* + *ex*). Condição da melancolia extrafísica, pós-somática ou *post-mortem*; paramelancolia.

CAPÍTULO 7

NEOESTRATÉGIA EVOLUTIVA

Ideia-força: *Desdramaticidade*

Quadros (3): *Quadro das Premissas Cosmoéticas*

Questionário do Teor Emocional Diário

Check-list Emocional

Técnicas (3): *Técnica da Desdramatização Emocional*

Técnica dos 20 Minutos

Técnica da Carta de Intenções Cosmoéticas (3 Posturas)

Manutenção. A expansão do nível de autolucidez surge como consequência natural da reciclagem afetiva eficaz. Como promovê-la? Por meio da autoanálise sincera e do acompanhamento diário dos fatos (manutenção), é possível identificar a atuação dos mecanismos de defesa do ego, inconscientes ou conscientes (autocorrupções).

Holomemória. Desse modo, consegue-se ativar a holomemória e acessar as coordenadas básicas do curso intermissivo para consolidar a neoestratégia evolutiva. Vale rever alguns dos parâmetros já definidos na Parte 1, que podem funcionar como elementos catalisadores da atual empreitada:

Quadro das Premissas Cosmoéticas

1. *Amparadores:* aumento a percepção da ajuda extrafísica recebida.
2. *Autoatualização:* faço progressos diários.
3. *Evolução grupal:* sozinho(a) ando, em grupo avanço.
4. *Necessidade da Reconciliação:* compreendo porque é preciso perdoar.
5. *Planejamento cuidadoso:* me organizo para obter melhores resultados.
6. *Princípios pessoais:* compreendo o outro sem ferir meus princípios. Concedendo liberdade, me liberto.
7. *Sinceridade como proposta íntima:* quero, de fato, perdoar.

Psicossoma. Com a adoção de premissas mais cosmoéticas, aumenta-se o nível de lucidez e vitaliza-se a intencionalidade da reconciliação (pensenidade) com energias recicladas. É o início do processo de diluição das *marcas, paracicatrizes e queloides* que levarão ao refinamento gradual do psicossoma.

Primazia. Priorizar o mentalsoma permite à consciência ter acesso ao seu curso intermissivo – projeto feito antes de renascer (planejamento) – e às linhas fundamentais da programação de vida personalizada (*proéxis*) a ser realizada após a ressoma (execução). Com essa primazia, surgem os *insights*, as inspirações, as ideias originais e a recuperação de novas unidades de lucidez consciencial – *cons* – que constituem a sabedoria consciencial inata.

Informações. À medida que vai tomando posse desses dados, a consciência pode promover ajustes e correções em tempo hábil, ou seja, ainda no decorrer da mesma vida. Afinal, as informações pelas quais tanto anseia e busca estão disponíveis dentro dela mesma. Portanto, vale a pena perguntar a cada momento:

- *Qual é a minha missão de vida?*
- *O que vim realmente fazer nesta dimensão?*
- *Será que esta escolha faz parte da autoproéxis?*

Patrimônio. Eis porque, na evolução, o diferencial é o mentalsoma da consciência mais evoluída. É o posicionamento mental que a faz destacar-se e aplicar o que aprendeu de melhor nas demais existências (patrimônio autoevolutivo). O cérebro humano é o computador pessoal que pode ser levado a qualquer lugar. O paracérebro e o mentalsoma constituem o computador que a consciência leva a qualquer dimensão extrafísica. O patrimônio real da consciência é o aproveitamento das autovivências. Paradoxalmente, a consciência muda o seu destino humano quando assume, naturalmente, livre de dogmas e crenças, a própria natureza extrafísica – *autoconsciencialidade.*

Recons. Todas as conquistas íntimas importantes realizadas no caminho da autossuperação são reflexos da capacidade de escolher com mais acuidade – autodiscernimento. É possível, nesta etapa, aproveitar a liberação de energias do perdão consciente para promover o salto evolutivo contabilizando, além dos *cons* (unidades de lucidez), as *unidades de* recon*ciliação* cons*ciencial (recons*[71]*).*

Técnica da Desdramatização Emocional

Desdramatização. Chega a hora de depurar, decantar a carga exagerada de energia emocional decorrente das antigas posturas afetivas sedimentadas no psicossoma no decorrer de muitas vidas. Conclui-se então que, doravante, precisamos evitar a dramatização excessiva, para não hiperdimensionar situações que em nada contribuem para otimizar a condição afetiva pessoal.

Ilusões. Desdramatizar significa dissolver a energia emocional dramática acumulada no corpo emocional ou corpo das ilusões. E como se faz para processar esta energia? Fazendo o translado de neoatitudes e impressões ao corpo do discernimento – mentalsoma (Balona, 2006).

---

[71] *Recons.* O neologismo, foi aqui utilizado de modo livre, com sentido diferente da proposta do pesquisador Luis Minero (*r*ecuperação de *cons*) – no seu trabalho apresentado durante o I Congresso Internacional da Invéxis (Minero, 1998).

Técnicas. Até aqui foi possível analisar e compreender algumas das técnicas afetivo-didáticas que podem ser aplicadas à reeducação emocional. Aprender a dimensionar os fatos no seu real tamanho e importância é neoconduta igualmente valiosa a ser implementada e levará à autocura afetiva.

Fórmula. Nos 314 questionários de pesquisa aplicados aos alunos de 5 cursos temáticos no período de 2001 a 2002, a *técnica da desdramatização emocional* foi escolhida a mais proveitosa pelos participantes (v. Apêndice B – *Tabulação de Dados*). É postura sábia dosar a carga de energia que atribuímos às ocorrências da vida. A conscin tem o mau hábito de ampliar a estatura dos fatos, marcando "gol contra", piorando as chances e anulando oportunidades de renovação. Situações realmente dramáticas às vezes acontecem, mas são raras, e para essas horas vale a sábia fórmula: *isso também passará.*

Razão. Médicos antigos sugerem que evitar repetir o nome da doença apressa a cura. E parecem ter razão, pois estabelecer o *rapport* negativo com o holopensene da enfermidade só reforça a assimilação simpática (*assim*). Como vamos superar a condição patológica evocando-a sem parar, pior, através do uso de expressões dramáticas? (Epstein & Altman, 1999).

Dor fantasma. Num outro contexto, evocar ideia positiva com energia e sinceridade é válido, pois aumenta o poder de assimilação (reforço) de neo-hábito ou mesmo do sentimento sadio por alguém. Contudo, na maioria dos casos, a assimilação simpática interpessoal ocorre de maneira espontânea e inconsciente, acarretando quase sempre a importação de males e até de enfermidades alheias pelo sistema de contágio energético. Exemplo: a *dor fantasma* que pode ser imantada pela proximidade ou convívio com a pessoa doente (Balona, 2006).

Expressões. Apoiados nos fatos, é bom começo para a pretendida reeducação emocional, reavaliar com a máxima sinceridade e abertura, os tipos de expressões verbais que utilizamos e evocamos no dia a dia. Eis 3 exemplos de vocabulário pessoal (emocional ou sentimental) aparentemente inofensivo, contudo prejudicial, que pode impregnar a vida com altos teores de dramaticidade:

- *Eu não admito isso!* Costumo usar esta expressão sempre que sou contrariado ou contrariada? (Inflexibilidade emocional inútil).

Análise: os fatos ocorrem independentemente de minha vontade. Todas as consciências são dotadas de livre-arbítrio e eu também. Nada, ninguém, nenhum fato ou fenômeno precisa do meu endosso para atuar, ocorrer ou existir.

- *Foi horrível o que me aconteceu!* Costumo empregar essa frase em situações banais? (Reforço inconsciente que torna o psicossoma mais denso).

Análise: estou agregando carga emotiva dramática e desnecessária ao meu cotidiano. Com isso, aumento minha dependência química de adrenalina, o que fortalece ainda mais a conduta emocional indesejável.

- *Eu não consigo explicar o que aconteceu!* Costumo utilizar esta abordagem para situações comuns? (Embotamento do raciocínio lógico – *mentalsoma*).

Análise: trata-se de auto-hipnose negativa que empobrece o meu dicionário cerebral. Repito um comando de incapacidade e deficiência à minha intelectualidade.

Força. Estes são apenas três exemplos claros de autoassédio – ação persecutória contra si próprio. E toda atitude pessoal nociva pode vir a ser agravada pela dramaticidade coletiva. A força assediadora que vem de fora só se integra à nossa vida se encontrar terreno fértil (Vieira, 2007b).

Meios. Nessa análise, podem-se incluir também os meios de comunicação – mídia – que abusam do drama, carregando negativamente o holopensene – conjunto de pensamentos, sentimentos e energias coletivas – influenciando pessoas, cidades ou países. A auto-hipnose e a lavagem cerebral das massas constituem realidade diária nos meios escritos e audiovisuais.

Conteúdo. Comparando a notícia simples sobre o boletim da meteorologia que ouvimos todos os dias: *ontem choveu muito na região tal.* Essa informação tem certo peso na carga emotiva. *Houve temporal terrível na região tal.* O conteúdo dramático apresenta-se aumentado e pode acentuar ainda mais o comportamento da pessoa do tipo "emocional" que já costuma carregar no vocabulário dramático.

Holopensene. Em qualquer lugar, a conscin é bombardeada, segundo a segundo, por milhares de *inputs* negativos. A pessoa que apresenta tendências negativas torna-se mais vulnerável às contaminações através da energia grupal – holopensene (campo informacional). Quanto mais pessimista o indivíduo, mais a mídia catastrófica *(boca-de-sapo)* e os assediadores *fazem a festa* com ele.

Influência. Eis porque pessoas de perfil pessimista são diariamente "abastecidas" de motivos para justificar a maneira negativa de ver os fatos, sempre pelo lado pior. Para medir o grau de influência que sofremos no dia a dia, sem perceber, podemos aplicar o seguinte questionário:

Questionário do Teor Emocional Diário

1. *Como costumo receber e dar notícias desagradáveis ou mesmo agradáveis? Com exagero?*
2. *Sou comedido(a)? Transmito apenas o fato? Acentuo a dramatização?*
3. *Sei atenuar o impacto das notícias desgastantes quando posso?*
4. *Aumento a carga emocional para garantir mais atenção à minha pessoa?*

Comportamento. O pessimista crônico que "curte" contar desgraças sofre de distúrbio perceptivo, muitas vezes inconsciente, que alimenta e piora o seu comportamento (*feedback* negativo), comprometendo inclusive a própria saúde. É o *pessimista-otimista: "tá ruim, mas sempre pode piorar"*.

Humor. Mesmo os clássicos personagens sociais contadores de piadas (fuga psicológica) ou os humoristas irônicos e debochados, tendem a ser indivíduos felizes ou alegres. Ao contrário, esses tipos populares, na intimidade, costumam ser solitários, tristes e carentes afetivos. A assimilação negativa e o vampirismo energético também ocorrem através do riso, principalmente quando o humor é de gosto duvidoso.

Qualidade. Para melhor compreender esse processo, a pesquisa concluída pela Clínica Mayo, em Minnesota, EUA, descobriu que pessoas otimistas vivem com 19% mais qualidade do que as pessimistas. Atitudes bem-humoradas e qualidade de vida estão hoje definitiva e cientificamente relacionadas. Os pessimistas comprometem a saúde e saem-se mal na convalescença (v. Infografia: *Science Daily, Mayo Clinic*).

Profilaxia. Outros experimentos mais recentes, realizados na Universidade de Maryland, EUA, demonstraram amplamente os benefícios do riso sadio e do bom humor na profilaxia das cardiopatias. Segundo o InCor (Instituto do Coração) de São Paulo, 35% dos óbitos no Brasil têm como causa as doenças cardiovasculares. Para pesquisar os mecanismos do humor e suas vantagens existe, inclusive, o laboratório do riso *(Laugh Lab)*, desenvolvido pela Universidade de Hertfordshire, Inglaterra, em parceria com a *Associação Britânica para o Progresso da Ciência* (Sarmatz, 2002).

Evitações. Quem se enquadra no tipo dramático, pessimista ou mal humorado precisa corrigir a maneira de avaliar, comentar ou evocar situações. Como? Evitando leituras com intensidade emotiva pesada desnecessária; evitando piadas de mau gosto ou o chamado *humor negro;* evitando filmes violentos ou de carga dramática excessiva; cortando o mau hábito do exagero, do excesso, do uso de superlativos, de repetições e evocações improdutivas; evitando o deboche, a ironia, o sarcasmo, o humor amargo, ácido ou cáustico.

Vocabulário. Na linguagem conotativa falada ou escrita, as emoções expressam-se mais pelos adjetivos. Vale analisar a qualidade e quantidade destes na comunicação pessoal, medida providencial básica para quem quer banir o ressentimento e a mágoa da própria vida. É sempre mais inteligente suavizar o próprio vocabulário para atenuar a carga dramática de energias absorvida no cotidiano.

Vítima. Outra sugestão é fugir do monoideísmo, das ideias fixas, daquele tipo de assunto que se transforma em pensene cristalizado (monopensene ou ruminação mental). Com o tempo e a inculcação (autolavagem cerebral), a pessoa não aceita mais rever as próprias ideias, tornando-se vítima da autoarmadilha.

Técnica. O hábito da fofoca improdutiva e assediadora, das *abobrinhas* mentais ou de *jogar conversa fora* também não colaboram para tornar sadio o processo emocional. Para corrigir o processamento mental patológico, pode-se adotar a técnica, proposta pela Conscienciologia, da *orto*pensenidade – (pensamentos corretos ou mais cosmoéticos. Esta técnica implica na correção diária da forma de pensar, desativando, a cada momento, arquivos desatualizados de sinapses e rotas mentais improdutivas.

Considerações. Com a desprogramação gradual dos arquivos inúteis, redirecionamos a carga de emoção e de energia de cada ideia (pensene), modulando-a para implementar a neoconduta mental sadia. Nesta etapa, 7 considerações ganham notável importância:

1. *O que essa ideia pode me trazer de positivo?*
2. *Que peso isso tem na autoproéxis?*
3. *O que eu ganho ou perco?*
4. *Que proveito tem essa postura para os meus projetos atuais?*
5. *Para que me serve evocar isso?*
6. *Por que perco tempo ou ainda defendo essa ideia já superada?*
7. *Há quantas vidas venho atuando desse modo?*

Assepsia das emoções. Com a diminuição da intensidade de emoções nocivas à saúde emocional, aprende-se a comentar fatos, abordar assuntos, tomar atitudes de maneira firme, embora suave, pacífica, benigna e branda. Isso não implica em ter *sangue de barata* ou fugir do autoposicionamento. Nessa opção, todos ganham.

Pensenidade. Para abordar assuntos graves e inevitáveis, o melhor será adotar *tons de aquarela* nas palavras, sem eufemismos, mas com autenticidade interassistencial. Se a mente (pensenidade) pode engendrar a doença através de postura emocional negativa, também é capaz de trabalhar de maneira sadia, com inteligência, para tornar a vida melhor, corrigindo atitudes erradas.

Recaídas. Com o uso do senso de observação de modo contínuo, as chances de recaídas serão menores, evitando o estresse afetivo ou o desgaste emocional. O novo comportamento mais lúcido será coadjuvante potente e positivo ajudando a sobrepairar frustrações, próprias ou alheias.

Autodepreciação. O vocabulário mais comedido prepara a consciência, inclusive, para abordar temas pessoais difíceis, que necessitam de reciclagem, sem acentuar os aspectos negativos. Como é possível efetivar autocrítica positiva quando se cultiva o mau hábito de *jogar lenha verbal na própria fogueira?* Para implementar com mais facilidade a desdramatização, devíamos andar com tabuleta presa às costas, ao modo do *homem-outdoor:*

"Desculpem o transtorno.
Estamos em obras para melhor servir".

Amparadores. É forma inteligente de desdramatizar o próprio comportamento, que ainda requer reparos e apresenta-se imaturo. Melhor rir de si do que seguir promovendo constantes autointoxicações emocionais pela vida afora. Nenhuma consciência está pronta, terminada, perfeita do ponto de vista evolutivo. Os amparadores compreendem o processo e, por isso, avaliam as consciências sempre pelo *conjunto da obra* – intenções e atos, e não por fatos isolados, pelas falhas do momento, por uma fase apenas ou mesmo pelo desempenho de uma só vida.

Carga. Ao fazer aquele comentário que ainda sai com carga emocional excessiva, pode-se permitir a desrepressão e, com toda a liberdade, voltar atrás, corrigindo (desdramatização): *"Eu exagerei, me excedi na carga dramática ao falar sobre isso ou sobre tal pessoa. Vou adotar outro tom, mais* light, *mais pastel"*. E repete-se a ideia inicial com carga emocional mais branda. Esse exercício simples pode ser empregado em qualquer ocasião.

Efeito. Se verbalizar algo com enfoque negativo pesa na economia energética, por outro lado, quando a consciência busca com sinceridade verbalizar, comentar ou dividir com alguém de confiança um tema íntimo de difícil abordagem, pode ocorrer efeito benéfico. É a quebra da força assediadora (autodesassédio). É no silêncio que mais nos autoassediamos (pensamentos obsessivos, regras, normas rígidas, ideias fixas, repressões, monoideísmo, culpas e inculcações).

Sociofobia. Embora, a rigor, a solidão total não exista (a convivência e a interdependência multidimensionais são compulsórias para todas as consciências), cultivar o isolamento ou a fobia social tampouco ajuda.

Mortalidade. Dois estudos independentes, realizados pela Universidade da Califórnia (Berkeley) e pela Universidade de Michigan, mostraram que adultos que não cultivam relacionamentos saudáveis têm taxa de mortalidade prematura duas vezes maior do que aqueles que mantém contato humano frequente. Segundo James S. House *"os dados indicam que o isolamento social é causa de mortalidade tão grande quanto o fumo, a pressão alta, a obesidade e a falta de exercício físico"* (Parrot, 1999).

Carências. Sem compartilhar a vida afetiva com alguém, as decisões ficam empobrecidas, favorecendo a intrusão de consciências enfermas. As carências afetivas criam o monólogo da solidão, tipo de conspiração mental que pode ser ampliada pela ação perturbadora de consciexes doentes.

Distorção. Desta condição oportunista surge, frequentemente, a distorção perceptiva, levando a enfatizar problemas pelo lado pior, aumentando o peso real e afunilando as possibilidades de solução. Como exemplo de carência afetiva e distorção da realidade, podem ser observados os casos graves de anorexia nervosa. A ciência convencional ainda não suspeita da influência extrafísica doentia, notória em muitos casos dessa natureza.

Vulto. As tentativas de saída dessa condição podem ser neutralizadas pelos assediadores se a pessoa é mantida isolada pelo medo e pela autoculpa. As consciências doentes, humanas ou extrafísicas, fazem verdadeiro patrulhamento ideológico pensênico, impondo a *lei da mordaça* às vítimas, para mantê-las solitárias, caladas e indefesas. Condição que contribui para que a conscin hiperdimensione suas reais dificuldades, dando-lhes vulto maior do que merecem.

Inimigo. É o chamado "terrorismo emocional", normalmente patrocinado pela vergonha e pelo medo de se expor. Esta dinâmica patológica leva ao afunilamento dos pensenes e só acontece devido à passividade, à submissão e ao silêncio na relação vítima-algoz (Nazaré-Aga, 2001). O medo é o inimigo oculto da evolução consciencial. Quando a informação entra pela porta, o medo sai pela janela. Compartilhar, dividir, é sinal de saúde. É o que faz, muitas vezes, farândola de assediadores[72] deixar a *psicosfera*[73] da conscin, tal qual morcegos em revoada.

---

[72] *Profª. Marina Thomaz.* Curso de Extensão em Projeciologia e Conscienciologia (*ECP1*); São Paulo; SP; 1999. Anotações pessoais.

[73] *Psicosfera.* Conjunto de manifestações energéticas da conscin ou da consciex dentro do holopensene pessoal, que envolve todo o holochacra, a aura e demais manifestações da sua intencionalidade em qualquer dimensão consciencial. A psicosfera abarca, por exemplo, a energia consciencial (o *ene* do pensene), do holopensene e até mesmo o seu materpensene pessoal, o núcleo do seu holopensene (Vieira, 1999a.).

Conflito. Portanto, é produtivo buscar sempre alguém de confiança para quebrar o silêncio e ajudar a desdramatizar, a escoar a carga emocional excessiva de qualquer conflito, impedindo seu acúmulo. A palavra é o pensene materializado. Aqui, quanto mais silêncio, mais tendência ao drama.

Alívio. É comum ouvirmos depois de desabafo sincero sobre algum problema grave: *"pensei que o Universo viesse abaixo caso alguém soubesse daquela situação, mas aconteceu o contrário. Senti grande alívio ao compartilhar o problema e pedir ajuda"*.

Quanto mais me *exponho* com sinceridade, mais os amparadores me preservam.

Quanto mais tento me *esconder*, mais os assediadores me denunciam.

Sinceridade não é ingenuidade, esta sempre inapropriada.

Pode-se aproveitar a oportunidade para algumas reflexões:

- Não são os outros que provocam esse problema na minha vida. São apenas situações que ainda estou aprendendo a administrar.
- Nada, ninguém, está vindo contra mim. Eu é que estou caminhando.
- Preciso mudar a forma de lidar com esse problema, ao invés de tentar mudar as pessoas ao meu redor.

Nó Górdio e Reciclagens Afetivas

Ressentimento. De posse de alguns dos elementos para enfrentar a situação afetiva a ser sanada, o uso do autodiscernimento e de novas ferramentas evitará a reutilização dos mesmos surrados métodos e padrões afetivos até então empregados pela consciência. Ressentimento significa *re*-sentir, sentir repetidas vezes. É o círculo vicioso. Esta posição ectópica, deslocada no passado, nos impede de estar presentes no aqui-agora, no *hoje*. A movimentação da conta-corrente do ressentimento leva a emoções de vingança e retaliação. O perdão é a chave para evitar que sejamos sugados pela espiral do ressentimento.

Conscienciologia. As técnicas da inversão existencial *(invéxis)* e da reciclagem existencial *(recéxis)*, propostas pela Conscienciologia, entram na ordem do dia sem contraindicações para esses casos. Assumindo vivências autoincorruptoras, a conscin passa a caminhar pelas próprias pernas, deixando para trás as convenções, livre da *maré social poluidora* (Vieira, 1997a).

Recin. São caminhos para a renovação cosmoética das diretrizes existenciais e, com ela, para a cura da afetividade (Vieira, 1994). Como saber se, de fato, estamos conseguindo modificar o padrão das relações afetivas doentias? Quais são os sinais, os indicadores de que estamos no caminho certo? Para quem deseja estas respostas, é bom descobrir se já foi dada a partida na renovação pessoal – reciclagem intraconsciencial ou *recin* (Vieira, 2007b).

Pendência. Como toda mudança real (e não mera substituição de hábitos), esta técnica permite dar início à revisão de posturas, uma abordagem a ser adotada para o resto da vida. E há modos mais inteligentes de empreender renovações sem ter que criar a doença que nos obrigue a mudar. No resumo do ciclo de vidas, há sempre processos afetivos mais sérios, a pendência emocional maior a ser resolvida. Ela tende a se repetir, vida após vida. Neste enredo sempre temático, aparecem pessoas comprometidas ou prejudicadas, envolvidas ou lesadas em ações conjuntas. Foi o assunto discutido no Capítulo 3 – *Convivências Compulsórias.*

Cena. É a razão pela qual certas personalidades retornam sempre à cena de nossas vidas aparentemente cobrando, mas, na verdade, também criando para nós neoportunidades de resgate e de autocura para a egocarmalidade e grupocarmalidade.

Nó górdio. Por definição, *nó é o entrelaçamento feito na extremidade ou no meio de uma ou de duas cordas, fios ou linhas, a fim de marcá-los, encurtá-los ou uni-los; também significa ligação, união, vínculo. Pode ser o ponto crítico que mais merece atenção em assunto ou problema.* O mesmo que *embaraço, estorvo ou empecilho*. Exemplos: ciúmes, antipatias, competições, invejas, mágoas e ressentimentos. O *nó górdio* constitui o núcleo dos queloides emocionais.

Rivalidade. O ciúme comum está relacionado em primeiro lugar à rivalidade no amor ou na atenção recebida de alguém. Mas, acaba surgindo também em circunstâncias fora do relacionamento afetivo de casais, tais como entre pais e filhos, colegas de trabalho, amizades e outros. Historicamente, para o homem, é aceito como sentimento digno. Na mulher é visto como fraqueza.

Egocarma. Embora nascida da raiz latina *zelumen* e da grega *zelus*, a palavra *zelo*, tem pouco a ver com o cuidado para com o outro. Costuma apresentar relação direta com o interesse por si próprio (egocarma), com apego às autoinseguranças, as transferências de responsabilidade pela felicidade ou autorrealização (Silva, 1997; Cunha, 2001).

Exclusão. O ciúme encobre sentimento de humilhação inexplicável, da pessoa não se sentir merecedora de algo, de não ser digna do afeto de alguém, de ter sido substituída, trazendo consigo a sensação de desvalia. A consciência ciumenta duvida da própria capacidade para manter o amor e sofre com o sentimento de exclusão. Nesse caso, o amor compartilhado representa sempre dupla garantia para cada parceiro (Riviére, 1970; Ferreira-Santos, 2000).

Medo. A competitividade inclui 2 processos, o ciúme e a inveja, emoções gêmeas. Se o primeiro é a apreensão pela *perda* e o medo da exclusão, o segundo é o desejo da *posse*. A possessividade é um traço paranoide. Exemplo caricato da competição e da inveja associados ao ciúme é o desenho animado (*cartoon*) denominado no Brasil *Corrida Maluca (Walky Races)*, na qual todos trapaceiam, competem e ninguém jamais ganha a corrida.

Frustração. No idioma inglês, quando se diz *I'm jealous* significa estar com ciúmes ou inveja. A inveja tem como base a frustração de ver atribuído a alguém algo que julgamos ser nosso por direito ou merecimento.

Somatização. Encontrar o nó górdio e desfazê-lo significa encarar essa dificuldade pessoal com eficiência e rapidez. É como lancetar o abscesso. E é inteligente não desprezar a carga de energia negativa que o processo libera e que pode levar, no primeiro momento, à somatização: podemos até adoecer quando decidimos autoenfrentar de vez o nó górdio.

Órgão de choque. Caso isso ocorra, aproveitamos para identificar o nosso órgão de choque ou *locus minoris resistenciae* (local de menor resistência) no soma. Os impactos negativos da hostilidade (antagonismo difuso) nos níveis de estresse emocional e na saúde são notórios. *Você conhece o seu órgão de choque que sempre "paga o pato" nos conflitos emocionais e energéticos?*

Queloide. Somente com o estudo profundo do nó górdio torna-se possível compreendê-lo, metabolizando a intensa carga emocional, fruto da condensação de energia em inércia – queloide, portanto negativa. É preciso que o núcleo seja encontrado e dissolvido, permitindo que a energia escoe volte a fluir livremente e positiva.

Colapso. O fluxo de emoções tóxicas é oriundo dessa fonte principal que deve ser buscada sempre dentro de cada um e não no outro. Será o fim da metástase distribuindo verdadeiros dardos energéticos, que podem levar o portador ao colapso do sistema imunitário – a*utointoxicação* (Pierrakos, 2000).

Repressão. Contudo, é sempre bom lembrar: perdoar não significa *passar batido*, engolir quadrado, pôr *panos quentes* o tempo todo, ser conivente com comportamentos inaceitáveis ou abusivos. Também não é permissividade, negligência ou conchavo na abordagem do conflito. Tampouco fingir que está tudo bem quando, de fato, nada foi resolvido. O *jogo do contente*[74] de Pollyana só contribui para camuflar e aumentar a repressão, a contenção da carga energética poluída. Perdoar é poder seguir em frente, depurando as emoções tóxicas que impedem o movimento evolutivo. A reedição do passado perpetua as feridas, impedindo que cicatrizem de vez e desapareçam.

Paracicatrizes Afetivas – *Queloides Emocionais*

Dinâmica. Existe o tipo de estímulo específico que produz a reação emocional em cadeia *(gatilho da crise)*. A manutenção da patologia depende desse estímulo e sua reação. No papel de autocuradora, a conscin precisa estudar a dinâmica do processo, ou seja, procurar ser o médico em causa própria. *O médico trata, a consciência se cura.*

> Muitas dessas feridas e as configurações de energia congelada que as acompanham,'cicatrizes energéticas', se eliminam mediante a compreensão, o perdão e o remédio, através do serviço (Norwood, 1994).

Causas. Segundo Vieira (1994), *as cicatrizes mais indeléveis, paradoxais e superenraizadas são as do psicossoma, corpo emocional.* É preciso, portanto, abordar a situação emocional-núcleo (ciúme, frustração, ressentimento, competição, inveja e outros), não com desconforto e sensação de mal-estar. Com as energias renovadas e a adoção da postura reconciliadora, passa-se a aproveitar a repetição de velhos sintomas para examinar as causas reais desta ocorrência. As pistas podem estar à mão, bem *debaixo do nariz.*

Autorretratação. A convivência forçada com o grupocarma, abordada no Capítulo 3, representa um grande paradoxo evolutivo: constitui a ratificação de velhas posturas (automimese), devido ao enredo comum vivido no passado. Por outro lado

---

[74] *Jogo do Contente.* Livro infantojuvenil de Eleanor H. Porter. Conta a história de Pollyanna, órfã de pai e mãe que vai morar com uma tia severa e pouco afetuosa. Pollyanna passa a praticar o Jogo do Contente, inventado por seu pai, e transforma a aldeia onde foi viver, juntamente com o coração da tia (v. Bib.).

é a oportunidade presente de retificação, palco de novas chances de atualização para todos os envolvidos (autorretratações e regeneração grupal). Eis 7 exemplos práticos para promover a autorretratação através da autopesquisa:

1. *O que me tira do sério é perceber que ele(a) jamais consegue me dirigir um cumprimento positivo pela minha atuação nesta ou naquela circunstância. Minha expectativa nesse caso é sempre frustrada?*
2. *Por que permito que se instale o pensene-padrão de menos-valia nessa hora?*
3. *O que sinto nesses momentos: desilusão, mágoa, autoiedade? Por quê?*
4. *O que é necessário mudar para superar isso, já que a situação não ocorre somente na relação com essa pessoa?*
5. *Quanto mais troco de companhia mais o problema se repete.* Plus ça change, plus c'est la même chose (provérbio francês: *quanto mais muda, mais parece a mesma coisa.*
6. *Não é ela(e) que provoca isso. Sou eu que ainda não estou fortalecido(a) o bastante nesse aspecto. Posso, no entanto, assumir a responsabilidade de mudar essa reação na primeira oportunidade.*
7. *Assumo o direito de evoluir pelo livre-arbítrio. Estou ciente de que com esta responsabilidade estarei mudando do meu futuro evolutivo".*

Direitos. Quando sincera, a autorretratação muda os nossos planos, interfere nos nossos direitos, contraria os nossos interesses mais imediatos, mais legítimos, mais sonhados e nos surpreende de modo positivo. Caso contrário, ainda está faltando autopesquisa.

Perdão. É preciso saber aproveitar os momentos de insatisfação sincera para promover as mudanças necessárias e autocurativas. Ou pretende-se voltar à vida humana, mais uma vez, para resolver o mesmo problema com aquelas mesmas pessoas? Sempre é hora de sanar, de vez, a situação afetiva. *O perdão põe fim ao conflito afetivo.*

Técnica dos 20 Minutos

Intencionalidade. Esta técnica favorece a autoconfiança e auxilia na definição da intencionalidade pessoal através de contato mais íntimo com os amparadores. Os procedimentos estão detalhados no cap. 10. O interessado deverá:

1. Buscar local tranquilo onde possa ficar só, sem ser incomodado(a) e com a porta trancada.
2. Acomodado(a) em decúbito dorsal numa poltrona confortável ou no leito, entrar em relaxamento para aumentar a descoincidência do holossoma.
3. Em seguida, mobilizar as energias para instalar o estado vibracional *(EV)* profilático.

Ideias. O objetivo da técnica é dar *passividade parapsíquica* aos amparadores durante 20 minutos, para desenvolver a sinalética energética e parapsíquica pessoal, obtendo ideias inspiradoras (MAP *ECP1*, 2010).

Técnica da Carta de Intenções Cosmoéticas (3 Posturas)

Carta. Nesta etapa de ações pode-se preparar, com a assessoria técnica dos amparadores, a *carta de intenções* com as neodiretrizes pessoais básicas mais cosmoéticas:

Postura 1. Desejo, sinceramente, em todas as situações, *que aconteça o melhor para todos os envolvidos.* E não apenas para quem eu acho que merece mais, de quem eu gosto mais ou quem eu julgo ter mais razão. Não tenho todas as informações para saber o que é o melhor ou o menos pior para cada um. *Fórmula da economia de males: não puxar a brasa, não tomar partido.*

Postura 2. Renuncio, de fato, *a querer mudar quem quer que seja*, ainda que com a melhor das intenções. Desejo, contudo, através do autoexemplo, contribuir de maneira incondicional para a melhoria de todos. *Interassistência desinteressada, isenção real ou doação sincera.*

Postura 3. Não abro mão de *mudar a mim mesma*, para melhor, sempre, em todas as oportunidades. Se eu me fortalecer mais, adquirir mais habilidade e eficiência, da próxima vez, em situação similar, poderei me sair melhor. O livre-arbítrio só existe quando aplicado de maneira prática, lúcida e voluntária. Caso contrário, é pura abstração, discussão filosófica ou teoria. *Autoaplicação do livre-arbítrio.*

Comentários sobre a Postura 1

Energia. Pesquisas realizadas por grupo de norte-americanos denominado *Spindrift*[75] (Bill Sweet e Gladys Myers) demonstraram que, quando a energia da prece é enviada à distância de modo não dirigido ou personalizado, os resultados são mais positivos do que quando a energia é enviada para cumprir o objetivo direto pré-determinado pelo emissor (Dossey, 1992; Laskow, 1997).

Conclusão. Quanto mais impessoal (menos *egão*), mais a energia atende à necessidade do destinatário (*que aconteça o melhor para todos e não aquilo que eu acho ser o melhor para quem escolhi*). O autopensene cosmoético substitui a prece.

Comentários sobre a Postura 2

Mecanismo de defesa do ego. Ao renunciar à ideia de querer mudar o outro, como base da assistência a ser prestada, resultados melhores são alcançados, além de conquistar a confiança

---

[75] *Spindrift.* Vento forte e espraiado; rajada. *Webster's Encyclopedia Unabridged Dictionary of the English Language*; p. 1370. Trad. da autora.

do assistido. Fica mais difícil compreender as próprias imaturidades quando alguém está tentando nos convencer de algo, ainda que esteja certo. (Laplanche & Pontalis, 1970).

Esforço. Reconciliação não é palavra mágica, mas sua aplicação prática pacifica a consciência liberando energia benigna reparadora. A base técnica é o entendimento das limitações do outro e o reconhecimento do esforço pessoal na autossuperação dos próprios limites.

Conclusão. Perdoar aporta leveza e liberdade. A vida se transforma para melhor e finalmente acabam-se as expectativas e condições impostas à mudança do outro. Expectativas justas para consigo e para com os outros evitam decepções. Desapontamento e frustração andam juntos. Quem espera demais dos outros tem pouco autoexemplo para oferecer.

Comentários sobre a Postura 3

Dissolução. As 3 posturas, quando aplicadas em conjunto, de maneira sincera, constituem passo decisivo para a dissolução do nó górdio. Efetivam a paracirurgia emocional, a exérese dos queloides, que são naturalmente suavizados através do lixamento e recicatrização.

Conclusão. A autorretratação é a oportunidade de reciclar os maus exemplos deixados no caminho evolutivo – rastro pensênico negativo. Dessa vez, vamos lixar e refinar as emoções com o propósito de aproveitar o elemento tempo a favor, limpando os traços autopoluidores da passagem pessoal pela evolução alheia.

Capítulo 8

Reconciliação e Autonomia Relativa

Ideia-força: *Maturidade*

Paradoxos: *Esclarecimento Horizontal e Vertical*

Livre-arbítrio x Determinismo

Binômio: *Binômio Esforço-Merecimento Pessoal*

Quadro: *Quadro dos Princípios Pessoais de Autocura*

Teoria: *Teoria dos Múltiplos Egos (Vieira, 1994)*

Técnica: *Técnica da Quebra de Condicionamentos (choque de valores)*

Maturidade Extrafísica. Estado evolutivo em que o princípio consciencial – consciência – adquire *madureza* a caminho do pleno desenvolvimento. Sinônimo: *serenismo.*

> A condição do *envelhecimento físico* ou somático não constitui, necessariamente, uma condição de maturidade consciencial (Vieira, 1994).

Flexibilidade. Alguns autores relacionam a inflexibilidade mental e a rigidez de atitudes com enfermidades crônicas tais como artrite reumatoide (Tepperwein, 2002). Portanto, inequívoco sinal de maturidade é a ambiguidade cosmoética ou flexibilidade mental. Na busca de uma conduta mais positiva e madura, deixam-se para trás expressões típicas do radicalismo (ideias oxidantes, radicais livres do pensene) tais como: *nunca, tudo,* *nada, todo, toda, sempre, jamais, só* dentre outras. Eis uma boa fórmula para ajudar a *quebrar* o vocabulário da rigidez mental:

Nunca *tudo* ou *nada* é *sempre* ou *só*.

> ***Premissas.*** *A maturidade consciencial mais ampla chega a qualquer conscin através de 3 premissas ou etapas do discernimento:*
>
> *1.* ***Alegria.*** *Depois que o ego (egão) ultrapassa, naturalmente, sem sentir falta e sem reclamar (queixas), as condições psicofísicas propícias ao choro de alegria ou à necessidade de alimentar carências multifaces.*
>
> *2.* ***Renúncia.*** *Depois que a personalidade renuncia em silêncio, com espontaneidade, sem mágoa nem rupturas (minidissidências) aos mais legítimos e justos direitos pessoais, perante a arena material desse Planeta.*
>
> *3.* ***Justiça.*** *Depois que a pessoa motivada desiste do combate às injustiças gritantes ("justiça"), quando este combate não vem a favorecer outras criaturas além dela própria.*
>
> (Projeciologia; Cap. 166 p. 366-374; *Holomaturidade;* Vieira, Waldo; 1999)

Prioritário. O entendimento e aplicação da *renúncia lúcida* são importantes etapas da reconciliação. Quase todos estremecem ao ouvir o termo. Significa ter que abrir mão de algo que se preza, embora, muitas vezes, já reconheça que não é mais prioritário face às novas ambições evolutivas. Neste caso, ainda pode ser mais fácil. O problema é quando os lances surpreendentes da vida obrigam a conscin a renunciar ao afeto legítimo, ao que é naquele momento considerado um bem maior. Como fazer para abrir mão e renunciar?

Binômio Esforço-Merecimento Pessoal

Favores. A consciência imatura vive oscilando num processo íntimo paradoxal: ora se sente culpada e sem merecimentos pessoais, ora demanda favores sem questionar o mérito real para obtê-los. O que é possível melhorar utilizando o esforço pessoal, antes de pedir o que quer que seja aos amparadores? O teste reproduzido do livro *700 Experimentos da Conscienciologia* pode auxiliar a responder a essa questão crucial:

TESTE DAS SUAS RELAÇÕES INTERCONSCIENCIAIS

(Extraído do cap. 64, p. 128; Waldo Vieira)

01. **Ambiguidade:** Sou diplomático o suficiente?
02. **Antimisantropia:** Eu gosto, de fato das pessoas?
03. **Autodiscernimento:** Mantenho firmes princípios pessoais para viver?
04. **Autodomínio:** Sou razoável ou aceitavelmente equilibrado(a)?
05. **Autoincorruptibilidade:** Sou justo?
06. **Autosuficiência:** Demonstro confiança em mim próprio?
07. **Climatização:** Sei me conduzir agradavelmente? (climas interconscienciais).
08. **Convivência:** Cuido de minha aparência com atenção? (higiene essencial).
09. **Cordialidade:** Sou razoavelmente amável com os outros?
10. **Cosmoética:** Sou cosmoeticamente flexível? (autotransigência sadia).
11. **Educação:** Sou discreto o bastante? (respeito interconsciencial).
12. **Extroversão:** Sou divertido quando enturmado?
13. **Humor:** Tenho senso de humor não hostil? (predisposição à fraternidade).
14. **Maturidade:** Sou sereno e justificadamente otimista? (saúde consciencial).
15. **Maxifraternidade:** Sou acessível às abordagens alheias?

16. **Mentalssomática:** Expresso-me objetivamente sem exageros?
17. **Neofilia:** Sou muito adaptável às novas situações e novas ideias?
18. **Parapatologias:** Sofro de complexos? (patologias do cérebro / paracérebro).
19. **Policarmalidade:** Sou orientado por um objetivo consciencial digno?
20. **Sociabilidade:** Sou uma boa companhia?

Teste. Por este teste de introspecção, você pode concluir, sensatamente, se merece ou não a assistência dos amparadores evoluídos. Qual a conclusão?

Apoio. Pode-se concluir, se merecemos, de fato, ajuda para a solução dos problemas de convivência ou se o que estamos precisando é de reeducação emocional. É necessário fazer uma boa análise crítica da própria atuação antes de recorrer à ajuda extrafísica. Qual é a qualidade real do autoesforço para colaborar com os amparadores, merecendo seu apoio nas dificuldades?

Relações. Conclusão lógica: primeiro faço a minha parte. Depois, peço auxílio para suprir lacunas de autoexperiência. Como iremos estabelecer laços duradouros com as consciexes amparadoras na multidimensionalidade, sem empregar os melhores esforços para manter boas relações com outras consciências nesta mesma dimensão?

Egoísmo. As amizades ociosas nada somam às nossas vidas. Muitos círculos de relações significam apenas extensão do ego ou egoísmo em grupo. *Incoerência, reincidência* ou *ignorância?* Os amparadores só podem atuar quando a brecha é da terceira condição: ignorância. Não podem intervir quando o problema se situa na primeira (incoerência) ou na segunda (reincidência). Portanto, a solução não está em pedir e obter, mas em utilizar a autonomia relativa para agir administrando melhor o que já se conquistou – maturidade relativa.

Erro. Por exemplo, nos relacionamentos afetivos homem-mulher, o fracasso de que tantos reclamam pode ser resultado do erro de abordagem incentivado pela própria sociedade e repetido por quase todos nós.

Simulação. O homem é criado e educado por mulheres que, na maior parte dos casos, desejam manter a imaturidade do filho (*eterna criança*) para suprir as próprias carências afetivas em outros terrenos. Já na vida adulta, este mesmo indivíduo deverá apresentar padrão de razoável maturidade para ser o bom profissional, o provedor, o macho. Sem outra alternativa, o pseudo-adulto passa a *simular* nível de maturidade psicológica e afetiva que não possui, reprimindo as próprias dificuldades emocionais e aprendendo a fingir.

Dissimulação. Por sua vez, na vida adulta, a mulher é incentivada pela família e pela sociedade a manter comportamentos imaturos e infantis. Caso contrário, se demonstrar maturidade, ainda que relativa, poderá acabar sozinha, sem parceiro. Diante dessa predestinação sombria, ela passa a *dissimular* a maturidade que adquire e aprende a manipular (Weissmann, 1966).

Autonomia. Diante dessas perspectivas alarmantes que inviabilizam relacionamentos afetivos maduros, o melhor é descobrir que a solução do problema pode estar em mãos próprias: adotar novas escolhas para qualificar o livre-arbítrio. A consciência desfruta de grande autonomia para errar. Logo, desfruta desta mesma autonomia relativa quando se trata de acertar e corrigir a conduta.

Vivência. Os amparadores olham as consciências com olhos sadios, com foco no talento pessoal e na solução. Por que não podemos tentar fazer o mesmo? Já possuimos bastante informação teórica sobre o que é melhor. Agora falta pôr em prática – vivência. Talvez o que a conscin já sabe seja mais que suficiente para deixá-la em melhor situação. O que falta não é receber mais ajuda, e sim atuar de maneira teática, aplicando o que já foi aprendido.

Necessidades. Cada consciência pode pedir o que quiser aos amparadores. Contudo, na maioria das vezes, receberá o que precisa. Amparadores conhecem as necessidades individuais. Por isso, *não dão ponto sem nó, não dão mordomia, não mimam, não fazem a vontade, não passam a mão na cabeça, não deseducam.*

Nível. Quem dá tudo o que a pessoa pede, inclusive o número da loteria, certamente não é o amparador dela. É muito provável que seja o guia extrafísico amaurótico, com a cosmoética similar à do favorecido. *O excesso de facilidade desmotiva* (Vieira, 1988).

Se cada consciência passasse *1 ano de vida* sem nada pedir, inteiramente dedicada a aplicar tudo que de bom já sabe e aprendeu, desoneraria os amparadores.

Exemplo. Pode-se, portanto, iniciar o trabalho ombro a ombro com os amparadores, analisando, com total despojamento, que tipo de personalidade *é* ou *está* na vida atual (ego da vez). Por exemplo:

- **Ciclotímica.** De humor instável, passando do riso às lágrimas ou à agressividade de uma hora para a outra (Labilidade emocional; *Transtorno do humor*).
- **Histérica.** Do tipo passional e histriônico desejando ser sempre o centro das atenções (*Somatização*).
- **Paranóide.** Com mania de perseguição e desconfiando da própria sombra (*Transtorno delirante*).
- **Fóbica.** Com medo de tudo e todos, fugindo sempre do autoenfrentamento (*Transtorno de ansiedade*). O limite entre o traço de personalidade e a neurose (transtorno) é 1 fio de cabelo (Fonte: Kaplan, Sadock & Grebb, 1997).

Estresse. Esses traços patológicos de personalidade indicam estresse emocional de alta intensidade. O sistema de autocrenças ou paradigma pessoal negativo causa muita pressão íntima. Isso nos leva a concluir que a consciência é a maior geradora de estresse para si própria somando-se a essa condição a influência extrafísica.

Responsabilidade. Os amparadores podem colaborar para a transformação das consciências em pessoas melhores, desde que tenham dedicação e autocrítica para observar a própria atuação, admitindo o que é prejudicial e aceitando a responsabilidade de mudar condutas equivocadas. Com isso, podem conviver melhor com aqueles que as cercam. Em outras palavras, responde-se por todo e qualquer ato, sem justificativas e sem lançar culpa a terceiros. Pela cosmoética, inexiste impunidade. A cobrança, geralmente, é na saída.

Paradoxo: Esclarecimento *Horizontal* e *Vertical*

Autonomia evolutiva. A *tares,* ou tarefa assistencial do esclarecimento, como todo processo mentalsomático, é profilática. De efeito mais permanente, ensina a pessoa a pensar por si e sobre si. Toda consciência que passou pelos cursos intermissivos aprende a dar valor às informações autorretrocognitivas. Entretanto, no caminho da autoevolução, é bom não esquecer que todo esclarecimento ou aumento de lucidez (que significa clarear, fazer luz) tem custo, contraria interesses pessoais ou alheios.

Comprometimento. Tentando fugir desse ônus, a maioria das consciências prefere a consolação ao esclarecimento quando se trata de assistência recebida. Este parece ser sempre o caminho mais fácil, o atalho. Consolar não impõe compromissos com a informação e não gera comprometimento real com a melhora pessoal ou alheia.

Conduta. *A tacon,* ou tarefa assistencial da consolação, é a atitude que, mesmo quando bem intencionada, tem levado a humanidade a erros lamentáveis no campo de atuação social, seja ela política ou religiosa. É conduta que, embora aplaudida pela massa impensante, só incentiva a autocorrupção no campo da a*utoenganologia.* Afagar a cabeça da consciência imatura nem sempre é o mais educativo, porque mantém a problemática do assistido. *A tacon, como todo processo assistencial focado somente no psicossoma, é paliativa ou terapêutica, apenas.*

Trafares. Ninguém está contra a solidariedade, quando sincera. Contudo, na maioria dos casos, a tacon é atitude paliativa, que geralmente exerce pressão emocional sobre o assistido, deprimindo a autoestima e criando dependências exageradas, além da manutenção de carências, pontos fracos ou *trafares* (traços fardos, imaturos) do consolado. É mais douração de pílula e autopiedade.

Educadores. Cedo ou tarde, toda fascinação pessoal ou grupal perde seu *glamour* e se extingue, levando a consciência à desilusão e à revisão sadia de valores. Nenhum encantamento perdura ou resiste ao desencanto produtivo da maturidade. Afinal, a crítica e o erro podem ser os maiores educadores de quem precisa amadurecer.

Críticas. Mesmo sabendo disso, a sociedade patológica aplaude e incentiva toda forma de consolação. É só analisar a política do assistencialismo aplicada em âmbito planetário. Críticas não faltam, contudo ninguém gosta muito de responder: *quem é responsável pelo poder desse líder corrupto?* A resposta seria: *cada um, pela própria autocorrupção.*

Alguns exemplos:

1. Quando aderimos ao comitê de fulano, porque concede privilégios pessoais aos quais todos deveriam ter o direito sem a concessão de favores, ficamos responsávis pelo seu poder corrupto, seja ele político, social ou religioso. *Gersismo, levar vantagem em tudo*; *rouba mas faz.*

2. Quando se diviniza o guru místico vaidoso, participando do processo de fascinação grupal torna-se igualmente responsável pelos males da manipulação religiosa. A admiração, quando sadia, é realista e conduz o indivíduo e o grupo à produtividade e à criatividade. A admiração passiva, transferencial de responsabilidade, é autocorruptora e estagna a produtividade pessoal e grupal. *Quem adora não pensa.*

Flagelo. A corrupção é antes de tudo pessoal. É o que se chama *entregar o ouro ao bandido*. Enquanto houver quem aceite, todos perderão. Enquanto houver uma única pessoa cometendo pequenos deslizes (autocorrupção), cedendo e fazendo consolação quando já poderia estar esclarecendo a alguém estará se perpetuando o maior flagelo da consciência: o *autoengano*. De nada adianta *falsificar a realidade de si mesmo* (Branden, 1995).

Se o atalho fosse o ideal,
a estrada não existiria.

Visão. Por tudo isso, quem escolhe, de fato, a evolução consciencial, sabe que é muito mais lucrativo, inteligente e árduo fazer investimento na *tares* ou tarefa assistencial do esclarecimento, pois esta é mais realista e quem a pratica não espera o retorno imediato. Esta constitui a visão evolucionária da consciência.

Extrapolacionismo. Além de ensinar o outro a pensar a seu próprio respeito, a *tares* utiliza um sistema de expectativas inteligentes, sadias e baseadas no potencial da consciência. Portanto ela é estimulada pela antevisão do que pode render do ponto de vista autoevolutivo. As expectativas são apoiadas na conscienciometria do agente esclarecedor aplicada sobre os trafores do esclarecido, desencadeando o extrapolacionismo cosmoético.

Aptidões. Por esta razão, nem toda expectativa constitui aberração afetiva. Quando baseada na detecção de aptidões (talentos inatos), pode constituir-se em grande elemento motivacional para o cumprimento de metas, um instrumento didático que estimula a consciência para o processo experimental.

Imaturidades quanto ao uso da *Tares:*

1. **Níveis.** Aspecto importante a considerar nessa questão: é mais fácil esclarecer quem se encontra em nível evolutivo muito abaixo – tarefa de esclarecimento vertical. Sentimo-nos bem, superiores, poderosos, acima do bem e do mal, como se já não tivéssemos mais nada para aprender: "*Vejam como sou*

evoluído. Já não pratico mais esse ou aquele ato indigno." Podemos aproveitar esse contexto para fazer a reflexão sobre o papel da verticalidade e da horizontalidade na evolução humana e consciencial.

Verticalidade. A projeção consciente – experiência fora do corpo físico – é ascendente, *vertical.* O crescimento biológico humano é *vertical.* As construções humanas – edifícios, arranha-céus – são *verticais.* Vistas de cima, parecem um cemitério gigante, lápides apontando para a multidimensionalidade. A dessoma, para o mentalsoma e para o psicossoma, é *vertical.* A dessoma, para o soma, é *horizontal.* O enterro do soma após a morte biológica é descendente (horizontal). Vale contrariar o ditado: *para baixo todo santo ajuda.*

2. **Grupo evolutivo.** Quando se trata de esclarecimento, percebe-se logo que é mais difícil informar alguém de nível evolutivo similar, com curso intermissivo de bom nível (qualidade das ideias inatas). Quanto mais parecido o nível de maturidade relativa, mais difícil o esclarecimento se torna. A maioria prefere brilhar no meio da ignorância do grupocarma a ser um rosto na multidão do grupo evolutivo mais avançado.

Esclarecimento. Quem já apresenta muitos aspectos desenvolvidos (*trafores*) não costuma aceitar com despojamento a necessidade de esclarecimento vinda de um semelhante seu. A maioria tem dificuldade de aprender com alguém de nível evolutivo similar.

3. **Diferenças.** Se a diferença é maior para cima – *vertical ascendente* – abaixa-se a cabeça, perde-se a capacidade crítica e se cai facilmente na gurulatria, idolatrando, divinizando a pessoa. Por outro lado, quando a diferença de nível é muito grande para baixo – *vertical descendente* – corremos o risco de falar grego. Quando não se é compreendido, surge a revolta e pode-se reagir de modo agressivo, orgulhoso e arrogante (Vieira, 2007b).

Estímulo. Apesar disso, nos sentimos melhor quando a diferença de nível é deste último tipo. Instalamo-nos hierarquicamente *por cima da carne seca,* e, com isso, nossa maturidade relativa realça e fica patente fazendo-nos sentir mais seguros. É o estímulo que afaga o ego imaturo. Um dos motivos pelos quais há tanto desperdício de oportunidades para a reconciliação

Futuro. Do ponto de vista evolutivo, o ideal é fazer o mais difícil, apesar das tentações da *Socin* para se fazer sempre o contrário, o mais fácil (*lei do menor esforço*). Os dividendos da tares, na maioria das vezes, não serão desfrutados nesta vida ou nesta dimensão. A tares liberta a consciência do egocarma e do grupocarma, deixando-a livre para viver o futuro evolutivo à frente: a desperticidade e a policarmalidade.

4. **Exemplo.** Vamos ao exemplo prático de esclarecimento vertical descendente: comentamos com aquela pessoa, a quem queremos esclarecer, os males advindos do seu comportamento imaturo, tanto para si, como para os demais. Ela não admite mudar o comportamento inadequado. Ocorre então exatamente o resultado anunciado. Seria este o melhor momento para re-esclarecê-la? *"Está vendo o que você fez? Todos estão contra você, até mesmo seus amigos. Viu só como você errou? Eu não disse?"*

Timing. Naquele momento, a consciência a ser esclarecida está fragilizada, sente-se ameaçada e se tornará defensiva, fechando-se ao diálogo. Muitas oportunidades de reconciliação preparadas pelos amparadores se perdem por essa falta de habilidade cosmoética. É preciso saber fazer a hora, respeitando o *timing* e trabalhando lado a lado com os seres mais experientes que observam e apostam na evolução consciencial – orientadores evolutivos. Para esses amparadores, todo dia pode ser o dia da virada evolutiva.

Predisposição. Se por 100 milhões de vezes aquela consciência apresentar a mínima predisposição à mudança, 100 milhões de vezes eles estarão lá, investindo como se fosse a primeira vez. No caso pessoal, por que temos tanta dificuldade para fazer o mesmo, para confiar? Por que somos tão *imediatistas* quando se trata das mudanças alheias e tão *condescendentes* quando se trata da melhora pessoal?

Sabedoria. Isso não quer dizer ficar passivo e esperar algum milagre cair do céu. Em momentos críticos, o melhor é tentar ajudar de maneira prática, levantando o moral da pessoa assistida, elevando seu padrão de autoestima, até consolando se for inevitável. Afinal, aprender a ajudar o outro é o início de toda autocura. Na verdade, é preciso saber discernir com sabedoria quando é hora de aplicar a *tacon* ou a *tares*, sem autoculpa nem autocorrupção.

Energia. Dar as costas à pessoa quando ela mais precisa contribui para empurrá-la nas garras dos assediadores. Na hora que o *caldo entorna*, não adianta criticar, pois acaba-se no papel de mais um assediador, contribuindo com a própria energia para *jogar a pessoa para baixo*.

Tentação. Portanto, constitui postura assediadora aproveitar-se dos momentos de fragilidade para calcar condenações, reprovações e censuras mudas. Estas atitudes estragam o trabalho de reconciliação articulado entre os amparadores pessoais e os da pessoa-alvo. É o tipo de tentação à qual não se pode ceder. Quando somos inoportunos e inconvenientes, atuamos de maneira desastrada, cometemos *gaffe* (francês) ou *metedura de pata* (espanhol) no processo da reconciliação.

Fragilidade. Naquele momento, tudo justifica a nossa atuação que parece correta, natural e lógica. No entanto, só vai contribuir para gerar desconfiança, afastando mais a pessoa-alvo. E com razão. Quem vai confiar em quem se aproveita da fragilidade emocional do outro para fazer preleção ou fazer-se de superior em momento tão delicado? A frase clássica que funciona como tapa para derrubar os esforços de reconciliação é *"eu não falei?"* (*Shadenfreude* – satisfação malévola).

5. **Estigma.** Quando se constroem expectativas de melhora que são frustradas, de algum modo, cria-se um chavão e rotula-se aquele fato. Isso acontece com o que é esperado de nós ou dos outros.

Fracasso. Quando ocorre conosco, chama-se profecia autocumprida ou autorrealizada e leva a conscin a buscar de maneira inconsciente o próprio fracasso para justificar a premonição negativa. Quando se trata dos outros, é o chamado *efeito-camaleão* e a pessoa acaba mimetizando o prognóstico negativo a partir da evocação, do autoassédio e da ação dos assediadores humanos ou extrafísicos.

Trafar. Como exemplo, a criança desorganizada com seus pertences, a qual os pais não poupam queixas com todos os amigos e parentes. Esse estigma faz com que, toda vez que a criança deixe algo fora do lugar, alguém repita "*é por isso que a sua mãe fala. Veja a bagunça que você deixou*?" Com o passar do tempo o reforço negativo fará o adolescente seguir vida afora com esse trafar, sempre esperando de alguém a repetição da crítica. Com isso, torna-se um adulto desestimulado para mudar, ou aquele cada vez mais relapso.

Reforço. Sempre que a situação se repetir, a conscin tenderá a se comportar do modo previsto, aumentando a força do estigma (*quem tem fama, deita na cama*). A crença na profecia, seja ela positiva ou negativa, influencia e modela o comportamento, conduzindo aos resultados profetizados. Esse processo chamado de "círculo de reforço", ou círculo viciado, fez parte de estudos sociais realizados pelos professores Robert Rosenthal e Lenore Jacobson, em 1968, na Universidade de Harvard (Casarjian, 1997).

6. **Preconceito.** O preconceito aprisiona, em primeiro lugar, a consciência preconceituosa e, em seguida, a vítima. A condenação mental, a recriminação, seja ela dirigida a si ou aos demais, gera uma quebra de confiança que é, muitas vezes, difícil de restaurar. Por isso, há de se pensar duas vezes antes de romper relações diplomáticas consigo próprio ou com os outros através da crítica destrutiva, da acepção, da exclusão e do separatismo.

Armadilha. Segundo pesquisadores da Psicologia, o preconceito é uma descarga de agressividade reprimida, geralmente contra o primeiro que aparece, além de ser o reflexo de problemas íntimos. As afinidades pelo defeito são chamadas de *processo do espelho* (Klein, 1970). A maioria das pessoas não percebe a carga de preconceito que carrega e só se dará conta disso quando for posta à prova pelas circunstâncias da vida. Quem cai de maneira inconsciente nessa armadilha fica impedido de voltar atrás e pagará um alto ônus emocional pela postura. O preconceito é a camisa de força do pensamento livre.

Paradoxo: Livre-arbítrio *versus* Determinismo

Tarefa. A conscin chega à vida humana para cumprir determinada etapa da autoevolução. As tarefas evolutivas lhe são atribuídas sempre de acordo com as próprias necessidades e com os recursos inerentes ao nível de experiência de cada consciência. São, portanto, personalizadas e intransferíveis.

Existências. Não há programações existenciais ou missões na vida humana para alguém ser suicida, ladrão, estuprador ou assassino. Há pré-requisitos básicos para a consciência chegar a possuir um programa de vida. Para participar do planejamento da própria existência na Terra, é preciso ter alcançado certo gabarito ou patamar evolutivo, fruto da experiência e do aprendizado útil das existências anteriores. Neste estágio, a consciência deseja ser cooperativa no processo evolutivo pessoal e grupal.

Programação. Aquele simples *desconfiômetro* de que se tem algo a realizar, um projeto de vida a cumprir – síndrome de missão –, pode ser indicador de que a pessoa possui programa existencial prévio, seja ele de repercussão restrita – *miniproéxis* – ou mais ampla – *maxiproéxis.*

Evolução compulsória. O determinismo, também chamado de carma ignorado, é para a maioria das consciências parte do mecanismo cosmoético que a conduz a algum nível de progresso relativo em cada vida. Trata-se de evolução compulsória, no *atacadão,* a qual todas as consciências têm direito, de maneira inconsciente e involuntária. Este processo natural pode ser chamado de evolução no tapa, aos empurrões ou *trancoterapia evolutiva:* aprendizado pela repetição, pela reincidência no erro, apenas pela saturação.

Maturidade. Já a evolução pelo livre-arbítrio é conquista gradativa. A partir das múltiplas experiências evolutivas, a consciência é convidada a participar do seu futuro, tomando parte mais ativa nas decisões. É o chamado carma consciente ou cooperativo, que conduzirá a consciência, passo a passo, rumo à holomaturidade ou maturidade integral. Para tanto, a pessoa busca compreender os motivos do que lhe sucede, assumindo e aceitando a reparação das consequências dos atos imaturos cometidos em existências pregressas. Geralmente, nesse nível, a consciência já adquiriu certa base de autoconfiança para sair-se bem na empreitada. Já reconhece e sabe utilizar seus talentos ou trafores desenvolvidos em outros experimentos.

Santidade não, maturidade.

Liberdade. O livre-arbítrio é o instrumento magno para desenvolver a capacidade seletiva da consciência na adoção de novas escolhas. Cumpre seu objetivo somente quando aplicado a mudanças e decisões pessoais. Somos livres para mudar a nós mesmos, seja onde for, como for, apesar do que for. Os pontos fundamentais da nossa programação de vida dependem mais de decisões pessoais acertadas e menos da atuação dos demais implicados ou até mesmo dos amparadores.

Erro. O problema é que se cultiva o mau hábito de utilizar o arbítrio pessoal para mudar o outro ou decidir sobre a evolução alheia, em vez de aplicá-lo com toda liberdade para aperfeiçoar a própria *performance*. Com a desculpa de ajudar o outro, comete-se facilmente o erro de objeto no uso do livre-arbítrio.

Ganhos. Há os que preferem declinar do uso do livre-arbítrio, fazendo a cessão vitalícia dos direitos autorais das próprias vidas a outros, com dependências psicológicas de todos os tipos – ganhos secundários –, tornando-se vítimas da covardia ou da pusilanimidade.

Escolha. Através do binômio *vontade–livre-arbítrio* pode-se mudar posturas pessoais e formas de pensar e de atuar. É melhor mudar o próprio comportamento do que fabricar doenças. Contudo, na prática, a escolha recai mais sobre a segunda opção. Através dela, a consciência sente o alívio de expulsar a parte neurótica não identificada (Spinsanti, 1992).

Curso. Como é possível saber se a pessoa teve curso intermissivo antes de renascer? Pela qualidade dos questionamentos íntimos, pela análise dos princípios e valores pessoais, pelas metas, pelo aproveitamento que ela faz das oportunidades evolutivas que recebe (aportes).

Livre-arbítrio. Em momentos críticos do processo evolutivo, a consciência mais afinizada com o amparo pode até sentir-se sozinha, como se tivesse sido abandonada de repente. De fato, o afastamento dos amparadores pode ocorrer momentaneamente, para deixar a consciência livre para escolher por onde quer prosseguir, sem influências externas.

Recessos. Essa perda relativa e temporária de contato com a multidimensionalidade é útil, em certos casos, para fazer a pessoa pensar por si, tomando a decisão que lhe pareça mais acertada. Não significa, em absoluto, que os amparadores deixaram o(a) assistido(a) *na mão*. Essa realidade pode ser exemplificada pelos recessos parapsíquicos ou projetivos. *Amparadores intercedem. Assediadores interfererem.*

Quadro dos Princípios Pessoais de Autocura

1. **Automotivação.** *Coragem diária. É preciso garantir todos os dias a vitalidade dos novos propósitos de vida.*
2. **Disciplina.** *Auto-organização. Sem o mínimo de dedicação e organização não se vai a lugar nenhum.*
3. **Estudos.** *Autopesquisa constante. Livros, cursos e testes ajudam a sustentar a busca pelo autoconhecimento.*
4. **Intencionalidade.** *Sinceridade de propósitos. É sempre bom testar e rever a qualidade das intenções para tudo (pen do pensene)*
5. **Pragmatismo.** *Mudanças teáticas. Todo benefício real compreendido pode ser alcançado de maneira prática.*

6. **Prazos.** *Respeito ao fator* tempo. *É preciso criar o cronograma de propósitos e realizações.*
7. **Técnica da Recin** – *Reciclagem intrafísica e intraconsciencial. Renovação de valores. As técnicas são as melhores formas de se ganhar tempo.*

Metas. Todo conflito é de natureza multifatorial. Novos comportamentos emocionais não se integram à nossa vida de um dia para o outro, antes de passar por extensa gama de aplicações. A experiência é indispensável, neste caso, e o tempo torna-se um dos maiores aliados.

Amarras. O perdão envolve conclusão. Concluir o conflito emocional permite à consciência soltar as amarras e fazer o reaproveitamento útil da energia, que antes era dispersa, gasta ou estagnada na manutenção do relacionamento doentio. Essa mesma energia reciclada poderá agora ser livremente empregada para a materialização das novas metas pessoais.

Qualidades. Muitos pensam que objetivos materiais de conforto, prestígio social, êxito financeiro, sexo ou beleza, dentre outras promessas da sociedade humana, trarão a propalada felicidade. Estudos recentes indicam que a conquista de tão valioso tesouro afetivo vem através de qualidades como generosidade e bom humor (Vieira, 1994; Paparounis, 2002).

Aquisição. Publicações como o *bestseller Felicidade Autêntica* (*Authentic Happiness*), do psicólogo norte-americano Martin E. P. Seligman, apontam a maturidade como um fator importante a ser considerado na aquisição da felicidade real. Nunca se escreveu tanto sobre qualidade de vida afetiva e maturidade emocional (Mageste, 2002; Balona, 2002).

Férias. São sérios e reconhecidos os males advindos da ociosidade ou da aposentadoria precoce. A pasmaceira (marasmo) da vida é hoje admitida como potente fonte de estresse. A tensão relativa é fundamental para a vida saudável. O tédio, ou excesso de descanso, aumenta a ansiedade e a inquietude do "descansado". Por outro lado, de nada serve sugerir a uma pessoa que tire férias se, na bagagem, o ressentimento continua com lugar marcado.

Resposta. Há o tipo de *estresse negativo* (*distress*) e o *estresse benéfico, positivo* (*eutress*) para a saúde e a evolução pessoal. Quem caminha sozinho dispensando pressão relativa para crescer? Segundo Hans Selye, pioneiro no estudo do tema, estresse é a resposta psicofisiológica do indivíduo às situações do dia a dia, que requerem alguma adaptação. Os desafios evolutivos cumprem esta função (Selye, 1984; Mello Filho, 1992; Rossi, 1994; Kaplan, Sadock & Grebb, 1997).

Agentes. A consciência rende mais sob pressão a qual, quando moderada, é ótimo agente de saúde. O pessimismo, o ressentimento, a mágoa, a autoculpa e a amargura, por outro lado, são grandes agentes de pressão ou estresse negativo, embora ainda não devidamente avaliados pela ciência médica (Revista AMBr: julho, 2002; Benson & Stark, 1998).

Fuga. Muitas vezes, antes de renascer, ainda na condição extrafísica, a pessoa planejou metas muito diferentes para a própria vida, com dosagem de estresse positivo suficiente para conduzi-la ao crescimento. O desacordo entre o planejamento extrafísico ideal (previsto) e a vida humana vivida (realizado), na maioria das vezes, constitui pano de fundo de mal-estar difuso. Doenças podem ser apenas rota de fuga psicológica para escapar da dissonância cognitiva latente.

Expressão. Conflitos breves são catalisadores de mudanças. Quando crônicos, desembocam nas enfermidades – catarse improdutiva. Adoecer pode ser a forma de expressão do fracasso no projeto pessoal de desenvolvimento ou de quando se abdica do uso inteligente do livre-arbítrio (subnível evolutivo).

Teoria dos Múltiplos Egos

Holobiografia. Admitir a pluralidade de vidas como premissa permite à consciência tirar mais proveito da existência atual. Milhares de personalidades temporais ou egos sociais foram construídos em diversos modelos de civilização. Agora é preciso recuperá-los. A *Conscienciologia* é a ciência que permite acessar tecnicamente a *holo*biografia ou biografia integral da consciência (Vieira, 1994).

Perspectiva. A conscin recebe a influência do holopensene contemporâneo – *Zeitgeist* – de cada período vivido em outras existências. Admitindo a extensão dessa linha do tempo (*timeline*), ela pode buscar recursos esquecidos, dando neoperspectiva evolutiva à própria egobiografia. Da percepção do ego pequeno, restrito a uma só vida, ocorre o salto para a personalidade que abrange múltiplos egos dotados de qualidades e deficiências. Quanto mais talentos a consciência possui, mais as provas da vida serão complexas. O ego saudável aceita e busca a autorrealização.

Influência. É preciso lidar com novas variáveis resgatando talentos insuspeitados – *trafais* ou traços faltantes do mini-holossoma (mentalsoma e psicossoma, pois o energossoma e o soma são renováveis a cada vida). É mesmo possível que, sob certas circunstâncias, se possa mudar de ego ou receber a influência de egos passados, tanto sadios quanto patológicos.

Trafores. Quem decide optar pela reciclagem existencial pode desencadear verdadeira operação-resgate ou operação caça-talentos dos seus trafores esquecidos, não reconhecidos ou até atrofiados.

Sinergia. Exemplo prático é o da pessoa que vive só e, de repente, passa a evocar 1companheiro ou companheira do passado para a composição de futura dupla evolutiva, relação a dois na qual a força de ambos é revertida em favor da evolução de todos – sinergia. Essa mudança radical na condição afetiva dos envolvidos pode ressuscitar egos passados, trazendo comportamentos inconscientes para a relação (Vieira, 1998).

Autominese. Mesmo nos relacionamentos, a princípio produtivos, podem ressurgir atitudes imaturas do passado. Tanto para um quanto para os dois parceiros. Ambos estão sujeitos a reeditar (automimese) os rastros negativos que, tanto no passado quanto no presente, podem continuar comprometendo a relação afetiva, caso não sejam reciclados com autolucidez.

Exemplo: 1 dos parceiros traiu aquela relação em vidas passadas e reedita o fato hoje.

Sensação. A mudança de ego ocorre quando a pessoa incorpora nova conduta, de uma hora para outra, e não consegue explicar para si ou para o círculo de relações os *comos* e os *porquês* da própria atitude. Há a sensação difusa de reconhecimento daquele comportamento como parte integrante da personalidade, sem que seja possível detectar a origem da mudança. O processo autêntico da autopersonificação não deve ser confundido com o processo patológico das personalidades múltiplas que, em certos casos, envolve a presença de consciências extrafísicas intrusas (assédio).

Evitação. Vale a aplicação do autodiscernimento máximo na hora de avaliar se estão sendo recuperados egos sadios e produtivos ou apenas reeditando aspectos pessoais que já deveriam ter sido superados. Mesmo os múltiplos egos mais eficientes são passíveis de atualização e aperfeiçoamento. Com essa atitude, evitam-se as automimeses improdutivas.

Técnica da Quebra dos Condicionamentos (choque de valores)

Impulso. Ninguém deseja sentir-se em segundo plano no processo evolutivo. Intimamente sabe-se que, após certo nível de aprendizagem, ocorre o impulso natural, a forte necessidade de passar para o nível evolutivo seguinte.

Potencial. A próxima técnica apresentada poderá também ser chamada de impacto autoinduzido. Constitui choque mentalsomático ou terapia de ideias, utilizado com frequência pela Conscienciotde terapia. Ela é indicada principalmente para as consciências que já reconhecem estar em subnível em relação ao próprio potencial de rendimento evolutivo. Portanto, não é técnica adequada para personalidades pusilânimes e acomodadas, que ainda defendem a própria rotina estagnadora.

Trafar nosológico. A quebra da rotina pode ser trazida, acidentalmente, até mesmo pelo paradoxo do adoecimento, que pode funcionar como elemento catalisador positivo promovendo reflexões necessárias às autorrenovações. No entanto, a enfermidade está longe de ser a forma ideal de renovação. Sob esse ângulo, qualquer variável imprevista pode abrir perspectivas inusitadas e novas opções. Acidentes, por exemplo, costumam contribuir para a mudança de comportamento, embora sejam métodos indesejáveis e radicais.

Adversidade. É preferível saber antecipar-se, provocando crises de crescimento voluntárias sem esperar pelos empurrões da adversidade. Ao acessar novas informações pela qualidade da autointencionalidade, a consciência aprende a provocar crises cada vez mais amparadas.

Valores. A pessoa que vive aprisionada por um círculo social limitante e opressivo pode criar oportunidades para quebrar a conduta viciada filiando-se, por exemplo, a alguma causa social. Para isso, busca assumir tarefa totalmente diferente ou até dentro da mesma atividade profissional, porém pautada em neovalores.

Voluntariado. Constitui boa medida autocurativa engajar-se em alguma tarefa libertária, dedicada ao bem comum. Neste caso, é importante ressaltar o valor do trabalho voluntário ou da ação do voluntariado. Na visão dos técnicos da área, a dedicação à atividade não remunerada ou fora da carreira profissional diminui a sensação de tristeza ou a depressão, com a consequente melhora da autoimagem. *Quem aposta na vida, vive melhor* (Revista *Isto É*, 2002).

Longevidade. O voluntariado traz benefícios para a diminuição do estresse, recicla valores pessoais e aumenta a longevidade. Em tese, o voluntário não se deixa adoecer por sentir-se necessário – senso de utilidade. Como efeito psicológico positivo, acaba apresentando *supersaúde* (Benson & Stark, 1998). Morrer torna-se, então, *luxo* ao qual a pessoa não pode se dar devido à falta de substituto no trabalho desempenhado – falta de mão de obra. No Hospital das Clínicas de São Paulo há voluntários de até 94 anos de idade em plena forma holossomática.

Sugerimos o desenvolvimento de pesquisa nessa área, demonstrando a relação entre voluntariado, saúde e longevidade, cuja conclusão poderá confirmar se o voluntário vive mais com melhor qualidade (Levy & Monte, 1998).

Vazio. A imagem do voluntário ou do militante social não corresponde mais ao estereótipo da pessoa rica e entediada que, nada tendo para fazer, decide ajudar os outros para encher o vazio do próprio tempo. *Quem mata o tempo vive menos.* O voluntário moderno é pessoa especializada e geralmente ocupadíssima que ainda arranja tempo para servir, dar a retribuição ou contribuição à sociedade da qual faz parte (Domeneghetti, 2001).

Identidade. Outro ganho colateral positivo é que, geralmente, em organização não governamental ou instituição sem fins de lucro (do terceiro setor), o voluntário é quase anônimo, quebrando a identidade, muitas vezes presa a títulos ou ao *status* social, deixando de ser o Dr. Fulano, a Dra. Sicrana para tornar-se apenas mais um colaborador à frente do trabalho.

Convivialidade. Com a quebra das barreiras sociais, a consciência recupera também a verdadeira autoestima e a espontaneidade, despertando trafores esquecidos no *fundo do baú* (múltiplos egos). Por outro lado, é levada a modificar condutas ultrapassadas nas quais predominavam a estagnação, a vaidade, a preguiça, o orgulho ou a agressividade negativa, para favorecer a autossuperação e a convivialidade sadia.

Aproveitamento. Esse novo *eu* supera a insegurança com mais facilidade, e leva o indivíduo a assumir maior responsabilidade social. O voluntariado lhe permite lançar-se sem medo a um novo modo de vida. Com isso, faz o aproveitamento do que há de melhor em seus egos passados.

Retribuição. A recuperação do sentido da vida, juntamente com o senso de utilidade e a elevação da autoestima, não tem preço para os voluntários. É o motivo pelo qual muitos até contribuem financeiramente com as organizações às quais são filiados, pois sentem necessidade de retribuir tudo que de bom recebem.

Perdas. Pesquisas levadas a cabo pelo psicólogo Lawrence LeShan com 200 pacientes de câncer revelaram que, para a maioria, a doença surgiu a partir da perda da *raison d'être* (razão de ser) ou perda de propósito para a vida (proéxis?). O segundo motivo foi a incapacidade de demonstrar emoções (repressão). O isolamento social também mostrou-se fortemente relacionado com a doença (LeShan, 1994).

Melin. Associamos esse quadro à comentada *melin* ou melancolia intrafísica, sentimento de vazio que surge geralmente após os 40 anos de idade, para aqueles que percebem que não fizeram o que era preciso (desafios autoprogramados). Apenas repetiram o que outros gostariam que fosse feito com suas vidas (robotização existencial ou *robéxis*).

Benefícios. A técnica evolutiva da reciclagem intrafísica e intraconsciencial (*recin*), quando associada ao trabalho voluntário ou *ad honorem*, pode ser remédio para muitos desses males. É a crise calculada, na qual o maior beneficiado será sempre a pessoa prestadora do serviço, o assistente, embora o beneficiado direto seja, aparentemente, o assistido.

Reflexão. Para criar a crise de crescimento sadia, quebrando condicionamentos, o(a) interessado(a) pode refletir:

- *Aquilo que eu vivi até ontem já não me atende mais.*
- *O que eu vislumbro para o futuro?*
- *Qual seria o primeiro passo necessário para chegar lá?*
- *O que eu antevejo atende às minhas atuais necessidades evolutivas?*

Alívio. Outro exemplo de quebra de condicionamento são os traumas, que sempre trazem seu lado pedagógico e educativo pela colisão ou choque de valores. Eles podem auxiliar a consciência a despertar do estado de *doping*, do restringimento físico e da luta pela sobrevivência nessa dimensão. Para boa parte das consciências, a vida humana ainda é uma espécie de sono reparador *(vigilambulismo intrafísico)*, o alívio providencial para a psicose extrafísica do período anterior à ressoma.

EQM. Exemplo clássico do aspecto educativo que o trauma pode trazer é o fenômeno conhecido como experiência da quase morte (*EQM*), tipo de projeção consciente crítica e involuntária. Comum a milhões de indivíduos, as *EQMs* têm sido estudadas desde a década de 1970, a partir do advento da ressuscitação assistida nos hospitais e nos centros de terapia intensiva de todo o mundo. Pesquisadores que acompanharam, por décadas, centenas de pessoas que vivenciaram o fenômeno concluíram que a maioria havia mudado sua vida para melhor, tornando-se mais altruísta e espiritualizada (Ring, 1986; Laskow, 1997; Atwater, 1998).

Valorização. A *técnica da visão panorâmica aplicada*, proposta no Capítulo 2, é versão resumida e voluntária da *visão panorâmica retrospectiva*, que constitui padrão espontâneo relatado pelos sobreviventes da quase morte (*inventário post-mortem*, Ring, 1986). Durante o trauma ou acidente, a pessoa passa pela revisão da vida que está sendo deixada para trás, espécie de inventário da *performance* pessoal. Segundo os pesquisadores, este balanço constitui um elemento importantíssimo na mudança de posicionamento e na valorização da vida dos sobreviventes das *EQMs* (Atwater, 1998).

Pasmaceira. O aspecto mais curioso da experiência é que muitos sentem terem recebido um tipo de moratória existencial *(moréxis)*. Veem a sobrevida como uma segunda oportunidade para *re*tificar aspectos do comportamento que podem ser melhorados ou *ra*tificar condutas positivas que às vezes deixaram de priorizar (Vieira, 1994). Para alguns, a morte é solução. E para nós? Vamos esperar a experiência da quase morte para acordarmos da pasmaceira da vida e amadurecermos? Ou podemos nos antecipar criando o estresse positivo com a técnica da quebra dos condicionamentos?

Pesquisas. Para os interessados no tema *EQM*, sugerimos as pesquisas realizadas na Holanda, publicadas pela revista médica *The Lancet*. Em 344 casos de reanimação cardio pulmonar, 62 pacientes (18%) reportaram ter tido uma *EQM* clássica (vol. 358; dec 15, 2001; p. 2039-2045).

Capítulo 9

Consciência AutoImperdoadora-HeteroPerdoadora

Ideia-força: *Autobenignidade*

Técnicas (3): *Técnica do Perdão*

Técnica da Isenção: qual é o meu real interesse nisso?

Técnica da Atribuição de 3 Qualidades (valorização do assistido)

Holopensene. A familiaridade com o perdão permite à consciência receber reforço extrafísico positivo e entrar no *holopensene* da pacificação e da agilização evolutiva. Diante de reclamantes e cobradores, podem-se adotar, sem autopunições repressivas, as 3 seguintes condutas reconciliadoras:

1. A responsabilidade maior é sempre *minha.* Uso do arbítrio, livre de autoculpas castradoras. Postura autoimperdoadora e heteroperdoadora da *conscin-assistente.*
2. A conscin-reclamante tem o direito de se sentir *sempre a mais prejudicada.* Postura autovitimizadora da *conscin ou consciex-assistida.*
3. *Juntos* podemos trabalhar em prol da melhor solução para todos. Postura dos *amparadores dos envolvidos.*

Técnica do Perdão

Responsabilidade Integral *para si* (consciência *autoimperdoadora*)

Compreensão Antecipada *para todos* (consciência *heteroperdoadora*)

Razões. Nesta etapa, vale a pena consultar novamente o *Mapa de Acompanhamento* para reafirmar a intenção e as razões íntimas escolhidas para perdoar, além de confirmar os progressos alcançados até aqui. Em que consiste a *Técnica do Perdão* e como aplicá-la?

Conceitos. É preciso conceituar a palavra *perdoar:* significa desculpar, absolver, remitir, poupar e evitar. Para aplicar a Técnica do Perdão é preciso compreender dois importantes conceitos da Conscienciologia: como atuam a consciência *autoimperdoadora* e a consciência *heteroperdoadora* e quais são as diferenças entre o *perdão condicional* – que impõe sanções e espera retorno – e o *perdão incondicional* – que nada espera e é definitivo (Vieira, 1994).

8 Posturas da Consciência Autoimperdoadora

1. **Posicionamento.** Autoimperdoadora é a consciência que assume para si toda a responsabilidade evolutiva do que lhe ocorre. Não busca mais justificativas para as próprias dificuldades afetivas ou sentimentos antagônicos. *Autoposiciona-se.*
2. **Responsabilidade.** Não transfere mais culpas para ninguém e nem para si. *Autorresponsabiliza-se.*
3. **Isenção.** Não toma partido, nem assume atitude arrogante de *bondade forçada* ou de *superioridade* sobre ninguém. *Assiste.*
4. **Prioridade.** Tem pressa de evoluir e não admite mais negligências, displicências e atrasos injustificáveis para acelerar o nível de automaturidade. Não quer continuar em subnível em relação ao real nível evolutivo possível. *Auto-organiza-se.*
5. **Desrepressão.** É severa consigo, mas sem rigidez, repressão ou castração. De modo disciplinado e positivo: "*eu posso fazer mais e melhor pela autoevolução. Tenho soberania no uso do livre-arbítrio*".

6. **Otimismo.** Não se deixa autoflagelar remoendo situações negativas. É lúcida quanto ao atributo da autoevolutividade. *Age.*
7. **Autocrítica.** Busca a autocoerência, diminuindo os comportamentos dissonantes. Questiona-se a toda hora: "*é isso mesmo que eu escolhi e quero, neste momento?*" *Ajusta-se.*
8. **Autoimperdoadora.** Exige mais de si, buscando as razões para compreender e solucionar as autodeficiências. *Atualiza-se.*

5 Posturas da Consciência Heteroperdoadora

1. **Incondicionalidade.** Perdoadora é a consciência antecipadora das incompreensões alheias, atuais e futuras. Perdoar o mundo, as conscins e as consciexes por serem como são; forma inteligente de evitar surpresas desagradáveis. Compreensão antecipada para todos.
2. **Realismo.** Não espera a compreensão, a gratidão ou *curas milagrosas* dos males evolutivos alheios. Não alimenta ilusões infantis, evitando desilusões desmotivadoras. Perdoar é livrar-se das expectativas em relação a todos, aumentando os investimentos e as esperanças, sempre renovadas, de melhoria pessoal.
3. **Desassédio.** Mantém atitude acolhedora de esclarecimento permanente. Com isso, transforma-se em potente geradora de energias curativas, profiláticas, terapêuticas, assientenciais, homeostáticas, defensivas e regeneradoras, rumo à autodesperticidade.
4. **Assistência.** É *persona grata* por onde passa, pacificando, elevando o ânimo e o padrão de energias dos ambientes e das consciências, em todas as manifestações.
5. **Homeostase.** Não cria expectativas quanto ao efeito dos seus atos sobre as outras consciências. Não espera retorno pelo que faz. Sabe que está fazendo o melhor

possível, antes de tudo e primeiramente em prol da própria evolução. A heteroevolução será o efeito-halo inevitável ao longo do processo. O perdão constitui a possibilidade de queima cosmoética de etapas para alcançar o estado de equilíbrio íntimo mais duradouro.

Não basta ter razão; ter razão é pouco.

Direitos. De acordo com as normas da sociedade intrafísica (*socin*), devemos sempre lutar pelos próprios direitos quando convencidos de termos razão. Verdadeiro, falso ou *NDA* (nenhuma das alternativas)? Este é um dos conceitos mais difíceis de ser compreendido do ponto de vista consciencial.

Sociedade. A maioria das pessoas imaturas se julga o centro do Universo, com amplos poderes para bradar: "*mas eu tenho os meus direitos*". Quem ainda não utilizou ou escutou essa frase? Vivemos em uma sociedade da eterna criança, quase sempre malcriada e mimada em excesso.

Necessidades. A intenção não é sugerir que a pessoa fique apática, humilde, diante do seu papel social. Humildade é covardia e pode ser considerada patologia da comunicação, tanto quanto a timidez. A conduta tímida é aquela que deixa a consciência parada na porta da frente da vida sem coragem para tocar a campainha. E nesse caso, é claro, ninguém responde, porque a pessoa não declarou suas necessidades. É muito digno e justo legitimar as próprias necessidades evolutivas.

Ignorância. O ideal é a pessoa ser corajosa e ousada perante a evolução, porém modesta perante o que ainda lhe falta aprender. A superfície de contato com a ignorância aumenta à medida que a experiência consciencial cresce. E a ignorância sincera é positiva, deixando explícito aquilo que nos falta vivenciar. Já a ingenuidade é deslize que geralmente tem alto custo para a consciência inexperiente e imatura.

Imaturidade. O senso comum representa um dos males da humanidade, devido ao baixo nível médio do discernimento coletivo. Cada qual avalia a situação do próprio ponto de vista, de acordo com a autoperspectiva, a partir do referencial íntimo. Na maior parte das vezes, de acordo com a própria imaturidade e interesses imediatos. E aí está o problema.

Evolução. Conforme o nível evolutivo individual, o que hoje, do ponto de vista evolutivo, parece razão maior, amanhã pode ser *desrazão*. Aquilo que para aquele parece atitude sensata, madura, constituindo esforço no limite da maturidade, para outro mais maduro pode parecer insensatez e descalabro.

Sobrepairamento. Portanto, é muito importante saber que perdoar não significa aceitar que alguém está *certo* e alguém está *errado*. Este dilema não mais importa. Perdoar permite sobrepairar, transcender o limite de *quem teve, tinha ou tem razão.*

Motivos. Este problema vai ficando para trás quando se decide abrir mão dos interesses pessoais e do impasse, em prol do bem-estar de todos. É sempre positivo lembrar o motivo pelo qual a decisão foi tomada. Aqui é o momento para reafirmar as razões íntimas que levaram à opção pelo perdão.

Paradoxo. Os maiores assediadores, perseguidores evolutivos das consciências, sentem-se sempre cobertos de razão para atuar da forma como atuam. Pela ótica pessoal, estão certos. O narcotraficante sente-se *coberto de razão* para tirar a vida do jovem dependente que não pagou pela mercadoria usada.

Futuro. Maturidade e razão nem sempre andam juntas em nossa sociedade patológica. Melhor conquistar maturidade e deixar para ter razão no futuro, diante da multidimensionalidade ou da parassociedade. O que é mais importante: ter razão ou errar menos no processo evolutivo?

É bom desconfiar quando a consciência se sente *coberta de razão.* Os assediadores atuam sob esse mesmo enfoque. Ter razão não pode ser desculpa para tudo. A legítima defesa pode ser ilegítima.

Alavanca. Para não utilizar a dinâmica psicológica do assédio, busca-se o uso da *Técnica da Isenção* para evitar o apriorismo (*pré-conceito*) na forma de agir. Esta estratégia mentalsomática avançada constitui verdadeira alavanca evolutiva, permitindo chegar a soluções realistas e erradicando comportamentos indesejáveis.

Técnica da Isenção: *qual é o meu real interesse nisso?*

Inspiração. "Quem defende uma ideia maior está bem assistido e mantém a tranquilidade. Não basta ter razão. Ter razão é pouco. É preciso estar *isento* para defender a ideia maior para o benefício de todos" (26/01/96 - Rio de Janeiro; inspiração recebida na prática da *tenepes)*. Na maioria das vezes, do ponto de vista cosmoético, ter razão, por si só, não constitui argumento lógico e muito menos inteligente. *Contrassenso ou sensatez?*

Liberdade. Aqui não cabem mais defesas da posição pessoal, nem justificativas para atender a interesses particulares. O ideal é defender as ideias que beneficiam a todos. A conscin não precisa provar nada, nem usar ideias para parecer a *maior, a melhor.* Muitas vezes, maior e melhor é a ideia inspirada da qual se é apenas o representante responsável. Existe uma diferença fundamental nesta postura, diante da cosmoética e dos amparadores: *as ideias estarão sempre acima das pessoas. Mesmo aquelas mais queridas* (Vieira, 1989).

Aprovação. Aplicar essa verdade relativa exigirá, às vezes, sacrifícios e renúncias. O próprio perdão reclama a renúncia antidemagógica a comportamentos acomodados. Acabamos aprendendo: as boas ideias caminham por si. Embora cheios de razão, se nos escudarmos na defesa de ideias buscando aprovação ou reconhecimento pessoal, estaremos sujeitos a comprometê-las, muitas vezes até a perder o contato com o amparo de função.

Assistencialidade. Portanto, usar boas ideias para camuflar interesses e descarregar energias de desaprovação nos outros, abrigados sob a fachada de "ter razão", deixa a conscin inapta para prestar ajuda a quem quer que seja, inclusive a si. Assistencialidade interesseira não vigora. A pseudo "ajuda" não conta com o apoio dos amparadores, pois esconde objetivos egóicos. É um tipo de ajuda comprometida: querer a melhora do outro para que a opinião pessoal prevaleça ou para receber algum tipo de reconhecimento. Quando isto acontece, a conscin fica desabilitada para assistir, inclusive àqueles a quem quer bem.

Amplificador. O outro precisa melhorar para sentir-se melhor consigo, não para facilitar a nossa vida ou nos agradar. O projeto precisa ser aprovado porque muitos serão favorecidos e não porque a ideia foi nossa. A boa ideia, principalmente quando inspirada pelas consciências mais avançadas, só faz de nós a *estação repetidora* ou o *amplificador* da multidimensionalidade, não proprietários da inspiração.

Boas intenções. Perde-se ainda mais a isenção quando se quer bem e se deseja favorecer ou preservar alguém íntimo. Em casos assim, o assistente fica obnubilado, fascinado pelas *boas razões e intenções.* No caso dos desafetos, tampouco se alcança sucesso, pois não se consegue agir de modo imparcial. Afinal, o problema é ainda não se desejar, sinceramente, o bem daquela pessoa-alvo da reconciliação.

Relações. A razão pode até estar do nosso lado, mas, se falta isenção nas intenções e nas energias, a reconciliação não progride. Exemplos comuns de relações comprometidas pela falta de isenção e *cobertas de razão:* pais e filhos, casais, chefe e subalterno dentre outras. Trata-se da *desrazão da razão.*

Isenção. Exemplo prático é o de desejar que a pessoa próxima leia um livro como este apenas para, no fundo, provar a ela o quanto se está bem informado, o quanto nos preocupam assuntos dignos, como estamos *cheios de razão.* Isso evidenciaria o quanto o outro está *atrasado* perante o nosso nível evolutivo. Escolher um tema nobre de estudo não indica nobreza ou evolução da nossa parte. Indica apenas que, neste caso, a necessidade já foi detectada.

Justificativa. É legítimo tentar levantar o ânimo das consciências, identificando e neutralizando ações assediadoras. Isso pode ser aprendido, treinado e conquistado através do domínio das bioenergias, que veremos no capítulo 10. Porém, ajudar de fato, é respeitar aquilo que a pessoa *é* ou *está*. Com a justificativa de *ter razão* pode-se transmitir, através das energias, que se quer mudar a pessoa.

Intenção. É muito importante preservar o clima interconsciencial de confiança adequado ao entendimento. Daí a importância da escolha da hora, do lugar e da intenção para o esclarecimento que levará à reconciliação. Se a pessoa percebe que há tentativa de doutrinação à força, se esquivará ou se *fechará em copas* com justa razão.

Respeito. Tentar, deliberadamente, mudar quem quer que seja, de maneira explícita (controle) ou dissimulada (chantagem emocional), ainda que apoiado na maior das razões, indica que ele ou ela não é bom como é. Portanto, que não tem valor, que não merece apreço. Os fins não justificam os meios. *Prova de amor é respeitar o nível evolutivo do outro* (Vieira, 1994).

Autorrejeição. Quando se quer mudar a pessoa, revela-se, em primeiro lugar, a não aceitação do que ela é. É um mau começo para a reconciliação. Essa atitude inviabiliza a compreensão de ambas as partes. Quase todas as conscins sofrem do medo da exclusão, de não serem aceitas, da rejeição afetiva. Por outro lado, toda consciência deseja ser amada, respeitada e apoiada. Contudo, o que mais se teme que os outros nos façam, muitas vezes já fizemos a nós mesmos.

Mecanismo. Com frequência, a superproteção é legitimada pela sociedade, apoiada na razão. Esta atitude permeia as relações afetivas. No entanto, o cuidado excessivo a alguém pode ser apenas representação paradoxal da *rejeição*. O sentimento de culpa que surge quando não se aprecia ou se ama genuinamente alguém muito próximo (agressividade reprimida) pode aparecer travestido de excesso de zelo e de cuidados excessivos (razões) – mecanismo de defesa da formação reativa ou de reação (Laplanche e Pontalis, 1970; Laskow, 1997; Ferreira-Santos, 1998).

Atitude. É muito fácil tomar atitude de arrogância, de superioridade, personalizando a informação digna em causa própria. Isso é querer vencer, ganhar o jogo de algum modo. *Assistir não é competir.* Não é possível esclarecer esmagando, ressaltando a incompetência do outro, atitude pensênica que denota insegurança e má intencionalidade, ainda que plena de razão.

Argumento. Isso ocorre com o líder profissional, familiar, do casal ou religioso, que faz uso de indiretas, *manda recados*, abusa da autoridade, tira partido da situação em proveito próprio para fazer o acerto de contas. É pena perder a oportunidade de evoluir e esclarecer porque a preocupação maior é ter razão. Por esse motivo, na maioria das vezes, a argumentação se torna muito pobre do ponto de vista evolutivo.

Omissuper. Mesmo tendo todas as razões do mundo a favor, quando se está isento e se renuncia a lançar mão de informações que venham a favorecer apenas pequenos interesses pessoais, aumenta-se o saldo evolutivo. É desse modo que se conquista a confiança e a assistência dos amparadores. Conquista-se também o respeito daqueles com os quais precisamos nos reconciliar. Às vezes, basta renunciar com tranquilidade a ter razão, deixando de utilizar informação que se tem sobre o outro para preservá-lo (omissão superavitária). Tal atitude benigna pode mudar para melhor aquela relação crítica (Vieira, 2007b).

Benevolência. É importante lembrar: mesmo se os mais sinceros autoesforços aparentemente não derem em nada, não vamos desanimar nem desistir de assistir. Ganhar margem de direitos e calar-se, não utilizar a informação que se possui sobre alguém ou algum fato porque seria apenas em benefício próprio, é benevolência.

Segurança. Com esta atitude, demonstra-se que já não se quer nada para si, nem se espera reconhecimento pessoal. É inteligente não querer provar que se tem razão para satisfazer apenas a própria vaidade (revanchismo) ou autoafirmação (insegurança). A personalidade insegura jamais encara as próprias fraquezas. A insegurança provém do desconhecimento de si e do outro. A pessoa segura é consciente do próprio nível de insegurança relativa, trabalhando o tempo todo para superá-lo.

Técnica. Para casos desse tipo, vale desejar cosmoeticamente a todos os interessados no perdão incondicional a técnica autocurativa da *projeção vexaminosa.* Dentro da especialidade da Autoconscienciοterapia, constitui dos mais eficientes meios para despertar a compaixão sadia naquelas consciências que ainda não conseguiram vencer a reivindicação afetiva ou a cobrança amorosa (*Técnica da Projeção Lúcida Vexaminosa*; Cap. 340; p. 404; 700 Experimentos da Conscienciologia; Vieira, Waldo; 1994).

Experimento. A projeção vexaminosa enquadra-se nas técnicas da *impactoterapia*[76] e mostra-se eficiente tanto para os casos de *sem-vergonhice explícita* quanto para os de limitação real dos envolvidos. Utilizando essa autora como cobaia, um só experimento dessa natureza alcançou o objetivo esperado para o qual mil sugestões anteriores dos amparadores ainda não haviam dado resultado. É o velho ditado: *se não vai pelo amor, vai pela dor.*

Ambiente. Envolvida em processo litigioso, no qual, ao que tudo indicava, a razão estaria do meu lado, tive a felicidade de experimentar projeção consciente assistida e articulada pelos amparadores com o objetivo de ampliar a visão de conjunto. Nesta ocasião, fui levada a um ambiente extrafísico degradado, no qual a pessoa-alvo se encontrava e a vi em estado

---

[76] *Impactoterapia.* Técnica utilizada no exercício da *tares* – tarefa assistencial do esclarecimento. É baseada na colisão de paradigmas entre a verdade relativa de ponta ou de vanguarda, apresentada pelo agente esclarecedor, e a verdade já superada ou de retaguarda, ainda defendida pela consciência a ser esclarecida.

de grande confusão mental, cercada de consciências extrafísicas perturbadas. O ambiente era de notável entropia. Eu permanecia à parte, sem envolvimento maior com o grupo de consciexes enfermas que, pelos indícios, não me percebiam a presença extrafísica.

Situação. Encontrava-me em posição estratégica, observando tudo. Quando já começava a compreender a intenção dos amparadores, intuí mais do que ouvi a seguinte observação: *você quer ser mais uma a contribuir para a situação desta pessoa com reivindicações e cobranças? Já não é suficiente a condição na qual ela se encontra?*

Farândola. Compreendi que as atitudes que eu mais reprovava na pessoa ocorriam, em grande parte, estimuladas pela ação perturbadora daquelas companhias extrafísicas enfermas. Despertei envergonhada, compungida, cheia de tristeza e compaixão genuína pela condição miserável em que aquela consciência se encontrava. Então, era esse o seu dia a dia? Todas as noites, enquanto seu corpo dormia, ela, projetada, ficava exposta ao desvario de toda aquela multidão de doentes extrafísicos *cobradores da razão*. Isso explicava a perturbação no seu cotidiano. Não, eu não desejava fazer parte daquela *farândola de assediadores.*

Renúncia. Chorei, de maneira sentida, durante os dias que se seguiram, cada vez que me recordava da projeção educativa, renunciando de vez e com tranquilidade a todas as razões ou direitos que, porventura, tivesse. Esta experiência mudou minha atitude pessoal naquele caso e pude aplicar a mesma lição em outros. Ter razão pode representar, inclusive, forma de vingança (reivindicar, *vindicare*) dissimulada, tipo de permissão legal (legítima vingança) que só nos levará a cometer erros maiores, mantendo a interprisão grupocármica.

Direitos. E você, caro leitor ou leitora, deseja compor o grupo de assediadores da pessoa-alvo, *coberto(a) de razão,* ou pretende daqui para frente integrar a equipe de amparadores, renunciando também a *direitos tortos*?

Perdão Emocional = Sofrimento pelo Psicossoma

Religiões. Desde a Antiguidade, os temas *perdão* e *reconciliação* aparecem no âmbito das religiões como algo a ser alcançado apenas através do caminho espiritual. "Só Deus pode perdoar tudo e a todos". A vinda de seres que o representam teria como objetivo o perdão grupal ou a *remissão dos pecados* da humanidade (Overstreet, 1967). Por essas e por outras é que a humanidade carrega o peso da culpa em praticamente todas as culturas, seja com Alah, Buda, Cristo, Shiva ou outras divindades. *Falou consciência pesada, disse culpa ou pecado.*

Sofrimento. Em muitas culturas, os homens já surgem na existência humana como pecadores, não importando se nascem e morrem uma única vez ou se estão sob o peso do carma, para aqueles que admitem a teoria da pluralidade das vidas – seriéxis. Já outros mais céticos ou autocorruptos pensam que o sofrimento é parte natural da vida, simplesmente acontece, por puro acaso, sem nenhuma relação com as ações pessoais.

Confiança. Poucos aprofundam a origem dos seus problemas de relacionamento com outros seres humanos. Quais seriam as técnicas para perdoar *o próximo ou a próxima*? No caso do perdão incondicional de Deus, por exemplo, trata-se de bela transferência de responsabilidade: *serei perdoado, não importa o que venha a fazer, desde que me arrependa e acredite em tal ou qual doutrina, siga tal ou qual mandamento, admita tal ou qual dogma, adore tal ou qual deus.* A fé é o tipo da confiança infantil.

Promessa. Daí o homem comum ter criado a ideia de que o perdão é atitude efêmera: perdoa-se hoje e amanhã pode-se recomeçar, tudo de novo. *A carne é fraca, faz parte da natureza humana...* Depois mais choro, mais remorso e mais perdão e por aí vai... "De qualquer maneira, ao final, Deus nos perdoará a todos, desde que haja arrependimento". Para muitos, esta falácia transforma-se em verdade ou dogma indiscutível. É a promessa descomprometida que induz ao perdão *sem-vergonha,* pseudo-perdão ou autoengano.

Fuga. Posturas infantis ao modo dessa não têm ajudado as consciências a desenvolver razoável maturidade afetiva. Não é o caso de se fazer apologia da passividade. Perdoar não é oferecer a outra face, agir de modo complacente, de maneira permissiva, estimulando a fuga ao posicionamento pessoal. Isso só faz aumentar a fragilização, a covardia e os acumpliciamentos anticosmoéticos das conscins. O perdão sincero é, antes de tudo, postura mental ativa, não *banho de lágrimas* do corpo emocional.

Psicossoma. O perdão emocional é aquele atribuído pelo veículo extrafísico da emotividade, corpo da impulsividade. Tem o efeito apenas paliativo de aliviar a consciência pesada. Tal atitude não promove a autocura. A emoção tem memória curta. Amanhã tudo recomeça *entre tapas e beijos.* Nessa hora, muitos se contentam em passar de uma cantilena religiosa à outra, de uma promessa à outra, iludindo-se quanto à real superação do problema.

Sem autopesquisa não há progresso efetivo.

Fanatismo. A personalidade *buscadora-borboleta* troca *Buda* por *Jesus*, *Alah* por *Shiva*, o *guru A* pelo *mestre B*, sempre em fuga da autopesquisa metódica, da necessidade evolutiva e urgente de mudança. O fanatismo religioso é outro triste exemplo de autocorrupção em grupo ou mecanismo de defesa grupal, cada qual tentando acobertar o trafar do outro. Neste contexto, a eliminação ou a distância de quem é diferente, tem por objetivo manter as convicções claudicantes dos integrantes do grupo. O fanático é o menos crente. Desfruta apenas do falso poder da exclusão, do sectarismo.

Materialismo. Tampouco se pretende defender a ideia do perdão visto como ilusão perigosa, o caminho da impunidade e da falta de reflexão, como querem alguns filósofos materialistas, como por exemplo Karl Marx (1818-1883) e Friedrich Nietzsche (1844-1900). Ver o comentário sobre *materialismo* no capítulo 1 (Vidal-Abarca, 1999).

Perdão Racional = Entendimento pelo Mentalsoma

Mentalsoma. O perdão racional é fruto de muito esforço e reflexão do mentalsoma, corpo do autodiscernimento e da racionalidade. É lógico e definitivo, permitindo-nos seguir em frente. Ainda assim, não há garantia absoluta de sucesso. Somente através de muita ponderação conseguimos a autocompreensão e o entendimento dos outros (Vieira, 2007b).

Esperanças. Cultivando-se a autodeterminação, a perseverança, a disciplina e a auto-organização, consegue-se eliminar gradativamente o ressentimento, este forte empecilho à evolução da consciência. A partir daí, estamos prontos para fazer do perdão uma prática lúcida, sem impor condições de mudança aos outros e evitando frustrações, porém com muitas esperanças, sempre renovadas, de melhoria para todos.

Novidades. Verdade relativa de ponta é a verdade temporária e prioritária em relação ao conhecimento ultrapassado ou insuficiente. Sua aplicação permite superar o eterno conflito entre a *consciência humana,* que aprecia o comodismo e a inércia, e a *consciência imortal,* que anseia e luta intimamente pela autoevolução. Neste caso, a ciência, quando de vanguarda, é o caminho ideal, pois não permite acomodação. É preciso estar sempre correndo atrás das novidades que possam ajudar à consciência. *A minha vida parece com as verdades relativas de ponta compreendidas?*

Repressão. O perdão sincero não pode ser confundido com indiferença, esquecimento, desprezo, repressão, máscara de negação, alexitimia, frieza, indulgência ou negligência. Essas atitudes não são próprias do mentalsoma. São apenas defesas do psicossoma e patologias do ego (Vieira, 2007b).

Incapacidade. Quanto à repressão, mãe ou madrasta de outros mecanismos de defesa, está provado que pessoas contidas emocionalmente (recalque) desenvolvem depressão, amargura e adoecem mais. A incapacidade de demonstrar hostilidade, a postura estoica da ausência de rancor, ciúmes ou ressentimento tampouco auxilia a consciência a livrar-se da angústia existencial (LeShan, 1994; Ferreira-Santos, 1998; Pereira & Zaché, 2002).

Omissão deficitária. De nada adianta *fazer-se de morto* para evitar aborrecimentos. A energia da emoção represada (repressão) sairá à procura de outros caminhos para se manifestar e geralmente fará atalhos através da doença. O recalque é a armadilha que prende, em primeiro lugar, aquele que a armou. O mentalsoma não aceita servir de instrumento para mascarar o psicossoma.

Pedra. Pouco adianta, para tentar resolver o problema, criar a falsa zona de segurança ou de conforto, ancorada no mecanismo da racionalização. A intenção de *pôr uma pedra em cima* do caso ou da pessoa não funciona. A holomemória é fiel e as energias não mentem jamais. De que adianta manter a autoimagem sendo impostor de si próprio?

Técnica da Atribuição de 3 Qualidades (Valorização do Assistido)

Evocação. Para prosseguir no firme propósito de entender e agregar valor às consciências-alvo do perdão, eis mais uma técnica que pode ser empregada em conjunto com a *intersecção* (*cruzamento de linhas afins*, capítulo 4) e a *carta de intenções cosmoéticas* (capítulo 7). Caso ocorra evocação desfavorável da pessoa, lembrança dos seus atos negativos para conosco, é preciso imediatamente tratar de corrigir a matriz deste pensamento (*ortopensenidade*; capítulo 7), buscando evocar pelo menos *3 qualidades* já observadas nessa mesma consciência.

Passos. Encare a não identificação desses 3 talentos como autocorrupção franca. Simultaneamente, procure desencadear os passos para a *mobilização básica das energias* e o *estado vibracional profilático* (a serem apresentadas no próximo capítulo) para potencializar o neopensene sadio. As energias pessoais devem ser disponibilizadas com os melhores pensamentos sobre a pessoa, sendo direcionadas ao amparador dela, que saberá muito melhor como empregá-las em prol do congraçamento entre ambas.

Sentimento. De nada adianta mentalizar ideias positivas sobre alguém sem o correspondente sentimento de admiração sincera para acompanhá-las – o *sen* do pensene. É preciso manter profunda autocrítica nessa hora, perscrutando a autointencionalidade da evocação. Para obter êxito, pode-se evocar intencionalmente o amparador da pessoa na condição de testemunha e fonte de inspiração: *o que essa pessoa tem de melhor, de valioso, de positivo? Qual é o sentimento do amparador dela ao constatar isso?* Desse modo, nos tornaremos aprendizes de amparador.

Qualidades. Este procedimento transformará, pouco a pouco, o nosso *pensene-estigma* sobre a pessoa, permitindo que se fortaleça o *pensene-perdão* de entendimento mútuo. A técnica deve ser repetida até que o sentimento tenha sido totalmente reciclado. Esta ideia-força permitirá que a conscin-perdoadora perceba que, de fato, o outro possui qualidades: dedicação, organização, determinação, prestimosidade, paciência ou outras.

Benignidade. A partir daí, a pessoa-alvo do perdão receberá, ainda que à distância e de maneira anônima, essa nova emanação gerada pela reciclagem da energia dos nossos pensenes, unida aos pensenes do seu próprio amparador.

Capítulo 10

Domínio Bioenergético,

Ideia-força:	*Autossustentabilidade*
Técnicas (2):	*Técnica da Mobilização Básica de Bioenergias*
	Técnica do Estado Vibracional Profilático
Quadro (2):	*Quadro 1. Modelo da Série Harmônica*
	Quadro do Holossoma
Teoria:	*Teoria do Holossoma ou Corpo Unificado*
Filme:	*Simplesmente Irresistível (Simply Irresistible)*
Definições (4):	*Energia Imanente (EI)*
	Energia Consciencial (EC)
	Colapso Energético
	Estado Vibracional

Bioenergias e Homeostase do Holossoma

Perícia. Segundo a Conscienciologia e a Projeciologia, existem duas realidades primordiais no Universo: *a consciência e a energia* (Vieira, 1999a). A consciência *não é* constituída da mesma natureza da energia. A primeira atua na condição de elemento organizador inteligente da segunda. Os fatos sugerem que a evolução individual depende da perícia com a qual a consciência domina o processo energético, o que permite movimentar e manter o equilíbrio do seu instrumento de manifestação – o holossoma (soma, holochacra, energossoma, psicossoma e mentalsoma).

Termo. A partir do uso do holossoma, quanto mais experiência, maturidade e autodiscernimento a consciência adquire, menos fere ou transgride as leis evolutivas – cosmoética.

Quanto mais respeita a cosmoética, de mais energia ela dispõe para evoluir. O termo *bioenergia* (*bios*, vida + energia), hoje popular, foi cunhado por George de la Warr (1904-1969), engenheiro civil e talentoso inventor inglês (Laboratórios *Delawarr*) que desenvolveu experimentos e pesquisa sobre os efeitos da energia (radiônica).

Linhas. A *Psicologia Bionergética,* surgida no século XX, também tem seu enfoque nas bioenergias. Foi proposta pelo pioneiro psiquiatra alemão Wilhelm Reich (*energia orgônica*; 1897-1957). Alexander Lowen, Eva e John Pierrakos, deram prosseguimento ao seu trabalho nas chamadas linhas pós-reichianas ou neo-reichianas (Balona, 2006).

Disciplinas. Na fundamentação terapêutica da medicina não convencional, os efeitos práticos da imposição de mãos e da paracirurgia, praticadas desde a Antiguidade por centenas de sensitivos em todo o mundo, são reconhecidos. O mesmo ocorre com a acupuntura milenar chinesa e a homeopatia, introduzida por Samuel Hanneman (1755-1843) no século XIX. Todas essas disciplinas aplicam métodos específicos para promover o equilíbrio energético do indivíduo – homeostasia.

Princípio. Desde tempos imemoriais, pesquisadores e filósofos admitem que a vida e a saúde, até certo ponto, contrariam de maneira inexplicável as leis naturais do Universo (fluxo, dispersão e entropia). Por esse motivo, a dedução lógica da comunidade científica interessada pelo tema é a de que deve existir um *princípio vital* que mantenha os corpos humanos inteiros, sem degradação maior ou decomposição (saúde, entalpia), garantindo a estrutura energética (Regush & Merta, 1989; Drouot, 1996; Epstein & Altman, 1999).

Modelo. Como exemplo, um simples corte na mão passa pelo processo de regeneração espontânea, revertendo a entropia (2ª lei da termodinâmica). As pesquisas da Projeciologia indicam que o psicossoma, corpo objetivo, seria justamente o *modelo organizador biológico*, a matriz paragenética do soma que tem por função manter a integridade do veículo celular, através do corpo energético (Andrade, 1984; Regushi & Merta, 1989; Vieira, 1999a).

Cuidados. A alimentação variada, o sono, a higiene, os exercícios físicos e outros cuidados terapêuticos em geral mantêm as condições básicas necessárias à reposição natural da energia movimentada pelo próprio sistema, quando sadio. Entretanto, os mesmos cuidados, quando adotados por uma pessoa com padrão de *autopensenidade patológica* ou *patopensenidade*, não trazem os resultados esperados. Como exemplo, dois pacientes operados da mesma enfermidade, no mesmo dia, pela mesma equipe, apresentam condições clínicas semelhantes e apenas um deles tem complicações pós-operatórias. Por quê?

Remissão. Segundo a experiência conscienciológica, a pensenidade negativa seria, em parte, a grande responsável. Atuando como dissipadora de energias, permite que fatores intervenientes bloqueiem a correta absorção energética necessária à remissão natural. Mas todo processo energético é de mão dupla: quais seriam as relações entre os erros médicos do profissional *mal assistido* (assediado) e o doente com padrão similar de energias (predisposição)? Má sorte, mera fatalidade ou pensenidades patológicas afins?

Sintonia. Quando esta condição oportunista ocorre – afinidade negativa – os amparadores pessoais e os profissionais extrafísicos da *paramedicina* ficam impossibilitados de ajudar. Aproveitando a sintonia energética entre médico e paciente, os assediadores promovem a intrusão, produzindo os *acidentes de percurso*. Exemplos: a enfermeira comete engano na dosagem da medicação, o médico não chega a tempo para fazer a reanimação, a aparelhagem falha, ocorrem interações medicamentosas inexplicáveis.

Cosmoética. Como resultado, surgem complicações durante o procedimento cirúrgico, no pós-operatório ou na convalescença, podendo levar o atendido a males irreparáveis e até à dessoma. Logo, vale a pena preocupar-se com a *boa* ou *má* assistência, tanto pessoal quanto do profissional, na hora de submeter-se aos seus cuidados. *Diz-me a qualidade da tua pensenidade* (cosmoética) *e te direi a qualidade do teu atendimento.*

Esforço. Quanto mais complexo o sistema, mais diversidade ele apresenta e mais tende à desordem. A evolução é o supremo esforço da consciência na luta contra a entropia – *doença* – no processo de autossuperação constante – *saúde*. Segundo o biogenista e presidente da Sociedade Brasileira de Biogenia e Higienismo, Fernando Trevi , "*a doença é um meio natural de o nosso organismo alcançar a cura*" (TREVI, 2003).

Equilíbrio. A dinâmica física, energética, emocional e mental da consciência é comandada pela pensenidade. A eterna balança entre a *entropia* e a *homeostase* é o que garante a manutenção do equilíbrio energético relativo do holossoma. Para muitos estudiosos, os animais e os homens têm a capacidade inata de buscar aquilo que conduz ao equilíbrio e ao bem-estar. Contudo, a imaturidade costuma fazer com que a maioria escolha mal.

Energodiálise. Para garantir a manutenção da integridade física do soma, o corpo energético (energossoma) bombeia sem parar a energia circundante (energia imanente), para dentro e para fora do sistema (holossoma), garantindo essa espécie de energodiálise.

Processo. Todos os indivíduos dependem dessa dinâmica de filtragem para conservar a saúde física, o ânimo, a automotivação e a disposição diária. O processo é semelhante ao trabalho dos rins, que estão sempre depurando as toxinas do sangue. Cada chacra funciona como conversor da energia, trocando-a e reciclando-a com o meio – homeostase holossomática (Vieira, 2007b).

Defesa. É também conhecida a estreita relação existente entre as glândulas endócrinas e a saúde. Exemplo prático é o timo, localizado no mediastino, responsável pela capacitação de células imunitárias. Na criança, essa glândula apresenta-se superdesenvolvida e, no adulto, fica reduzida de tamanho, continuando a exercer importante papel nos processos de defesa do organismo.

Desempenho. O *cardiochacra*[77], centro energético das emoções, está localizado na mesma região anatômica e parece funcionar em estreita conexão com o músculo cardíaco, o pulmão e o timo. Como dissociar, nas cardiopatias funcionais, a depressão e outras enfermidades de ordem emocional do baixo desempenho imunitário e da sobrecarga sobre o coração? (Levy & Monte, 1998; Pierrakos, 2000).

Bloqueios. Outras conexões importantes entre enfermidade e sistema energético são os casos de obesidade mórbida e a relação com o bloqueio do *umbilicochacra*[78] (subcérebro abdominal, *second brain*). Os bloqueios do *laringochacra*[79] (comunicação afetiva) e problemas na área da garganta (tireoide e paratireoide, por exemplo) também merecem ser estudados (Póvoa, 2002).

Parafisiologia. Os chacras funcionam como *olhos d'água*, poços de energia em constante movimento, sendo responsáveis pela distribuição da energia por todo o campo vital da pessoa. A parafisiologia do energossoma determina, na maioria absoluta dos casos, o fluxo e a energização de cada célula, órgão ou sistema do soma. *Como efeito global, emite uma nuvem de partículas ionizadas ao redor do corpo* (Drouot, 1996; Laskow, 1997;Vieira, 1999a).

Aprofundamento. Para maior aprofundamento no tema holochacra e energossoma, indicamos a seção XVI, *Holochacralidade*, do livro *700 Experimentos da Conscienciologia*, testes 256-291, p. 320-355, e a seção V, do tratado Projeciologia, capítulos 111-116, p. 257-267.

---

[77] *Cardiochacra.* O quarto chacra básico, agente influente na emotividade da conscin, vitalizador do coração e dos pulmões. Vieira, 1994.

[78] *Umbilicochacra.* O chacra umbilical (acima do umbigo) ou relativo à fisiologia e parafisiologia (abdominais) da conscin.

[79] *Laringochacra.* O chacra laríngeo (da garganta) ou relativo à comunicação da conscin.

Energia Imanente (EI) e Energia Consciencial (EC)

Padrão. A *energia imanente* (EI) é o tipo de energia dispersa no Universo, de maneira primária, impessoal, eterna, indomada, natural, que não contém padrão específico de informações. Foi chamada de *prana energia cósmica*, *chi*, *força vital*, *axé* e *anima mundi* dentre outros sinônimos.

Vitalidade. A *energia consciencial* (EC) é a energia imanente absorvida, processada e modulada pela conscin ou consciex, adquirindo características distintas e singulares devido à emissão dos autopensenes. Contém padrão específico de informações e foi chamada de *vitalidade, carisma e força presencial* (Vieira, 1999c). Conceitos como *libido*, *energia mental*, *força psíquica*, também se aproximam da ideia, embora não tenham sido empregados com o mesmo sentido.

Toda matéria é derivada da *EI*.
Toda *EC* deriva da *EI*.

Pegadas. Essa fórmula constitui a chave para a compreensão do carma – comprometimento evolutivo pessoal e grupal. Atuando como lei de ressonância, a trama cármica é constituída pelos filamentos do rastro pensênico que a consciência deixa à sua passagem de modo incessante – pegadas evolutivas. O estado vibracional (EV) profilático voluntário, a ser apresentado em seguida, funciona justamente como equalizador ou acelerador de partículas, afinando o acorde energético produzido pelo holossoma.

Introdução ao Modelo da *Série Harmônica*

(Projeciologia, Seção XVI - cap. 517, p. 979; Vieira, 1999)

Definição. *Série Harmônica* é a sequência infinita de tons, que surge da oscilação estacionária fundamental originada de oscilações elétricas, sonoras e outras.

Sinonímia. Escala harmônica; ordem harmônica; sequência harmônica; sucessão harmônica; série matemática de Joseph Fourier: (1768-1830) (Vieira, 1999a).

Quadro 1. Modelo da Série Harmônica

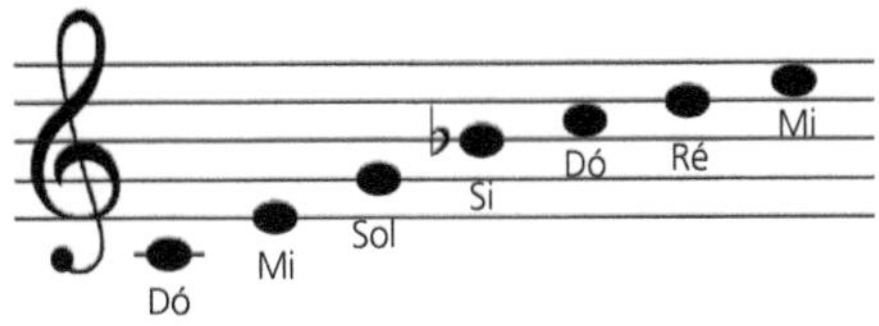

Nota *Dó Fundamental* e seus 6 primeiros harmônicos

Fourier. Ao desenvolver o estudo sobre a teoria analítica do calor, Fourier criou o método matemático que permite a conversão de ondas complexas em ondas simples e vice-versa (Drouot, 1996).

Holopensene. Pode-se estabelecer associação de ideias com a série harmônica, seu espectro infinito de *harmônicos*[80] e os diferentes pensenes-padrão ou holopensenes individuais das consciências, por exemplo, de reconciliação ou de ressentimento transmitidos pelo holossoma.

Fontes. Fenômenos sonoros estão relacionados com as vibrações dos corpos materiais. O som da voz da pessoa é o resultado das vibrações das cordas vocais. Os corpos funcionam como fontes sonoras que, ao vibrarem, produzem ondas longitudinais, propagando-se no meio material sólido, líquido ou gasoso. Situado entre as fontes sonoras está o órgão perceptivo – o ouvido humano ou subumano. Mas o corpo humano não é sólido como parece. É "vazado" como se fosse vapor (Sheldrake, 1990; Laskow, 1997; Pierrakos, 2000).

Questão. Dois instrumentos musicais fazem soar alternadamente a mesma nota, de mesma altura e intensidade. Qualquer pessoa dirá qual é o som da flauta e do violino. Mesmo que nunca tenha ouvido estes instrumentos, poderá identificar dois sons distintos. Por quê? Se a nota-base tem a mesma altura e intensidade, a mesma frequência fundamental, se o ar vibrando

[80] *Harmônico.* Cada um dos sons produzidos numa série harmônica.

carrega o som até a membrana timpânica e ocorre a mesma oscilação, como alguém consegue distinguir a diferença de som entre os instrumentos?

Timbre. Realizando estudos no campo da ótica (ondas luminosas), o pesquisador do século XIX Hermann Von Helmholtz (1821-1894) encontrou a solução para tão intrigante pergunta. A característica diferencial sonora de cada instrumento musical é o chamado *timbre* de cada som. É determinado pela proporção na qual os diferentes harmônicos – intervalos – são ouvidos. O tempo é a variável que responde por essa diferenciação. O holossoma também apresenta tempo diferente de vibração para cada veículo em resposta aos estímulos recebidos.

Ressonância. O nível evolutivo da consciência pode ser medido pelo seu timbre, pela dinâmica vibratória da automaturidade que reverbera em cada veículo do holossoma. Esse estado de expansão abre as comportas da holomemória no paracérebro do mentalsoma, permitindo acesso aos cons magnos inatos do curso intermissivo, aumentando o contato com a multidimensionalidade (Vieira, 1999a). O energossoma e o holochacra aportam vitalidade e envolvem os demais veículos. De acordo com o estado do holossoma, ele produz ressonância maior ou menor, em vários matizes, harmônicos-tons – aura e harmônicos-sons – ideias-emoções-sons = *pensenes.*

Teoria do *Holossoma* ou do Corpo Unificado

Quadro do Holossoma

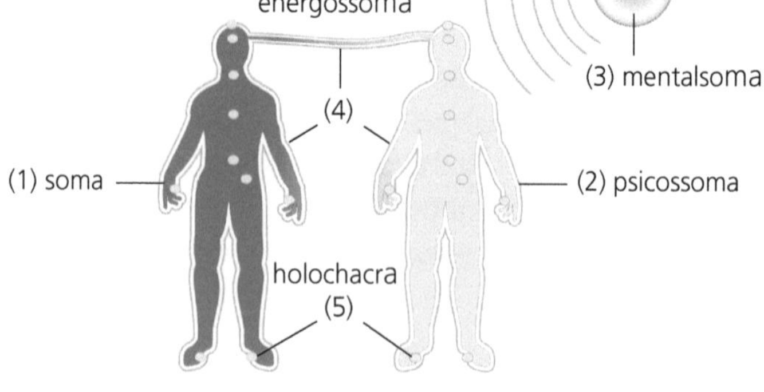

1. **Soma:** células, vibrações mais lentas; fisiologia, genética.
2. **Psicossoma:** partículas fotônicas de vibrações mais sutis (matriz-campo que sustenta o soma); parafisiologia, paragenética.
3. **Mentalsoma:** pensenes, vibrações sutilíssimas; pensene-padrão; matriz mental; paracérebro.
4. **Energossoma e holochacra:** malha energética, elemento propagador, vitalizador de todo o holossoma; psicosfera.

Intervalos. Existem ouvidos humanos que conseguem perceber e distinguir até o 7º harmônico da escala. Outros mal percebem o som fundamental. A série harmônica é infinita, apesar de não detectarmos, na prática, os sons harmônicos (intervalos) muito distantes do fundamental, devido à sua baixa intensidade – sutileza (Vieira, 1999; Pierrakos, 2000).

Vibrações. Os indivíduos sensitivos ou parapsíquicos conseguem perceber, através da visão extrafísica (clarividência), audição extrafísica (clariaudiência) ou percepção das energias (sinalética bioenergética e parapsíquica pessoal), graus diferentes e variadas vibrações da matéria (energia solidificada).

Intensidade. A consciência pode interferir através da vontade forte no timbre do autopensene, ou seja, no espectro emitido pelas próprias energias, enviando mensagens vibratórias modificadas à multidimensionalidade. Para tanto, deverá alterar as relações de intensidade de vários harmônicos, transferindo mais energia de uns para outros.

Domínio. Essa atuação exige perícia que poderá ser adquirida com o desenvolvimento da cosmoética e o domínio progressivo das energias. Com esse objetivo e para aumentar a autodefesa, a consciência deverá tornar-se especialista:

1. Nas *técnicas básicas para o domínio das bioenergias.*
2. No *estado vibracional* (EV) profilático ou terapêutico.
3. Na *assimilação* e *desassimilação energética* simpática (*assim* e *desassim*, mencionadas no cap. 7).
4. Na *sinalética bioenergética e parapsíquica* pessoal.

Pesquisa. Durante os campos energéticos consciencioterápicos do *ECP2*, curso prático de extensão promovido pelo IIPC desde 1993, foram realizados experimentos com quase 100 participantes que tiveram amostras de urina e de saliva analisadas. Na pesquisa coordenada pelo Professor Doutor Hélion Póvoa Filho, membro da Academia Nacional de Medicina, pesquisador internacional e autor de inúmeras obras científicas na área médica, ficou demonstrado que, após a participação no campo bioenergético, houve redução significativa do número de radicais livres (oxidantes responsáveis pelo envelhecimento celular) e aumento de hormônios relacionados ao bem-estar (Muniz; *Técnicas bioenergéticas melhoram qualidade de vida; Consciência em Foco;* ano 1, no 1; p. 2; 2002; IIPC; Rio de Janeiro, RJ).

Malha. Existimos e vivemos, sobretudo, num meio *mental* e *energético.* Desde que a ciência oficial admitiu que o Universo físico é sustentado por uma fina malha energética, é coerente deduzir que é nesse *continuum* que os nossos *pen+sen+es* são emitidos e fluem de modo incessante. Os pensamentos reverberam e se propagam infinitamente, na dimensão energética (*dimener*), produzindo tipo de onda longitudinal que vai buscar, localizar e alcançar uma fonte alimentadora do mesmo padrão, frequência ou sintonia – holopensene.

Complementaridade. Segundo o físico Niels Bohr (1885-1962), que propôs os fundamentos da física quântica, se fosse possível perguntar ao elétron *"você é partícula?"* ele responderia "*sim*". Se a pergunta fosse *"você é onda?"* ele também responderia "*sim*". *Onda ou partícula, energia ou matéria?* Essa dinâmica de resposta, segundo a solicitação, chama-se *Princípio da Complementaridade.* A energia é informação, *onda e/ou partícula.* A ciência admite que a matéria seja energia visível. Compreender estes conceitos ajuda a flexibilizar o modo de pensar e de atuar com as energias (Botsaris, 2001).

Migração de conceitos. Embora nem toda migração de conceitos seja didática, podendo inclusive desempenhar um papel reducionista ou distorcer a compreensão das questões, o paradoxo sobre a natureza da energia é válido como analogia no processo evolutivo. Através dele, podemos melhor compreender a consciência e a dinâmica autoevolutiva. Admitindo as premissas apresentadas, somos constituídos de energia e matéria, objetiva e subjetiva, simultaneamente.

Consciência. Parte do holossoma é constituído mais de energia densa do que sutil – matéria ou energia visível (soma, corpo humano, energia condensada); parte é energia mais sutil ou desmaterializada do que densa (psicossoma e mentalsoma). Através do energossoma, de natureza semifísica, que funciona como condutor, a conscin pode se manifestar, ora preponderantemente na matéria (soma), ora em dimensões mais sutis (projeções da consciência) através dos componentes imateriais do holossoma. *A consciência é sempre mais do que energia.*

Pensenes. Existe, portanto, um gradiente de densidade energética produzindo efeito *degradée* na manifestação do veículo mais denso para o mais sutil (*soma → mentalsoma*), e vice-versa. Atuantes como forma potente de energia, os pensenes podem ser decodificados e qualificados na dimensão física, apesar da natureza imaterial. Podem também ser vistos e qualificados na dimensão extrafísica na condição de *morfopensenes*[81], conhecidos desde a Antiguidade (Laskow, 1997; Vieira, 1999a).

Psicosfera. A autenticidade e a qualidade de intenções na manifestação consciencial poderá ser confirmada pelas energias, não apenas pelo comportamento observável ou pelas atitudes da pessoa. A geração constante de pensenes produz determinado padrão. É ele o responsável pela sutileza / densidade da psicosfera/holosfera da conscin ou da consciex.

Técnica. Ninguém pode defender a pessoa de si própria, da autopensenidade, nem de automorfopensenes. A intencio-

[81] *Morfopensenes.* Pensamento ou um conjunto de pensamentos, quando reunidos e se expressando de algum modo. Expressão arcaica agora em desuso, *forma-pensamento*. A acumulação de morfopensenes compõe o holopensene.

nalidade sincera (cosmoética) é fruto da decisão pessoal. Aparentemente, não há nenhuma técnica conhecida que impeça alguém de pensar e sentir o que bem entender, se assim o desejar. E ainda há quem negue a existência do livre-arbítrio.

Conduta. Sem mudar a autopensenidade e interesses, dificilmente a conscin estará livre das dificuldades geradas pela entropia (desequilíbrio) ou pela falta de energia (dispersão). Muitas vezes, é preciso fazer escolha radical entre mudar a conduta ou adoecer e dessomar (Guzzi, 1998).

Rastreamento. Manifestada multidimensionalmente através do holossoma e dos pensenes, a consciência é, inevitavelmente, atraída pelas próprias pegadas que constituem a sinalização da própria trajetória evolutiva. A pensenidade atua ao modo de sinalizador pessoal (GPS) indicando a posição e permitindo que a consciência seja rastreada e monitorada, o tempo todo, ao longo do processo evolutivo, tanto pelos amparadores como por seus detratores do passado.

Dinâmica. A movimentação evolutiva da consciência consiste em retornar à dimensão ora intrafísica, ora extrafísica para aprimorar a renovação da cosmoética através de experiências originais. Viver a vida humana sob novos ângulos é parte importante dessa dinâmica. Ela garante a mudança de posição no cinturão egocármico/grupocármico em direção ascendente na espiral evolutiva (ver Apêndice A – Quadro da *Espiral Evolutiva*).

Sinal. Esse movimento progressivo vai depender das assinaturas pensênicas deixadas em cada vida. São elas que nos fazem retornar, atraídos para a convivência de determinadas *consciências-ímãs*. Somos imantados justamente pelas energias que mais concentraram o nosso sinal, seja ele poluidor ou libertador. Cada nova vida representa a oportunidade renovada, mais refinada e cosmoética, de dissolver, reciclar e devolver limpa ao Universo, a *EI* que tomamos emprestada, roubamos, condensamos ou poluímos.

"**Descompensação.** É muito comum encontrar uma criança de colo descompensada energeticamente. Seus chacras não estão com as energias balanceadas, funcionando uns com *excesso,* outros com *falta.* Tal fato ocorre devido, não raro, a brincadeiras, risadas excessivas, nervosismo, pessoa característica (energívora, vampiro ou dreno humano) que rouba energias conscienciais, ou outra que cede energias negativas. O mesmo ocorre com animais e plantas" (Vieira, 1999a).

Carência. Muitas vezes, é o adulto que apresenta o problema. Com o tempo, a descompensação pode atingir órgãos físicos, produzindo enfermidades. Nestes casos, eventualmente, a pessoa sadia pode doar energia mais equilibrada de maneira voluntária ou involuntária, compensando, temporariamente, a carência do necessitado.

Meio. Contudo, a energia não cura. É apenas meio e não atinge o âmago do problema. Daí a importância da própria pessoa atuar como agente de mudanças, participando ativamente na remissão de condições indesejáveis que ela própria ajudou a criar. Ninguém deveria estar eternamente na dependência de outros para manter o sistema energético pessoal equilibrado e desenvolvendo a autossuficiência bioenergética relativa.

Saúde. Para evitar condições indesejáveis, buscar a solução autógena é sempre o ideal. Com o tempo, as técnicas bioenergéticas são aprendidas e dominadas, passando a garantir o controle relativo do equilíbrio energético pessoal, com objetivo mais profilático do que terapêutico. Falar em saúde é falar em bioenergias.

Síndrome de *Burnout*[82]

Sinonímia. *Perder fogo, perder energia, queimar-se, autoimplodir-se, autoexaurir-se, autocombustão* e estafa são traduções literais do termo empregado para definir o quadro de esgotamento

---

[82] *Burnout.* Termo cunhado pelo psiquiatra Herbert J. Freudenberger em 1974 no livro *Estafa – O alto custo dos grandes empreendimentos – o que é e como sobreviver. (Burnout: The High Cost of High Achievement), 1991.* (V. Bib. e Infog.).

ou exaustão mental, emocional, física e energética. A síndrome foi detectada primeiramente em profissionais da pedagogia, professores, educadores e *caregivers*[83] (Maslack, Christina; University of California – Berkeley / Jackson, Susan E. – Rutgers University, 1981).

Etiologia. Os portadores da síndrome apresentam estafa emocional, despersonalização, desenvolvimento de emoções negativas, falta de envolvimento pessoal na atividade, cinismo, endurecimento afetivo, desinteresse pela profissão e *hábito de coisificar* pessoas. Para os interessados, o *house organ* IIPC News, nº15, ano 4, dez. 2002 traz o trabalho das professoras Adriana Lopes e Tânia Ferraro aprofundando o entendimento do quadro (V. Bib.).

Evasão. Essa é a triste condição de muitos profissionais vivendo sob estresse crônico. Como exemplo: economistas, enfermeiros, médicos, recepcionistas, controladores de tráfego aéreo, operadores de pregões da bolsa de valores e outros. Muitos deixam a profissão por não conseguirem bancar as condições energéticas tóxicas dos ambientes e das pessoas com as quais se relacionam (Codo, 1999; Patarca-Montero, 2000).

Colapso. A maioria desses profissionais termina a jornada diária doente pela assimilação das energias, pelas intoxicações por elas produzidas e pelo desconhecimento das técnicas de desassimilação energética propostas pela Conscienciologia. A condição do *colapso energético* é a macrodescompensação aguda provocada pela reação energossomática em cadeia, que se dá após o bloqueio súbito de algum dos chacras, chegando a contaminar todo o energossoma e quase paralisar todo o sistema energético individual. Eis, a título de exemplo, 5 tipos de queixas comuns aos portadores da síndrome de *burnout:*

1. Sensação de desfalecimento.

---

[83] Prestadores de cuidados e serviços.

2. Dores agudas de origem inexplicável, principalmente na altura do baço (*esplenicochacra*[84], responsável pela distribuição da *EI* no holossoma).
3. Vertigens e tonturas fortes.
4. Visão turva.
5. Fadiga, desânimo e outros.

Mundo. Nestes casos, o mais sábio é não cair na preguiça ou *deixar prá lá*. Desde o início das alterações energéticas e emocionais, indicadas pela sinalética pessoal, é preciso agir e rápido. Vale a pena largar tudo, se recolher onde for possível (até no toalete), para proceder à desassimilação, não importa o que pensem todos. A energia potencializa para pior ou para melhor, o padrão do mundo emocional das consciências.

Contágio. A atenção redobrada e a instalação do estado vibracional *(EV)*, próxima técnica a ser apresentada, contribuem para impedir o aprofundamento da assimilação negativa, mantendo a situação sob controle até o retorno à condição de normalidade. Os 5 a 15 minutos pós-contágio são decisivos, pois quando a pessoa percebe, *já foi, já era, é tarde demais.*

Conexões. A dispersão ou atenção saltuária é das maiores inimigas da autodefesa energética. A detecção imediata da presença de consciexes doentes (seres extrafísicos enfermos ou alterados) pode ser feita, por exemplo, através do *chacra nucal*[85]. A sensação é de peso nas costas e de pressão desconfortável na nuca. O ideal é proceder às técnicas energéticas que serão de grande valia, se aplicadas com rapidez nesse caso. Não se pode ignorar as conexões entre os casos de síndrome de *burnout* (fadiga crônica) e a melancolia intrafísica (*melin*), mencionada nos capítulos 4, 6 e 8 (Patarca-Montero, 2000).

---

[84] *Esplenicochacra.* Centro de energia localizado na região do baço, que desempenha importante papel na distribuição da *EI* para todo o holochacra da conscin.

[85] *Chacra nucal.* Centro de energia localizado na região da nuca, que desempenha importante papel nos acoplamentos extrafísicos, entre conscins e consciexes.

Técnica da Mobilização Básica de Energias (MBE)

Limpeza. Como foi visto, o corpo humano (soma) possui invólucro energético (energossoma) que, por sua vez, possui centenas de milhares de bocas energéticas (holochacra), funcionando como órgãos interdependentes de parapercepção. A técnica da mobilização básica de bioenergias (MBE) é processo simples e eficaz desenvolvido pelo médico brasileiro Waldo Vieira (1994). Consiste na varredura energética promotora da checagem pessoal, processando a limpeza e assegurando a autodefesa relativa do energossoma.

Movimentos. Admitindo-se a hipótese de que cada poro seja um *chacra* atuando como ponto de entrada e saída de energia, três movimentos básicos garantem sua *circulação (circuito fechado), exteriorização (soltura de energias conscienciais) e absorção (captação de energias imanentes)*. Há muito folclore, exagero, superstição e fantasia cercando o tema energias. Muitas pessoas demonstram receio (prudência?) ao aprender os rudimentos para lidar com elas. Acham que pode ser perigoso, por exemplo, fazer manobras com as próprias bioenergias, tementes ao risco de absorver energias negativas.

Ignorância. Não há atividade humana completamente inócua ou despida de riscos relativos. Mas a conduta-padrão nesse caso é: *melhor saber do que ignorar.* Pior é sofrer as consequências do desconhecimento, como vem acontecendo há milênios com a maioria quase absoluta da humanidade. A ignorância não constitui forma de autodefesa.

Capacidade. Do mesmo modo que o efeito placebo, já comentado no capítulo 1, pode ativar a capacidade natural de autocura nos seres humanos (não funciona com os animais), o *efeito nocebo*, a crença no poder negativo de algo ou de alguém sobre nós, pode afetar a saúde psicológica ou física de pessoas sugestionáveis. Como exemplo, às vezes um simples comentário sobre o mau aspecto de alguém basta para que, de fato, o alvo da heterossugestão passe a sentir-se doente.

Técnica do Estado Vibracional (EV) Profilático

Definição. O estado vibracional é a técnica que utiliza a ação da vontade para produzir uma varredura energética, acelerando a frequência vibratória de todo o energossoma – campo energético pessoal. Esta simples providência pode promover a desintoxicação energética, compensando e restabelecendo o livre fluxo das energias conscienciais (*ECs*) tanto da conscin como da consciex (Vieira, 1994).

Rédeas. É problemático apenas para quem sofre de preguiça crônica para tomar nas mãos as rédeas da própria energia. Empregado com tenacidade, automotivação e autoesforço renovado, o *EV* pode ser tanto profilático (autodefensivo) como terapêutico (curativo).

Procedimentos para a Autodefesa Energética através do Estado Vibracional:

1. Ficar ereto, com os pés separados um do outro.
2. Cerrar as pálpebras.
3. Deixar os braços caírem ao longo do soma.
4. Dirigir o fluxo da bioenergia, pela *impulsão da vontade,* da cabeça até às mãos e aos pés.
5. Trazer de volta o fluxo de sua bioenergia, dos pés até a cabeça.
6. Repetir estes procedimentos por, pelo menos, 10 vezes, sentindo e discriminando o fluxo da energia varrendo os órgãos do seu soma.
7. Aumentar, gradualmente, a velocidade ou o ritmo da *impulsão* do fluxo da energia pela vontade decidida.
8. Expandir, ao máximo, a intensidade ou o volume do fluxo da energia consciencial por dentro e por fora do seu soma.
9. Instale, por fim, o Estado Vibracional.

Repetição. Todo o procedimento pode ser repetido, de início, 20 vezes por dia, em condições, situações e circunstâncias diferentes (Vieira, 2003 a).

Aderências. Quando treinado, o *EV* atuará como *acelerador de partículas,* produzindo efeito de ressonância e reverberando por todo o holossoma. Tal processo aumenta a descoincidência do holossoma e permite desagregar as cargas de energia em inércia aderidas, de maneira insuspeitada, à psicosfera do interessado. Atuando como segunda natureza defensiva, o *EV* patrocina a desassimilação das aderências tóxicas que persistem em mesclar-se de modo constante à aura do indivíduo.

Energograma. O *EV* intencional constitui, portanto, importante ferramenta no processo de autocura *(autocuroterapia),* baseada na parafisiologia ou na fisiologia holossomática multidimensional da consciência. Com o passar do tempo, a prática do *EV* garante ao interessado o energograma diário com desintoxicação constante, eliminando cargas tóxicas das *ECs* assimiladas de ambientes e pessoas. Com isso, a conscin mais lúcida garante mais saúde e autodefesa nos inter-relacionamentos.

Metáfora. Alguns pesquisadores conhecem os efeitos do estado vibracional que, por se tratar de processo natural, pode ocorrer de modo eventual e espontâneo. Referem-se a ele como *tremor mioclônico, fluxo energético, mangueira com água correndo, dedo na tomada* e outras metáforas. Contudo, apesar da boa intenção e da boa vontade, esses observadores detectam apenas o sintoma visível (resposta fisiológica) desconhecendo, muitas vezes, a origem (*para*fisiológica) e os benefícios terapêuticos do processo. Tampouco fazem referência ao uso de alguma técnica volitiva para a promoção do fenômeno (LeShan, 1995; Greenwood & Nunn, 1999).

Intrusão. Ainda que utilizemos todos os procedimentos corretos, não existe, até o momento, nenhuma técnica de compensação energética autógena ou executada por terceiros (imposição de mãos, benzedura, passe, *reiki* ou outras), que amplie ou garanta 100% de autodefesa energética à pessoa. Como exemplo, vale comentar que mesmo as sensações típicas do *EV* podem ser simuladas no energossoma e no soma de alguém pela consciex doentia, enganando a conscin inexperiente, criando a ilusão de "proteção" e defesa justamente contra a intrusão extrafísica.

Patopensenidade. Admitindo-se a teoria do pensene, o pensamento nasce da intenção, fruto da capacidade volitiva da consciência. A emoção ou o sentimento é conduzido pela energia, com padrão de maior sutileza e aceleração (energia positiva / *dinâmica*) ou de maior densidade e lentidão (energia negativa / *estagnada*).

Atitudes. A energia recebida de fora, por maior quantidade ou qualidade que apresente, não garante a mudança de uma única ideia doentia mantida pelo portador ou portadora de autopatopensenidade. Há dezenas de atitudes cotidianas, aparentemente inofensivas, ingênuas, que, no entanto, prejudicam o indivíduo, atrasando a conquista da tão necessária autodefesa energética. Eis 4 exemplos práticos dessa realidade:

1. **Roupas.** Pessoas pouco assertivas preferem, geralmente, roupas em tom pastel (síndrome do bege), na tentativa de ficarem neutras usando cores desbotadas e sem presença (homem ou mulher *invisível*), mesmo conhecendo as vantagens sobre a importância da marca pessoal. *Qual é o seu estilo pessoal? Qual a relação dele com as próprias energias?* Outros insistem nos tons escuros (marrom, negro, azul-marinho), muitas vezes conhecendo, em teoria e prática, as repercussões pouco favoráveis destas escolhas. Não somos partidários da cromoterapia ou de algo similar para melhorar a personalidade de alguém, pois teria efeito apenas paliativo, nada resolvendo do ponto de vista da autopesquisa.

Cores. Entretanto, se desejamos realmente firmar nossa presença energética (força presencial), deixar fluir a energia através do soma e dos elementos que ele porta, é bom observar o efeito psicológico e energético das cores claras ou mais vivas e alegres como otimizadoras do processo energético (Vieira, 2007b).

Mistura. Além de estar associado a higiene física, importante também nesse caso, o branco, por exemplo, é a cor universalista, formada pela *mistura de todas as cores.* Por outro lado, cores escuras, o preto por exemplo, formado pela *ausência de cores,* atuam como bloqueadoras da energia imanente.

Pista. Estudar as preferências pessoais (afinidade) por determinado tipo de roupa ou cor pode ser uma pista valiosa sobre o passado existencial da pessoa. Como exemplo, a relação do uso de cores escuras com mosteiros, abadias e conventos.

Filosofia. A herança religiosa sobre a vestimenta faz com que muitos deem pouca atenção aos aspectos físicos, considerados mundanos e até desprezíveis por certas pessoas que adotam a filosofia ectópica da vida monástica: "*A forma não importa, pois tudo na vida humana é ilusório e passageiro. O que vale é a essência*".

Domínio. Essas considerações, embora recomendadas em casos de excesso de vaidade, não se aplicam quando se trata do desenvolvimento da energia pessoal. Os cuidados com todos os detalhes da aparência otimizam a obtenção de maior força presencial, domínio, organização e autodefesa das energias do energossoma.

2. **Alimentação.** Tema polêmico, no qual as posturas ortodoxas se cristalizam ainda mais. O folclore espiritualista prega que a dieta vegetariana seria a via de acesso mais rápida para a evolução. Não consumir a carne morta de animais garantiria ao praticante da dieta sutileza cada vez maior das energias, além de testemunhar o seu respeito à vida.

Dieta. Contudo, admitindo a teoria do pensene como base, o *pen* do pensene, a ideia ou intenção, aparece *antes* para conferir qualidade às energias conscienciais. Portanto, quem tem cosmoética bastante para respeitar a vida, em todos os níveis, imprime naturalmente essa qualidade e sutileza à própria energia, ainda que a dieta adotada inclua a proteína animal.

Considerações. *Para que eu me alimento? Para me manter sadio(a) e para que minhas bioenergias sejam utilizadas na assistência aos demais.* Se esse for o caso do(a) leitor(a), sinta-se à vontade e procure ser o(a) mais cosmoético(a) e universalista possível na dieta tanto alimentar quanto assistencial, mas principalmente pensênica.

Prato. Comida é simplesmente *combustível*, bioenergia reciclada para manter o nosso sistema ativo e para servir aos demais. Não adianta priorizar vegetais se nossa pensenidade se mantém *agrotóxica*. Muitas vezes, somos convidados para almoços e jantares *chiquérrimos*, em que acabamos drenados, na condição de prato principal *(piéce de resistence)*, doando as bioenergias para amenizar as carências dos presentes, intra ou extrafísicos.

Salada. A partir desta reflexão, considerações filosóficas ficam secundárias quando se trata da comida. Quem dera que comer somente salada, por exemplo, contribuísse para mudar um único aspecto egoísta ou anticosmoético das consciências. De que adianta tanta seletividade na alimentação se os pensamentos e as emoções tóxicas permanecem?

Compatibilidade. Outro lado da questão: *e a autodefesa energética? Sem oferecer a densidade energética compatível, como garantir a qualidade da assistência prestada à maioria das consciências que se apresenta energívora e voraz?* Cada conscin deve refletir sobre a melhor opção. É o mesmo caso da compatibilidade para a doação de sangue. Para ajudar é preciso ter compatibilidade relativa.

Memória. A experiência pessoal desta autora durante quase seis anos de dieta de baixa proteína animal (por motivo não religioso) deixou sequelas tanto na diminuição da qualidade da memória, como no sono irresistível, elementos extremamente prejudiciais ao estilo de vida, interesses intelectuais e assistenciais. A autodefesa energética foi comprometida durante o processo.

3. **Estilo pessoal.** Outro importante elemento organizador da energia, além da escolha cuidadosa de cores, é o cuidado com a aparência em geral. A definição do corte de cabelo, da armação dos óculos, do tipo de calçado, de joias ou bijuterias não é mera perda de tempo ou vaidade tola.

Ativadores. No caso da mulher, tanto as mais jovens quanto as de idade madura deveriam perceber a importância e os efeitos positivos do bom uso da maquiagem discreta, do esmalte ou outros recursos que, quando bem dosados, sem vulgaridade, funcionam como ativadores da energia pessoal.

Padrões. A situação dos homens é praticamente a mesma. Também para eles a escolha certa de padrões e cortes é muito importante. Sem descobrir o estilo pessoal não se constrói o carisma cosmoético – força presencial. Personalidades constantemente energizadas têm presença marcante e parecem possuir parassentidos especiais na identificação de pontos favoráveis nos ambientes, chamados *locais de poder*, nos quais as energias se apresentam positivas, com bom fluxo.

4. **Objetos.** Com o uso, os objetos ficam imantados pelos pensenes dos portadores. Muitos são considerados verdadeiros "bagulhos energéticos" devido às cargas nocivas de *ECs* que possuem. Quadros, anéis, bibelôs, fitinhas, fotos, *souvenirs* de viagem representam, muitas vezes, reservatórios de energias negativas ou tóxicas. O ideal é livrar-se das *quinquilharias energéticas* criando o ambiente *clean* para desimpedir o fluxo das energias (Vieira, 1999b).

Autodefesa. Apesar de todos os cuidados, nenhuma dessas providências isoladamente dará a garantia da autodefesa de que a pessoa precisa. Entretanto, todos esses bons hábitos diários em conjunto atraem mais energia imanente (EI) para o(a) portador(a).

Qualidade. Muitas conscins se preocupam em desenvolver a autodefesa contra as energias tóxicas recebidas e assimiladas de fora. Daí a busca desesperada do método, técnica ou ritual, de preferência infalível, que venha a defendê-las dos inevitáveis furtos e intrusões alheias. No entanto, poucas parecem inquietar-se com a qualidade das próprias energias emitidas através da autopensenidade.

Antídoto. A experiência aponta que sem a mudança do padrão pensênico individual para níveis mais éticos jamais chegaremos a desenvolver a autodefesa energética. A afinidade é resultado da semelhança de padrões. Com a adoção da cosmoética, conquista-se maior imunidade relativa. Como já foi comentado, além dos cuidados e das técnicas, o nível maior de interesse real pelo bem-estar dos semelhantes – *conscienciofilia* – e o altruísmo sincero – *assistencialidade* – aliados ao autodiscernimento podem funcionar como potente antídoto natural para as intoxicações energéticas.

Exercícios. Os benefícios práticos da mobilização básica de energias (MBE) e do *EV* profilático são enormes, contudo, como toda providência prática simples e eficaz, seu domínio constitui grande desafio. A pessoa motivada e dedicada, praticando os exercícos diariamente, ao menos 20 vezes por dia, alcançará, após aproximendamente 3 anos em média, bom nível relativo de autodefesa energética. Lembramos, entretanto, que a autodefesa real é a impecabilidade pensênica, a ortopensenidade e a cosmoética crescente dos interesses – autoincorruptibilidade (Vieira, 2007b).

O que *cura* é a mudança cosmoética de *postura*.

Trocas. Estamos permanentemente "respirando" pensenes pessoais e alheios, através do energossoma. Concluímos que, semelhante ao processo das trocas respiratórias, o processo de trocas energéticas determina a qualidade da saúde e do bem-estar da conscin. Outro importante aspecto a ser considerado é o mapa da sinalética energética e parapsíquica pessoal, composto pelos sintomas físicos e pelos sinais energéticos pessoais.

Parapercepções. Quando alguém diz que *se sentiu mal em tal lugar, que teve tremores quando passou perto de determinado objeto, que experimentou sentimentos de angústia quando pensou em fulano, teve* insight, *intuição, pressentimento ou premonição,* está se referindo às próprias *parapercepções.* São sensações vividas diariamente, típicas de quem percebe as energias através de seus sinais inconfundíveis, estabelecendo através deles as próprias conexões com os fatos.

Sinal. Parapercepções são informações e estímulos advindos das dimensões extrafísicas (multidimensionalidade) e captados pelo energossoma através de sentidos parapsíquicos mais sutis. A repetição desses sinais permite ao interessado sua decodificação, estabelecendo conexões bastante acertadas entre acontecimentos e sensações pessoais singulares. Com o tempo, tornam-se inconfundíveis e são mais confiáveis do que qualquer outra impressão: ao detectar o sinal, a pessoa já sabe o que ocorrerá depois.

Rapport. No corpo físico, essas impressões são detectadas como sintomas e, no corpo energético – energossoma ou holochacra –, são percebidas como um conjunto de sinais personalíssimos, inconfundíveis, que compõem a sinalética energoparapsíquica individual. O sintoma vem depois do sinal. Sentir não quer dizer interpretar corretamente. A maioria das pessoas não sabe fazer a leitura das próprias energias, desconhecendo os sinais de alarme ou de alerta recebidos pela sinalética. Ao promover contatos energéticos – *rapport* – patológicos com ambientes e/ou pessoas pode-se, às vezes, sair contaminado.

Pessoas-Esponja. A absorção inconsciente ocorre pelos indivíduos que, por onde quer que passem, arrastam para si as energias tóxicas de ambientes e de outras pessoas. São chamados de *arrastões, para-raios, esponjas, vassouras* ou *antenas energéticas.* Pessoas com este perfil estão sempre se queixando de desconforto e reiteradas descompensações energéticas sem causa aparente, das quais são alvos frequentes.

Ressaca. São conscins que apresentam o campo energético (aura e psicosfera) aberto, de modo inconsciente; são "desligadas" demais para proceder à correta discriminação e à pronta defesa. Quando se dão conta, o pior já aconteceu. O passeio no *shopping,* a simples saída à noite, a boate, o barzinho para o inocente chope e lá vem a dor de cabeça desproporcional e os processos de intoxicação através das energias – ressaca energética *(energetic hangover)*.

Acoplamentos. As assimilações energéticas, geralmente, não são percebidas no momento em que acontecem. A maioria ignora que ninguém sai imune dos contatos interconscienciais. Alguém *perde* ou *ganha* energia. No entanto, poucos podem avaliar de quanto foi a perda, o tamanho do estrago, se houve e qual foi o nível de contaminação da aura pessoal após a exposição às energias tóxicas. Muitas sensações detectadas são dos outros, não são pessoais, caracterizando os *acoplamentos áuricos*[86] com assimilações.

Descontaminação. De acordo com o tempo e a qualidade dos teores tóxicos da exposição, os mais diversos tipos de intoxicação podem ocorrer. Variam, portanto, o tempo de exposição, a intensidade da assimilação e a qualidade energética do processo (quanto mais emotividade entrópica e egoísmo, mais profunda a assimilação). Para proceder à descontaminação, o posterior *EV* continua sendo a técnica mais indicada, além da mudança de padrão pensênico ou mudança de bloco – higiene consciencial (Vieira, 1994; Balona, 2006).

Assim. Como já visto na teoria do pensene apresentada no capítulo 3, absorvemos, de maneira constante, ideias e emoções alheias através das energias. A assimilação energética simpática ou *assim* pode ser benigna e até intencional quando tem fins assistenciais, como acontece na modalidade terapêutica da Conscienciocterapia ou durante a tenepes.

> **Autointoxicação.** Quem absorve as *ECs* alheias, sem saber desassimilar o percentual nocivo dessas *ECs*, pouco a pouco se intoxica, energeticamente, de maneira automática e inevitável em suas circunstâncias, conjunturas ou injunções humanas.
>
> **Efeitos.** A intoxicação energética (miniassédio inconsciente) – a causa – começa por desconforto ou irritação, e se instala por um colapso na área de menor resistência

---

[86] Acoplamentos áuricos. Interfusão das energias holochacrais entre 2 ou mais consciências.

orgânica, diagnosticado por seus efeitos: úlcera gástrica, obesidade (certos casos), tabagismo, depressão, estafa, tensão, outros distúrbios e efeitos patológicos (Vieira, 1994).

Clearance. Sabe-se pouco, ainda, sobre os mecanismos de filtragem, de regeneração, restauração e remissão de causas e sintomas das enfermidades. O tempo para a recuperação das transfusões de energia entre doador e receptor é variável para cada caso. As sensações podem ser percebidas de mil formas através da *energodiálise* – trocas energéticas. Ao modo do processo renal, responsável pela depuração (*clearance*) do sangue, o corpo energético também precisa de tempo variável para excretar a energia saturada (Balona, 2006).

Sensações. Os atributos energéticos apresentam certo padrão. As consequentes respostas ou sensações fisiológicas variam ao infinito para cada pessoa: pressão, vibrações, calafrios, inspiração, certeza íntima, alterações emocionais diversas. Essas sensações não devem ser classificadas, *a priori,* como boas ou más, embora sejam recebidas como agradáveis ou desagradáveis. Há sintomas provocados pelas energias, na realidade seus efeitos, que podem ser detectados, ao modo desses 9 exemplos a seguir:

1. Alterações súbitas na regulação térmica do soma;
2. Bem-estar;
3. Bocejos;
4. Contrações cranianas;
5. Lacrimejamento;
6. Percepção de brisas;
7. Picos de lucidez;
8. Sensação de arrepios;
9. Sensação de vibração e/ou eletricidade.

Síndrome. Com o tempo, com a repetição das circunstâncias e das posteriores consequências, cada indivíduo acabará fazendo associações próprias, identificando cada efeito, chegando a mapear a própria sequência de sinais, atribuindo-lhes valor e significado correspondente. Outro aspecto a considerar é que, à medida que a intoxicação aumenta, as sensações desagradáveis podem levar a pessoa ao quadro emocional de irritabilidade surda e súbita (sensação *pré-desastre,* desânimo, esgotamento, síndrome de *burnout* / assédio).

Comportamento. A assedialidade corresponde à condição comum e insuspeitada em que vive a maioria dos seres humanos. Sofrendo constantes alterações internas e externas, cada indivíduo capta cargas nada desprezíveis de ideias, sentimentos, emoções e energias tóxicas (holopensenes), o que acaba adulterando ou influenciando o comportamento de maneira imperceptível ou até mesmo gritante. Essas influências podem tornar-se crônicas responsáveis pelos surtos de *labilidade parapsíquica emocional*[87].

Associações. Embora recebidas de fora (*outside influences*), essas impressões podem afetar a visão do mundo e dos fatos, a produtividade, a saúde e os resultados diários das conscins. É esta a condição normal e natural que atinge também, animais e plantas. Sem estabelecer associação entre os fatos, por exemplo, as mudanças de ânimo e o fator energético, o alvo humano poderá exacerbar suas condições entrópicas (desorganizadas), chegando ao colapso energético (exaustão súbita e acidentes físicos), já comentado nesta seção.

Intensificação. O ideal, nesse caso, seria evitar fazer associações simplistas do tipo: *deve ter sido algo que eu comi; devo estar com a pressão baixa;* ou: *não me sinto bem devido àquela discussão que tive ontem.* Atribuir-se culpa pelo que está sentindo, associando a percepção à alguma condição pessoal similar negativa, favorece a intensificação da *assim* ou assimilação simpática.

Sustentabilidade. Segundo especialistas da Conscienciologia, é preciso evitar o gráfico energético desbalanceado ou "com muitos altos e baixos" no dia a dia, oscilando entre o *excesso* ou a *falta* de energia. Com esforços continuados, muita persistência, boa dose de disciplina e algumas técnicas básicas, gradualmente

---

[87] Curso temático da autora no Youtube: Humor Instável em Personalidades Sensitivas (Labilidade Parapsíquica).

torna-se possível subir a média energética diária de manutenção e sustentabilidade pessoal.

Proéxis. O homem é o único animal capaz de ter consciência de si em nível mais sofisticado – autoconsciência –, adaptando seu comportamento de maneira voluntária a cada situação. Dos mais importantes aspectos da programação existencial, a reconciliação com os companheiros de evolução cria novas oportunidades para todos. É bom lembrar que o taxímetro da proéxis não para de rodar.

Operações. A consciência reconciliadora que adota postura assistencial precisará de muita energia para fazer a manutenção desta decisão pacífica. Como protagonista do desassédio pessoal (autodesassédio) e grupal, não poderá se posicionar de maneira ingênua perante as energias antagônicas circundantes. Principalmente nas assimilações propositais e inevitáveis, inerentes ao processo interassistencial, o praticante utilizará técnicas para promover a desassimilação. Desse modo, evitará a ressaca energética posterior às operações de rastreamento, sondagem intencional positiva e diagnóstico energético.

Potencial. A reconciliação põe a consciência decidida em destaque. Permite criar a linha de integração entre a vida íntima e a manifestação social e parassocial da conscin. Sendo uma postura mais arrojada perante a evolução, atrai a simpatia dos amparadores que não perdem a oportunidade de fortalecer esta decisão madura. O domínio relativo das próprias energias torna-se fundamental nessa etapa. O ritmo, a intensidade, a frequência, a profundidade e a sinceridade da autopesquisa determinam o *potencial de cura* (domínio energético) que será agregado diariamente à vida intelectual e afetiva dos interessados.

Capítulo 11

Autocura: Demonstração da Hipótese

Ideia-força: *Amparabilidade*

Paradoxo: *Egoísmo-Altruísta*

Técnicas (2): *Aplicação da Inteligência Contextual (IC)*

Tenepes – Técnica ou Tarefa Energética Pessoal

Quadros (4): *Quadro da Evolução Consciencial*

Quadro 2: Modelo da Série Harmônica Desafeto/Hostilidade: Superposição de ondas em oposição de fase

Quadro 3: Modelo da Série Harmônica Reconciliação: Superposição de ondas em fase

Quadro do Metrônomo Interassistencial

Filme: *Um Homem Especial (The Gifted One)*

Retrospectiva. No livro *Síndrome do Estrangeiro,* foi possível acompanhar a catarse cosmoética de autossuperação da conscin na luta contra a pressão holopensênica da vida humana e da própria imaturidade emocional – *egocarmalidade.*

LOC. No afã de entender-se ou compreender a paraetiologia da problemática de natureza egocármica, o portador ou portadora da *SEST* se lança na reivindicação e na heterocrítica implacável de mão única (LOC externo[88]). No entanto, o mecanismo

[88] *LOC externo / LOC interno. Local of control*, local de controle externo ou interno. Núcleo de controle de Rotter, J.B. Psicologia. Schermerhorn, Jr. John R., Hunt, G. James & Osborn, Richard N.; 1999; p. 62-66. Codo, Wanderley & Vasques-menezes, Iône; 1999; *Locus of control – 21st Century Discipline*; Dr. Jane Bluestein; *locus* de controle interno e externo do *self;* citado por Branden, 2002 (V. Bib.)

de defesa do deslocamento só irá distanciá-lo, cada vez mais, da autocrítica, levando o ego ao beco sem saída da frustração.

Conviviologia. Quando utilizada como rota de fuga da realidade íntima, a heterocrítica, por mais aguda ou correta que seja, em nada atenua o peso do egocarma. Pelo contrário, sob a pressão do egoísmo pessoal, contaminará ainda mais a problemática de natureza grupocármica.

Movimento. No capítulo 5, ressaltamos a importância da heterocrítica, indispensável para a qualificação da autocrítica. Cabe-nos agora, portanto, a responsabilidade de aprofundar o entendimento desse aparente paradoxo na autopesquisa.

Problema. Cansada de pedir para si e de fazer o jogo da culpa alheia, a consciência percebe finalmente que há outros necessitados de ajuda. Aos poucos, vai calando o vozerio interno do ego, abre mão da cota de reclamação, e reivindicação, passando a buscar soluções para o próprio problema relacional. Começa a compreender que:

> As reconciliações extrafísicas, o encontro com afetos e desafetos, presentes e passados representam manancial de conhecimentos que otimizam a maturidade, aliviam a pressão da vida intrafísica e permitem uma visão mais realista da autoevolução e da heteroevolução (Balona, 2006).

Abordagem. Para fazer a recomposição grupal pela autorretratação, será preciso reciclar a criticidade para atingir níveis mais cosmoéticos. A heterocrítica, quando sadia, aplicada ou recebida, enriquece a autocrítica validando os dados da autopesquisa. Por outro lado, se a autoabordagem está distorcida por inferências, há comprometimento dos dados tornando os resultados inválidos.

Criticidade. Com o objetivo de oferecer instrumentalidade técnica às conscins ainda inexperientes na aplicação da criticidade, o IIPC e o Centro de Altos Estudos da Conscienciologia

(*CEAEC*) oferecem, desde 1999, o curso sem pré-requisito *Imersão Heterocrítica de Obra Útil*.

Publicações. No curso, os participantes elegem por votação, dentre dezenas de livros propostos, aquele que mais se afiniza com o perfil da turma. As obras são previamente selecionadas pela equipe técnica interdisciplinar, oferecendo publicações de diversas áreas da ciência: epistemologia, educação, filosofia, psicologia e outros (Vieira, 1999c).

Resenha. Durante 3 dias, o participante aprenderá a desenvolver a *consciência crítica,* tendo como objeto-alvo a obra escolhida. O resultado da avaliação comporá a resenha que deverá ser apresentada até o final do curso. Quando localizado, o autor da obra é convidado a comparecer ao final do evento para ser sabatinado *ao vivo* pelos resenhistas.

Personalidade. Com objetivo similar, o IIPC, em Brasília, DF, desenvolveu, de 2000 a 2012, *Oficinas de Ciência e Cultura*, atividades no estilo *workshop,* com duração variada, destinadas à formação dos colaboradores voluntários da instituição. Dentre outras práticas, o participante aprendia a avaliar – conscienciometricamente – uma personalidade genial, viva ou dessomada, expoente de alguma área do conhecimento humano ou notória pela autossuperação.

Empatia. Dos aspectos mais proveitosos deste treinamento é a inserção do contexto histórico na análise das ações do biografado favorecendo a aplicação da inteligência contextual (IC). Esta dinâmica, também conhecida como *técnica do espelho,* permite aos interessados elaborarem considerações heterocríticas colocando-se no lugar do analisado – empatia –, considerando o holopensene da época, a cultura e o contexto histórico da vida do protagonista.

Isenção. Durante a dinâmica, identificam-se preconceitos, erros de abordagem, lacunas de informação e outras variáveis que comprometem a avaliação dos participantes. Os coordenadores da atividade aproveitam para elucidar os elementos contaminadores da isenção na autopesquisa dos analistas.

Inflexibilidade. A técnica leva o interessado ou interessada a identificar seu nível de rigidez e de inflexibilidade mental. Com a mudança de postura e aprendendo a considerar a máxima quantidade de variáveis intervenientes, os participantes enriquecem a própria autoanálise, quebrando a rigidez psicológica na autopesquisa (Takaki & Takaki, 2003).

Ambiguidade. O resultado das avaliações comporá uma listagem consensual de talentos (*trafores)*, inexperiências (*trafares)* e traços faltantes (*trafais*) do biografado, chegando à síntese do *megatrafor* e *megatrafar* desta pessoa-alvo. Ao criticar, de fora, os elementos que pautaram a seriéxis e a provável proéxis do personagem, os participantes aprendem a dar os devidos descontos sadios na hora de exercer a autocrítica, aprendendo a lidar com a ambiguidade cosmoética (Vieira, 2001).

Desdramaticidade. Este novo posicionamento leva em consideração as imaturidades pessoais e a influência do holopensene da época – *Zeitgeist.* Através da heterocrítica equilibrada, o participante aprende a separar autocrítica de autoculpa, tornando-se mais isento para analisar com nível razoável de desdramaticidade os fatos da própria vida.

Rudimentos. A aprendizagem da autobenignidade no exercício da autocrítica trará reflexos cosmoéticos para a heterocrítica, sendo de utilidade inestimável na prática interassistencial. Surgem aqui os rudimentos da postura consciencial do *binômio admiração-discordância* apresentado no capítulo 5.

Aplicação da Inteligência Contextual

Atributo. Nesse ponto, as inteligências contextual e paracontextual tornam-se atributos magnos a serem aplicados. Através delas, a consciência trará com sucesso, para a vida humana, os valores relativos ao seu *curso intermissivo* (CI).

Curso Intermissivo (CI) + Inteligência Contextual (IC)

Avaliação. Este módulo de inteligência exige o uso da flexibilidade mental, adequando a consciência à manifestação espaço-temporal e multidimensional, facilitando a avaliação mais correta das necessidades pessoais e alheias (Vieira, 1994).

Estratégia. No campo da reconciliação e da interassistência, muitas decisões e iniciativas têm resultado desastroso devido à falta de cosmovisão. Embora a estratégia empregada esteja perfeitamente adequada quanto ao contexto intrafísico, em cada caso é preciso considerar a abordagem multidimensional no uso do polinômio *consciência-hora-lugar-objeto-contexto*. Torna-se imprescindível desenvolver a acuidade do autodiscernimento – hiperacuidade – na hora de avaliar:

1. A própria posição no momento evolutivo no qual a consciência se encontra.
2. A posição do outro ou dos outros a quem se pretende ajudar.
3. O tipo e a quantidade maior possível de variáveis interatuantes.
4. As circunstâncias anteriores, atuais e futuras (*timeline*, contexto histórico, cronologia, holobiografia).

Realismo. Ao reconhecer, aceitar e entender o ponto onde se encontra no aqui-agora (incluindo companhias, ambientes e outros), a consciência tem mais chances de rever o que for preciso, adaptando-se de maneira realista. Como poderá modificar aquilo que ela nem sequer admite, que não percebe ou que ainda nega?

A autoaceitação é o passaporte para o entendimento da própria realidade evolutiva. O inconformismo sadio quanto ao nível atual motiva a consciência a sair em busca dos próximos desafios.

Implicações. O posicionamento realista em nada se parece com o temperamento pessimista. Personalidades catastróficas estão sempre à espera da materialização do pior. Pessoas realistas planejam a vida e não são ingênuas, considerando as implicações *antes* da tomada de decisões. Tampouco estão despreparadas para os imprevistos ou surpresas negativas, considerando uma certa margem de erro.

Compulsão. O pessimismo é distorção perceptiva baseada na imaginação. Desconectado da realidade, reduz as chances de acerto da consciência. Agir com base apenas naquilo que para si representa a realidade pode levar à compulsão (Kaplan, Sadock & Grebb, 1997).

Inteligência Intelectual (II) *versus* Inteligência Evolutiva (IE)

Lógica. *Aplico a inteligência contextual para me autocompreender e compreender os outros? E para selecionar e escolher as prioridades?* Esta questão é pertinente para saber se possuímos pelo menos os rudimentos da *Inteligência Evolutiva* (IE). Utilizamos apenas a "lógica" da inteligência intelectual? A conduta pragmática em excesso pode conduzir a muitos enganos no uso do trinômio *autoavaliação–decisão–ação.*

Encaixo a multidimensionalidade apenas nas *sobras* ou em todas as *dobras* do meu cotidiano?

Motivo. O ser humano comum segue, de modo inconsciente, vida após vida, alheio às consequências evolutivas imediatas ou tardias das próprias escolhas e atos, vítima das próprias decisões imaturas. Amnésico quanto à origem extrafísica, só se lembra dela para solicitar ajuda quando tudo está pegando fogo. Estilo *corpo de bombeiro.* Deseja tomar o trem da evolução, mas, quando ele começa a andar, esquece o destino e o motivo da viagem.

Autominese. A conscin pode deixar-se facilmente entorpecer pela mímica da vida – *automimese* –, repetindo atitudes já superadas e fugindo dos desafios. Esquece que parte deles foi planejada por ela própria antes de renascer. Sofre justamente porque esqueceu o que veio fazer na vida humana: *superar o egocarma para participar do grupocarma de modo competente* (Princípio da Grupalidade).

Cenários. Somente quando desenvolve a capacidade de montar "cenários" passados e futuros com os dados que possui, antes de tomar a próxima decisão, é que ela adquire a habilidade contextual. No processo de reconciliação, isto é fator determinante, pois é preciso antever as diferentes saídas para cada conflito. Sem considerar os aspectos multiexistenciais e multidimensionais, não há propósito na vida humana.

Redefinição. Saber posicionar-se, considerando o fato no próprio contexto, implica em maior visão de conjunto e cria abertura para novas opções de análise. A redefinição constante das prioridades revela o uso da *inteligência contextual* (IC), que é parte crítica da *inteligência evolutiva* (IE) (Vieira, 1994; 1999a).

Seleção. Aumentando o nosso universo de escolhas, expandimos o autodiscernimento. Mais dia, menos dia, em prol do próprio futuro evolutivo, cada conscin é convidada pela vida a rever as escolhas anteriores. O uso da inteligência contextual abre para o interessado a melhor seleção de oportunidades – *cardápio autoevolutivo.*

Desperticidade e Reconciliação

A desperticidade (condição do ser *des*assediado, *per*manente, *to*tal) é o estágio evolutivo mais avançado a ser conquistado pelo *Homo sapiens* pré-desperto. Pode ser consolidado ainda na vida atual, desde que a consciência mantenha décadas consecutivas sem intrusão pensênica (mini-assédios inconscientes eventuais).

Óbice. Consiste no aprimoramento da cosmoética em tal nível – incorruptibilidade – que a personalidade torna-se imperturbável perante o assédio intra ou extrafísico. Nada nem ninguém mais constitui óbice para seus passos na trajetória evolutiva demarcada.

Quadro da Evolução Consciencial

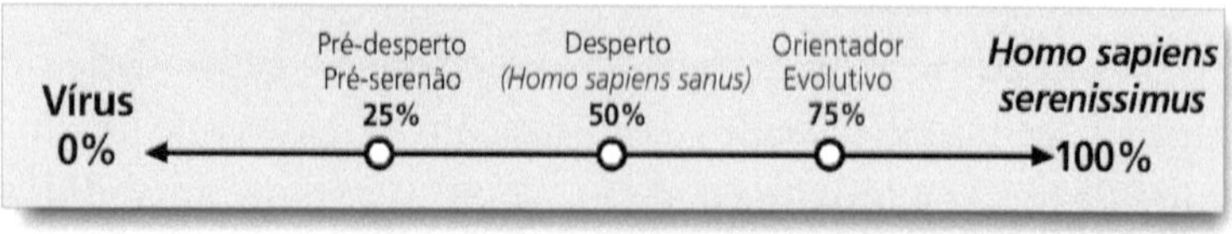

Mecanismo. O estágio evolutivo do *Ser Desperto* define para a consciência a conquista da ampla liberdade de evoluir em harmonia com o fluxo do Cosmos – *Autoconscientização Multidimensional* (AM). Para alcançá-la, é prioritário associar os mecanismos da reconciliação com os da interassistência:

1. Como enfrentar, com desassombro crescente, os duelos energéticos com as consciexes mais perturbadas? Com a serenidade de quem está em paz consigo.
2. Como assistir aquela conscin ou consciex mais enferma? Com o máximo possível de imperturbabilidade mental.
3. Como entender o conflito alheio com empatia? Superando as autocorrupções que levam ao preconceito e à condenação mental.
4. Como caminhar, imperturbável, diante do antagonismo e da incompreensão alheia? Com a crescente harmonia interior do microuniverso pessoal.
5. Como promover a evolução pessoal e alheia (uso da inteligência evolutiva)? Com a prática da auto e heterorreconciliação.
6. Como alcançar a reconciliação? Com a visão interassistencial sobre os princípios conscienciais.

Performance. De acordo com o exposto, a consciência interessada na desperticidade não poderá fugir da assistência ao egocarma (autorreconciliação) e ao grupocarma (heterorreconciliações), caso queira aprimorar a performance evolutiva. Quantas dezenas de vidas incorruptíveis serão necessárias para consolidar esse estágio? Não se sabe ao certo. Qualquer conscin, mesmo professor(a), conscienciólogo(a), epicon (epicentro consciencial) ou desperto, estará ainda, por algum tempo, sujeito aos retrocessos, aos mata-burros da vida, notadamente os de base afetiva (gargalos evolutivos), até fixar-se no neopatamar.

Conscienciofilia e Empatia Cosmoética

Técnicas. Quando se trata de auxiliar, amparar, ajudar ou assistir o outro, há muitos caminhos produtivos e válidos, já expostos. Contudo, no que toca à evolução pessoal e à maturidade, a consciência tem sempre o direito de escolher o melhor, tanto para si quanto para oferecer aos outros. No capítulo 1, vimos a necessidade da definição de objeto, campo, método e instrumento para iniciar a autopesquisa. Nesta etapa, buscamos selecionar as técnicas mais avançadas para assistir o(a) outro(a):

1. Qual é a mais eficaz?
2. É preciso usá-las ou a simples postura mental bem intencionada basta?
3. A boa vontade resolve o problema da assistência?

Atravessadores. A variedade de linhas terapêuticas e de opções para assistir é enorme: vai desde a prece sentida (energia) até o uso de muletas psicológicas mais antigas, tais como promessas e rituais que, embora úteis, são meros *atravessadores* já dispensáveis no caminho entre o assistente e o assistido.

Abrir espaço íntimo para
a *interassistencialidade* agiliza a *autocura*.

Assistência. As relações entre *reconciliação, evolução pessoal e autocura* foram amplamente demonstradas ao longo desta obra. Até aqui, a pesquisa foi apoiada em centenas de trabalhos de diversos autores da Ciência convencional, além da Conscienciologia. Chegou o momento de relacionar *autocura* com *assistência*. Dentro da especialidade da *Interassistenciologia*, é esta a relação que a *Conscienciologia* permite aprofundar.

Para quê assistir o outro?

1. *Por que devo assistir?*
2. *Não basta perdoar?*
3. *Por que ainda tenho que ajudar?*
4. *Qual é a relação entre assistência e autocura?*

Conceito. O processo de causa e efeito, razão maior do nosso ciclo multiexistencial, indica que a evolução é educativa, terapêutica e autocurativa para todos os envolvidos. O conceito é autoexplicativo.

Proéxis. Assistir é procurar retribuir tudo aquilo que de bom recebemos na evolução, doando de volta o resultado da experiência pessoal adquirida. Ela agora será aproveitada com sucesso, de modo profilático ou terapêutico, para o bem-estar de outros, menos experientes. Toda proéxis de melhor nível valoriza a reconciliação e a interassistencialidade. O descumprimento dessas "cláusulas contratuais" compromete o desempenho de personalidades até muito positivas e dotadas (Vieira, 2003 b).

Gabarito. A programação existencial é baseada nos *traços-força*, talentos conscienciais desenvolvidos ao longo de multiexistências. Não é calcada nas debilidades e fraquezas – *traços-fardo* –, aspectos imaturos ainda carentes de experiência. Ao optarmos pela reconciliação, aceitamos já ter os elementos e o gabarito necessários para concretizá-la, conquistando traços faltantes (*trafais*).

Inexperiência. Com o objetivo de contribuir para a melhoria das condições gerais, sejam elas físicas, energéticas, emocionais, psicológicas ou mentais, o epicentro consciencial motivado pela assistência começa a receber orientações especializadas dos amparadores pessoais. São eles os inspiradores das ideias que contribuem para cobrir possíveis falhas e a inexperiência humana no campo assistencial.

Bases. Decidida a assistir, a consciência agora sabe que não precisa esperar *a santidade cair do céu* para participar. Aprenderá fazendo. Nascem as bases do fraternismo genuíno, pré-requisito para a atividade interassistencial. Gostando mais de si – autoestima sadia – a conscin motivada pelo altruísmo desenvolve a força presencial, a empatia e o carisma com característica de irresistibilidade, responsável pela sedução cosmoética, própria da isca assistencial extrafísica lúcida (Vieira, 2007b).

Inclusão. O afeto sincero e crescente pelas outras consciências – *conscienciofilia* – garante a qualidade da neoetapa autevolutiva. A conscin-assistente sente que os *para*olhos da multidimensionalidade acompanham todos os seus passos. A partir de então, a cada novo lance da vida, utiliza o paradigma da inclusão, indagando: *"E os outros?"*, como faz o prof. Jean-Pierre Bastiou em seu livro *O Globe-trotter da Consciência* (BASTIOU, 2002).

Ciclo. Dando o primeiro passo consciente, pouco a pouco, vida após vida a consciência construirá a neopersonalidade interassistencial. O carma pessoal (*egocarma*) será gradualmente identificado, depurado e superado até o esgotamento do autopensene egocêntrico. Dessa forma, a consciência se libertará, deixando de ser a eterna vítima de si própria, passando a socorrer as prováveis vítimas do passado. Através da assistência aos demais, aprofunda o seu entendimento do carma grupal (*grupocarma*) e da cosmoética. Sabe que esta pode ser *a vida da virada,* que mudará para sempre o nível do ciclo multiexistencial pessoal (*CMP*).

Amparadores. Com o aumento da experiência interassistencial, a conscin também aprende a zelar de modo responsável pela própria integridade. Já não se expõe gratuitamente no ato de assistir, nem atua de maneira ingênua, passiva e imatura perante os amparadores. Sabe que eles conhecem melhor do que ela própria suas necessidades autoevolutivas. Toda proéxis é, antes de tudo, autoassistencial. Por isso, a conscin passa a pedir menos e a oferecer mais. Quanto mais maduro o tipo de assistência a ser prestado, mais prudência, *visão curva* e acuidade serão exigidas. A conscin mais madura participa e coopera mais, evitando dar trabalho excessivo.

Combate. A consciência se esforça para cumprir a parte que lhe cabe, executando cada vez com mais propriedade o que dela se espera. Nesta etapa, desaparecem os últimos resquícios de medos e autoinseguranças descabidas. Sabe que, dali para frente, não haverá mais espaço para regressões psicológicas, fragilizações, autovitimizações e justificativas pueris. Passa a fazer desse combate seu caminho obrigatório, a opção mais útil ao desenvolvimento da maturidade. Sabe que as imaturidades e as autocorrupções estão com os dias contados.

Cobranças. Como ficou demonstrado no capítulo 3, a cosmoética nos leva a assistir os outros, ainda que sem querer, de modo compulsório, sem alternativa, devido às cobranças evolutivas naturais do determinismo – carma, lei de causa e efeito. Contudo, essa não é a forma de auxílio ideal, a da *ajuda sem querer*, a do acerto involuntário através do erro repetido.

Compreensão. Na condição de exemplo, quando somos autoritários e intolerantes, quem convive conosco pode desenvolver a paciência cosmoética se puder aplicar a compreensão. Quando os amparadores não podem aproveitar os resultados da maturidade consciencial, aproveitam as lições das imaturidades para beneficiar quem esteja mais disposto a aprender (LUZ, 2014).

Interconsciencialidade. Há opções mais inteligentes, por exemplo a qualificação da intencionalidade. A cada momento, a cosmoética nos convida a escolher a ajuda aos demais como forma de qualificar o livre-arbítrio. É quando entendemos o caráter indescartável do binômio *interassistência-evolução*. E os amparadores deixam na nossa mão: *agora é com você. É você que decide. Quer participar?*

Paradoxo do *Egoísmo-altruísta*

Altruísmo. "O altruísmo assistencial, solidário, puro e vivido é o único recurso real e definitivo para sustar a drenagem bioenergética consciente e inconsciente entre os princípios conscienciais" (Vieira, 1999a).

Estresse. No *Quadro Básico de Autopesquisa (Dialética Egoísmo / Altruísmo)*, visto no capítulo 1, apresentamos a base do movimento necessário para o fluxo energético ideal. A expressão *egoísmo-altruísta* foi proposta pelo médico pesquisador Dr. Hans Selye (citado nas páginas 45 e 190). Apresentador da primeira definição de estresse como elemento essencial à vida, é autor de mais de 30 obras médicas e centenas de artigos científicos sobre o tema.

Padrão. Embora a energia do Universo pareça fluir de fonte desconhecida e inesgotável, paradoxalmente a maioria dos seres humanos vive energeticamente faminta, atuando na condição de escoadouro por não conseguir manter o nível mínimo razoável de energias pessoais sadias. Falta de conhecimento ou esforço em prol da autoevolução através da melhoria do padrão autopensênico.

Dispersão. Neste processo, o egoísmo desempenha importante papel, estreitando a entrada *(energia imanente – EI)* e ampliando a dispersão *(energia consciencial – EC)* das energias. Esta atitude anticosmoética leva à entropia, contrariando as leis naturais baseadas no fluxo contínuo de energia através dos sistemas semi-abertos ou individualidades holossomáticas.

Energia. A pensenidade egóica é responsável pela "*autofagia*" de consciências que, de modo inconsciente e improdutivo, consomem, a energia absorvida avidamente do Cosmos e de outros seres vivos. Quando imatura, a consciência desperdiça ou polui a energia imanente (*EI*) e rouba a energia consciencial (*EC*) das demais.

Furto. A postura mental egocêntrica torna a conscin energeticamente insaciável, sem conseguir fixar a quantidade mínima de energia necessária ao autopropósito de vida. Consequentemente, ela furta a energia disponível que encontra pela frente, tanto da natureza quanto de outros seres vivos (conscin *seca-pimenteira*). O furto energético ocorre, portanto, em primeiro lugar, a partir da pensenidade energívora do necessitado (vampirismo).

Codependência. Por essa razão, como forma de tratamento para estes casos, os passes energéticos, a digitopressura, a homeopatia ou a acupuntura são meros paliativos. Sem o trabalho pessoal de reciclagem existencial (recéxis), mudança de posturas mentais e atitudes, verdadeiras causas do problema, ele não será sanado, nem a codependência energética patológica será evitada.

Realismo. Quanto às energias, a lei natural da evolução é *quem precisa, pega, ou quem tem mais, doa*. Melhor doar com o consentimento prévio, de maneira voluntária e consciente, aprendendo algo em troca e assumindo o realismo interassistencial, do que ser energeticamente roubado, o tempo todo, sem proveito algum.

Tipos. A conscin motivada pela autopesquisa, consegue com certa facilidade identificar tipos básicos de consciências: aquela mais simpática (assediada eventual), a outra mais antipática (assediada mais permanente) e ainda a que se apresenta quase apática (*não fede nem cheira*), indiferente ao processo.

Empatia. O quarto tipo, mais raro, é a da assistente empática, que transmite empatia (*empátheia*, do grego, *entrar no sofrimento*) e é capaz de colocar-se no lugar do outro. Esta abordagem é pré-requisito para o sucesso de todo procedimento assistencial (Vieira, 1998).

Consener. A mágoa, o rancor e o ressentimento são grandes dissipadores-bloqueadores de energia (*nós*, bloqueios, emoções negativas, inércia). São emoções que tanto bloqueiam a absorção de energias, quanto impedem a sua saída (trocas, reciclagens). Manter tais posturas, base do vampirismo energético, transforma a consciência enferma ou hostil em *consener* – consciência energívora – na dimensão física ou extrafísica (Vieira, 2003 c).

Ordem. É possível concluir que o combate gradativo ao egocentrismo esteja na base de sustentação da evolução pessoal e grupal. É justamente o autoesforço, o progresso relativo, que atrai, acentua e aumenta a intensidade do fluxo de energia do Universo na direção do microuniverso consciencial. Desse modo, a homeostase é mantida, inserindo cada vez mais a consciência, na ordem natural do Cosmos, na condição de minipeça do maximecanismo interassistencial.

Autoassistência. Pelos motivos expostos é forma inteligente de egoísmo relativo dedicar tempo/espaço pessoal à autopesquisa e às práticas energoassistenciais, que contribuirão, dia a dia, para a reciclagem de experiências e de conhecimentos dos interessados.

Disponibilidade. A boa notícia é que não será preciso esperar pelo estado de plena maturidade (*holomaturidade*), que tudo na vida esteja perfeito, para finalmente nos dedicarmos aos outros. O egoísmo-altruísta é justamente a postura que prioriza o aprendizado pessoal em todas as circunstâncias, com disponibilidade íntima simultânea para servir a todos.

Interassistencialidade sem santidade.

Manutenção. Quando as consciências se dedicam a serem melhores pessoas, com autopensenidade mais cosmoética, desoneram o Universo na manutenção das energias pessoais. Desse modo, os amparadores extrafísicos são liberados e os companheiros de evolução são poupados do ônus das nossas necessidades individuais básicas. Logo, sendo um a menos para ser atendido, contribuímos muito.

Se eu melhoro, todos ganham.

Técnica da Tarefa Energética Pessoal *(Tenepes)*

Profissionalismo. Com o objetivo de alcançar o profissionalismo interassistencial, busca-se eleger o melhor, o mais avançado, aquilo que traga para o praticante e os atendidos os melhores rendimentos evolutivos. Qual é a proposta assistencial mais eficaz para a relação *assistente-assistido?*

Tenepes. A técnica da *tarefa energética pessoal* é a prática interassistencial de ponta que traz resultados objetivos para todos os envolvidos. Apresentada pelo médico e parapsíquico Waldo Vieira, seu idealizador e praticante há décadas, a *tenepes* integra as 8 modalidades terapêuticas básicas utilizadas pela Conscienciaterapia. Segundo Vieira: "*Uma das finalidades da tenepes é conduzir a consciência humana à desperticidade*" (Vieira, 1994; 1995; 1999a).

Autodefesa. A prática adotada diariamente pelo resto da vida, em horário fixo previamente definido, tem como pré-requisitos básicos alguma experiência parapsíquica, o domínio da autodefesa energética, por exemplo, através do *estado vibracional* (cap. 10), a afinidade com o processo assistencial (interassistencialidade) e a intimidade relativa com os amparadores pessoais. A base física estável, vida afetivo-sexual organizada e a independência econômico-financeira relativa também são importantes.

Paraprocedência. Quem deseja especializar-se na prática da tenepes pode aprofundar a leitura do livro *Manual da Tenepes*, cuja 1ª edição data de 1995. Uma das maiores vantagens da técnica é manter o praticante diariamente conectado com a autoparaprocedência, através do contato com os amparadores, tanto próprios como dos assistidos (Vieira, 2007b).

Ausência. A alienação quanto à origem extrafísica, mal humano do qual sofrem tantas consciências (ex.: *síndrome do estrangeiro)*, pode ser amenizada com a prática interassistencial, que vem justamente preencher a ausência da conexão multidimensional que instala a síndrome de abstinência do *curso intermissivo* (CI).

Matéria. Todas as terapias deveriam ter como fundamento a autocura. As terapêuticas energéticas apoiadas na natureza vibratória do energossoma são pesquisadas pela ciência há mais de 1 século. Os resultados da teleterapia energética, executada por terceiros, já foram comprovados em diversos experimentos científicos. Contudo, a energia não cura, apenas recompõe a matéria (Laskow, 1992; Gerber, 1992; Druout, 1996; Brenann, 1996).

Modalidade. Classificada dentro do campo de ajuda à distância ou teleajuda, a tenepes constitui modalidade terapêutica extremamente eficaz. Seu diferencial é o desbloqueio energético de assistentes e assistidos, favorecendo a melhoria da autopensenidade ou autocura dos envolvidos.

Estrutura. Pesquisas realizadas com o máximo rigor indicam que a intencionalidade humana (vontade + energia), quando dirigida, altera inclusive o desenvolvimento de culturas bacterianas, agindo com as mesmas propriedades e potência de certas substâncias químicas. Este processo permite modificar inclusive a estrutura molecular da água. A água corporal total no adulto masculino médio (70 kg) responde por 55% a 60% (cerca de 40 litros) da massa total (Dossey, 1996; Sabiston & Lyerly, 1996).

Ectoplasma. Devido a esta composição, a influência das energias imanentes e consciencias sobre o soma torna-se potentíssima, podendo provocar mutações na estrutura do meio celular – ectoplasma. Para os interessados, buscar o trabalho *Os Efeitos da Vontade Humana sobre um Modelo Bacteriano*, dos doutores E. A. Rauscher e Beverly Rubik, ambos Ph.D., publicado em *Psi Research*, março de 1983, p. 38-47. O resumo das pesquisas mencionadas foi publicado pelo Dr. Leonard Laskow (v. Bib.).

Pesquisa. Há um trabalho publicado nos Anais do 1º Congresso Internacional de Projeciologia (I CIPRO) realizado no Rio de Janeiro, fazendo referência aos efeitos das bioenergias no soma (Ferraro; Steiner & Tractemberg, 1991). Skip Atwater, pesquisador e membro do *Instituto Monroe*[89], situado no Estado de Virgínia, EUA, pesquisa há décadas a influência e os resultados da doação de energias com o objetivo de cura ou remissão de sintomas de enfermidade, dentre outros aspectos (Atwater, 1999).

Resultados. O projetor consciente Dr. Patrick Drouot, físico francês, autor de inúmeras publicações e utilizador da

---

89 *Instituto Monroe.* Instituição de pesquisa fundada por Robert Monroe (1915-1995), inventor e projetor consciente norte-americano, dedicado ao estudo da projeção consciente e processos correlatos.

projecioterapia como modalidade terapêutica, foi sujeito de várias dessas experiências. Os resultados demonstraram a validade do trabalho de cura à distância combinando técnicas bioenergéticas e experiência fora do corpo voluntária.

Evolução. A revista médica *Archives of Internal Medicine* publicou um trabalho realizado com 900 pacientes cardiopatas (que sofrem de enfermidades cardíacas), no *Hospital Saint Lukas*, nos Estados Unidos, demonstrando os resultados na evolução clínica dos pacientes-alvo de ajuda à distância (Botsaris, 2001). Estes resultados promissores indicam a importância do conhecimento e do uso da energia para fins terapêuticos e assistenciais.

Metrônomo Interassistencial: Dinâmica da Isca Extrafísica Lúcida

Sinal. A partir do sinal verde para a assistência, amparadores experientes passam a desenvolver o processo parapsíquico da conscin predisposta, agilizando a autocura através da assistência aos outros – heterocura. Eles compreendem a falta de experiência da maioria das consciências no campo interassistencial e quanto ela será necessária para o alcance da holomaturidade – maturidade integral.

Soltura. Pela prática contínua da *tenepes* o processo de descoincidência dos veículos de manifestação é então treinado, ocorrendo a soltura cada vez maior do corpo energético do praticante. Outros estímulos externos, tais como choques, impactos e aproximação de consciexes sadias ou enfermas, ou internos, como processos emocionais e evocações, também contribuem de modo espontâneo para aumentar a abertura entre os veículos – *descoincidência.*

EAC. Com a intensificação do fenômeno, a consciência aprende a transferir o comando do veículo mais denso – soma – para o mais sutil – mentalsoma –, criando novas nuanças paraperceptivas. Os processos interassistenciais de natureza extrafísica ocorrem a partir dos *estados alterados da consciência* (EAC) e da descoincidência relativa do holossoma do parapsiquista (Drouot, 1996; Vieira, 1999a).

Movimento. Em certos contextos assistenciais, a descoincidência promove um movimento pendular no holossoma do assistente, similar ao do metrônomo (instrumento que marca o compasso ou o ritmo da música). Os veículos de manifestação são deslocados, expandindo as autoparapercepções.

Quadro do Metrônomo Interassistencial

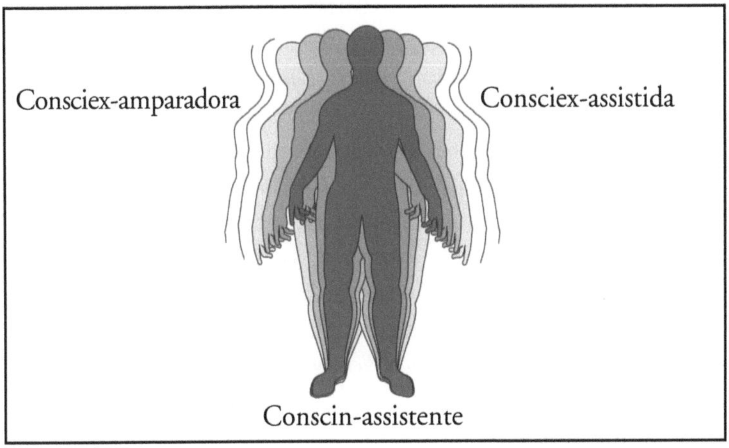

Reeducação. Com o apoio técnico da equipe extrafísica, essa cadência é utilizada para promover a reeducação de *assistentes* e *assistidos,* através de um mecanismo singular:

1. **Ações.** O *amparador-técnico* se aproxima do holossoma do assistente, intensificando com ele o acoplamento benigno. Com objetivos parapedagógicos, ampliam-se os sentimentos de fraternismo e generosidade, que se mesclam às energias do doador. Através deste filtro cosmoético, são inspiradas ações que a conscin ainda não é capaz de realizar ou reproduzir por si (Vieira, 2002a).

Compreensão. O *assistente* sente bem-estar indescritível durante o processo, compreensão maior de si e principalmente do *assistido.* Seus sentimentos de esperança, altruísmo e tranquilidade se mesclam à certeza íntima de que, com a superintendência de seres mais evoluídos, tudo sairá bem.

Conquista. Através deste filtro assistencial, a conscin-assistente antevê que no futuro evolutivo, dependendo dos próprios esforços, este bem-estar, incomum para o ego, será parte da autorrealidade íntima, conquista pessoal inalienável. A intimidade com a psicosfera do amparador a faz refletir: *se depender de mim, eu serei igual a você amanhã.*

2. **Aproximação.** Simultaneamente, o *amparador-técnico* aproveita o estado de equilíbrio íntimo momentâneo do *assistente* para fazer a aproximação extrafísica daquela *consciex enferma,* alterada, cujo mundo consciencial é a voragem ou turbilhão de desatinos.

Oásis. Neste contexto, o acoplamento patológico de natureza desagradável impregna por algum tempo a psicosfera da conscin-assistente. Comparando-se ao desvario do enfermo atendido, ela valoriza o estado íntimo de bem-estar do qual desfruta como conduta-padrão. Consequentemente, não esquece o nível de perturbação que já deixou para trás na trajetória evolutiva, valorizando o oásis relativo em que hoje vive *(psicosfera-medicamento).*

Constatação. A momentânea intimidade com a consciex enferma faz a conscin-assistente refletir: *eu já fui igual a você ontem.* Esta constatação configura o papel da isca assistencial consciente. Logo, a diferença entre fazer assistência na condição de isca extrafísica lúcida ou estar assediado(a) é a percepção e entendimento ou o desconhecimento das próprias parapercepções durante a dinâmica assistencial.

Empatia cosmoética. Nesse contexto, a concin-assistente conclui: *posso compreender o que você sente por que também passei por isso. Contudo, reconheço: esse não é mais o meu universo íntimo.*

Para-anamnese. Com a continuação do treinamento, a conscin-perdoadora-assistente aprenderá inclusive a promover assimilações simpáticas intencionais com a psicosfera de consciências doentes. Através da auscultação extrafísica acessará o prontuário do atendido, procedendo à para-anamnese, ao diagnóstico e, em conjunto com os amparadores, à prescrição terapêutica mais indicada.

Erro. Lamentavelmente, há equívocos comuns de interpretação do sensitivo ao fazer a fusão do processo do *assistido* – assédio, doença – com o próprio processo – do *assistente* – isca extrafísica lúcida voluntária. Esse erro de abordagem pode ser fatal para quem pretende assistir. Por exemplo, pensar que a dor de cabeça, que a angústia e o medo são próprios, que o mal-estar súbito é apenas físico. *Não é permitido ficar distraído.*

Parapsicoses. Através do movimento *para*didático do metrônomo assistencial, a conscin-assistente tem a oportunidade de saber para onde está indo – visão de futuro – sem perder de vista o próprio passado recente de ignorância, trecho já percorrido e onde se encontram milhares de companheiros, ainda envoltos nas psicoses do assédio cronicificado.

Distinções. Com o suporte técnico dos amparadores, vivencia-se o fenômeno da *consciência tripla,* própria da isca extrafísica lúcida, estabelecendo as seguintes distinções:

1. A realidade íntima pessoal de saúde relativa da *conscin-assistente* hoje – ambivalência.
2. A realidade íntima patológica do *enfermo-assistido,* condição já deixada para trás pela *conscin-assistente* – autossuperação.
3. A realidade íntima *sadia* dos respectivos *amparadores-assistentes* a ser alcançada no futuro próximo, dependendo dos autoesforços da *conscin-assistente* e do *enfermo-assistido.*

Sanidade. Com a abordagem intrusa ou doentia do assistido, o aprendiz de amparador tem a oportunidade de redefinir seu neoposicionamento mental – pensene-padrão atual sadio. Sua autodefesa depende da confirmação dessa recém-conquistada saúde relativa. Ao mesmo tempo, tal atitude funciona como lição parapedagógica de valorização do patrimônio evolutivo recém-adquirido. O *posicionamento pessoal sadio é a autodefesa.*

Mecanismo. Além de se tornar *aprendiz de amparador (Escala da Consciência Contínua;* Vieira, 1999a), com o mecanismo evolutivo de mão tripla todos ganham:

1. O *assistido* alivia a própria pressão psicológica pela proximidade, ainda que eventual, com modo de pensar mais hígido, contudo ainda próximo do nível autoevolutivo. (Relação *assistido-assistente).*
2. O *amparador* é gratificado com a reeducação do seu *amparando* (aprendiz de amparador), aproximando-o mais do próprio nível. (Relação *amparador-amparando-assistido).*
3. O *assistente* lucra com a melhoria das condições do *assistido*, ao aproximá-lo mais do próprio nível. (Relação *assistente-assistido).*

Conclusões. As inexperiências do *amparando* e as patologias do *assistido* também são úteis para o progresso do *amparador*. Para o aprendiz de amparador é importante desenvolver o *senso de amparalibilidade,* situado além da assistencialidade. Amanhã, num outro contexto evolutivo, os mesmos amparadores que, hoje, contribuem com o *know-how* para o desenvolvimento do gabarito assistencial das conscins poderão ser chamados à condição humana, confrontados com as próprias pendências evolutivas.

Auxílio. Neste neocontexto, contarão também com a nossa amparabilidade no cumprimento das proéxis conjuntas. E estaremos a postos, oferecendo de volta os préstimos que ora recebemos. Todos necessitamos do auxílio e da cumplicidade cosmoética uns dos outros, para enfrentarmos os *trancos e barrancos* da vida humana – *auto e heterorrevezamentos multiexistenciais* (Vieira, 1994).

Sustentabilidade. Para descobrir o que é saúde não é preciso experimentar a doença, nem há motivo para desânimo perante a possível falta de evolução dos nossos companheiros de convivência. Contamos com ajuda especializada e muita mordomia evolutiva para participar. E na *escola (correcional)-hospital (psiquiátrico)* da Terra, é melhor atuar como *professor-médico* do que ser apenas *interno-paciente.*

Fraternidade. A precisão da abordagem define a qualidade da assistência. Por isso, a importância de evitar o ranço místico-religioso na hora de ajudar, dissociando *ajuda* de *caridade*. É contraproducente mesclar fraternidade com autoculpa ou consciência pesada.

A intencionalidade define a diferença entre *assistencialismo* e *assistencialidade*.

Compaixão. O praticante do *assistencialismo*, geralmente, desconhece técnicas assistenciais. Supõe que está lá para resolver o problema do outro. Na tentativa de agradar e consolar o assistido, descuida da defesa e baixa a guarda, adotando posturas ingênuas, emotivas e lacrimosas. Com isso intensifica as assimilações energéticas diretas e improdutivas – *rapport assistente-assistido*.

Manipulação. A chamada "caridade", embora bem vista socialmente, esconde, muitas vezes, uma atitude arrogante ou interesseira da parte do *assistente* e passiva e preguiçosa da parte do *assistido* (*tacon* e manipulação). É mais difícil buscar qualificação técnica para atender a real necessidade do assistido. O tipo mais raro de assistência (*tares*) é aquela que esclarece, informa, sem tentar doutrinar, influenciar ou chantagear o "assistido" para que adote o sistema de crenças do prestador de assistência.

Profissionalismo. De acordo com a Conscienciologia, o praticante da assistencialidade se preserva para preservar a qualidade da assistência prestada. Por isso, a evitação da ingenuidade, da condenação mental, dos estados emocionais depreciativos, da compaixão extrema ou de piedade pelo assistido. Livre do envolvimento emocional improdutivo, o assistente compromete menos a qualidade do trabalho dos amparadores, posicionando-se ao lado deles de modo adulto.

Muleta. A *conscienciofilia* e a empatia cosmoética, quando genuínas, garantem a atração energética irresistível para a isca assistencial consentida. A tenepes é técnica avançada que visa a reeducação emocional e o amadurecimento do(a) praticante não-sectário(a). Logo, devem abster-se da prática quem ainda precisa da muleta religiosa sectária para assistir, utilizando de modo paradoxal o *paradigma da exclusão.*

Lógica. Do mesmo modo que, em muitas linhas de conhecimento, inclusive a Conscienciologia, conflito é o mesmo que fragmentação, saúde pode ser compreendida como a estrutura de coesão da personalidade. A regra é que o *assistente* se encontre, sempre, física e emocionalmente mais sadio do que o *assistido.* Caso contrário, serão dois a dar trabalho aos amparadores. Há lógica? (Vieira, 1995; Greenwood & Nunn, 1999; Balona, 2006).

SEST. Os interessados pelo tema da saúde consciencial poderão consultar a *Teoria Conscienciológica da Personalidade* apresentada no capítulo 13, página 191, do livro *Síndrome do Estrangeiro – SEST* (Balona, 2006).

Conclusão. Pelo exposto, conclui-se que *reconciliação* relaciona-se com *harmonia* (saúde, integração) e *ressentimento* com *dissonância interconsciencial* (doença, fragmentação). Segundo Harry Allen Overstreet (1875-1970), psicólogo e sociólogo norte-americano, "*O homem é são, do ponto de vista da saúde psicológica, na escala em que se relaciona afirmativamente com os seus semelhantes. Odiar e temer é ser psicologicamente enfermo*".

Autocura: Demonstração da Hipótese

Tom. De acordo com o modelo da série harmônica, o homem comum, quadridimensional – *homem-diapasão* – vibra com intensidade maior no tom fundamental da escala – soma, desconhecendo os harmônicos mais sutis. Por isso, não percebe nem interage com outras dimensões e não se preocupa com os rastros da própria passagem pela Terra (Vieira, 1994).

Morte. Sem o desenvolvimento dos processos parapsíquicos, a conscin vive escrava da quadridimensionalidade, aferrada à ilusão do tempo e convencida da autofinitude pós-dessomática. Por isso, teme tanto o aniquilamento e a morte do soma.

Ressonância. O fator determinante do padrão evolutivo da consciência é a afinação do seu holossoma (conjunto dos seus veículos de manifestação), atuando em ressonância com o fluxo do Universo, a partir da qualidade e do nível cosmoético do seu pensene-padrão. O holossoma é o prisma que decompõe o espectro da luz (qualidade da energia, lucidez, evolutividade e nível de cosmoética) de cada consciência. *Matéria e energia são permutáveis* (Laskow, 1997).

Realidade. Esse padrão vibratório determina a faixa, sintonia ou a frequência de atuação, esculpindo o "destino pessoal" das conscins na vida humana. Portanto, o nível evolutivo é transmitido através do holossoma, "filtro" da realidade intraconsciencial. *Real + idade* (Buhlman, 1998; Vieira, 1999a).

Quadro 2. Série Harmônica

Desafeto / Hostilidade –
Superposição de ondas em oposição de fase

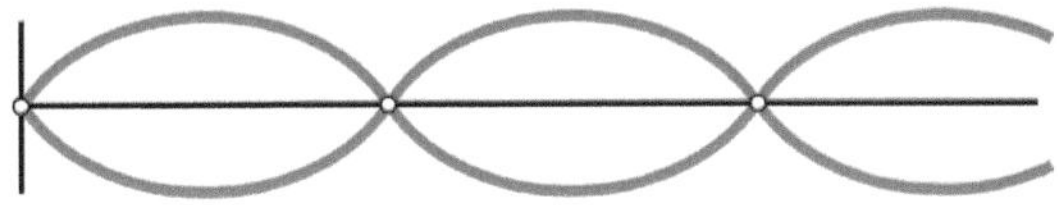

○ Nó[90] = Ponto de Amplitude Nula / Queloide

Da superposição de *duas ondas*[91] da mesma *frequência*[92] e *amplitude*[93], em *oposição de fase*[94], resulta uma *onda* cuja amplitude é praticamente *nula.* Por exemplo, duas pessoas em conflito – *afinidade negativa.*

---

[90] *Nó* (Fís.): numa onda estacionária, é o ponto em que a *amplitude* do movimento é constantemente nula; nodo.

[91] *Onda* (Fís.): perturbação periódica mediante a qual pode haver transporte de energia de um ponto a outro de um material ou do espaço vazio.

[92] *Freqüência* (Fís.): em um movimento periódico, número de oscilações ou de vibrações realizadas pelo móvel na unidade de tempo; número de ciclos que um sistema com movimento periódico efetua na unidade de tempo.

[93] *Amplitude* (Fís.): valor máximo de uma grandeza que varia periodicamente segundo uma lei harmônica simples.

[94] *Fase* (Fís.): na expressão analítica de um movimento harmônico simples, o argumento da função periódica.

Paracicatrizes *(queloides emocionais).* Conforme demonstrado, a falta de aproveitamento do tempo na vida humana para promover a reconciliação estagna o processo evolutivo, mantendo o núcleo de energia de efeito nulo, em inércia – *nós afetivos ou queloides emocionais* levados de uma existência à outra. A contenção de energias, mantida pela hostilidade, impede o movimento e expansão energética, mantendo as consciências cativas do próprio conflito *(ondas em oposição de fase)* – interprisão grupocármica.

Quadro 3. Série Harmônica

Reconciliação – Superposição de ondas em fase

Dobro da Amplitude

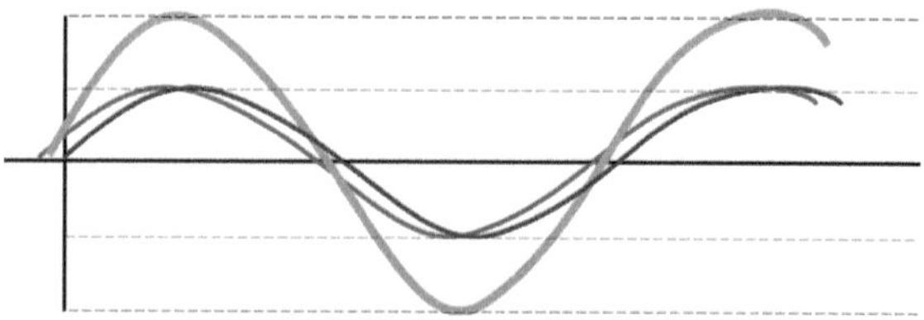

Da superposição de duas *ondas*, da mesma *frequência* e *amplitude*, que estão *em fase*, resulta uma *onda* cuja amplitude é *quase o dobro* de qualquer das componentes. Por exemplo, duas pessoas que se reconciliam – *afinidade positiva.*

Sinergismo. O perdão compartilhado pode produzir uma onda de energia que impulsiona a evolução de todos os envolvidos.

Recons. As unidades de perdão-reconciliação *(recons)* produzem mudança radical no padrão vibratório das energias pessoais *(ECs),* diluindo a condensação energética dos queloides emocionais *(ondas em fase).*

Percepção. O foco da percepção muda o raio de atuação consciencial. Duas consciências podem dividir o mesmo espaço físico, cada qual emitindo e captando diferentes frequências. Segundo o nível evolutivo, são dois estados conscienciais totalmente distintos, vivendo situações extrafísicas singulares, embora compartilhando o mesmo ambiente intrafísico. Comunicamo-nos multidimensionalmente o tempo todo, mesmo quando ignoramos o fato.

Paradeiro. Se o pensamento é emissão energética, amparadores e assediadores nos localizam pela irradiação pensênica. Todos sabem o paradeiro de todos. Logo, não resta alternativa senão modificar para melhor a nossa emissão energética, pois *somos inescondíveis no Universo* (Vieira, 1999a).

Primener. A autopesquisa permite à consciência medir os limites atuais e experimentar neoextensões, expandindo o território autoevolutivo. A autocura pode ser percebida como ondas repentinas de saúde e bem-estar, espécie de *gasolina azul* agregando extraordinária produtividade à consciência, em estado de primavera energética ou primener (Vieira, 2007b).

Cosmoética. Aplicando o paradigma consciencial, que utiliza a saúde máxima como parâmetro da autopesquisa, a consciência cura-se a si própria – princípio da autocura – se está suficientemente sadia para perceber as necessidades autoevolutivas. *O meu Código Pessoal de Cosmoética (CPC) transparece na superfície do meu cotidiano?*

Serenidade. A saúde ideal é vivenciada de modo mais permanente pelo *Homo sapiens serenissimus*, modelo evolutivo que superou debilidades e falhas comuns na execução de multitarefas de base interassistencial humana e extrafísica, através de milênios de evolução. Pela Conscienciologia, esse modelo de multigênio evolutivo representa o nível ótimo de competência ou eficiência máxima no desenvolvimento das potencialidades intraconscienciais e holossomáticas através da assistência.

Amplitude. Este padrão evolutivo de consciência já não polui a energia do Universo, pois suas *ECs* tornaram-se similares à natureza da *EI.* A harmonia com todas as criaturas e objetos faz com que a onda vibratória emitida alcance *amplitude* *máxima,* atuando em ressonância com todos os seres, em múltiplas dimensões, segundo o fluxo do Cosmos (Vieira, 2007b).

Conclusões. Com o objetivo de expandir o entendimento da repercussão da energia no processo autocurativo, pode-se inferir que, quando altamente organizada e evoluída, por exemplo, no caso do *Homo sapiens serenissimus,* a consciência domina o processo energético, produzindo mutações sadias constantes na autoestrutura físicoenergética. Desse modo, corrige, segundo a segundo, os efeitos da entropia em níveis impensáveis para a compreensão que hoje possuímos dos processos de autorregeneração.

Autocura. A doença é realidade virtual – paragenética – temporária, materializada no soma pela disfunção do materpensene pessoal. A consciência pode transformar seu holopensene através da autopesquisa, da adoção de neoprioridades, do domínio relativo das *ECs* e da reconciliação.

Tempo. O desenvolvimento da interassistencialidade e da projetabilidade lúcida permite o ensaio da morte biológica, promovendo profundo reexame da vida. Desse modo, a consciência dispõe de um instrumento seguro e inalienável para superar a tanatofobia. A interassistencialidade garante o combate ao egoísmo e o alcance da desperticidade. O tempo é omnifluente – fluxo contínuo. Logo, *fujamos à ilusão do tempo: cada hora tem exatamente 60 minutos* (Vieira, 1994).

Pesquisas. Ao encerrar a primeira edição deste livro em 2003, segundo o jornal Folha de São Paulo havia pelo menos 50 pesquisas científicas sobre os benefícios da reconciliação sendo realizadas em todo o mundo. Hoje são centenas de milhares. O ano de 2009 foi declarado pela Assembléia Geral da Organização das Nações Unidas (ONU), Ano Internacional da Reconciliação (resolução A/61/17)

Síntese

1. Sintonizando a faixa do ressentimento, da mágoa e da dor, teremos companhia da mesma natureza, compartilhando o holopensene doentio da maioria da humanidade e da *para*-humanidade carentes.

2. Sintonizando a faixa da reconciliação, da pacificação e da interassistencialidade, compartilharemos o holopensene de consciências evolutivamente supersadias.

Fase. Vale lembrar que o *Homo sapiens,* hoje *serenissimus* em algum momento superou a fase que ora atravessamos. Somos seres da mesma origem (extrafísica) e espécie (humana), logo temos todas as chances de *chegar lá* (Vieira, 1994).

Policarmalidade. Com o amadurecimento gradual do fraternismo, a consciência alcançará, por fim, o policarma – compromisso com a evolução de todos, independentemente da dívida pessoal, assumindo o papel de minipeça no Maximecanismo da *Espiral Evolutiva* (v. Apêndice A – Quadro da *Espiral Evolutiva*).

APÊNDICE A

QUADRO DA ESPIRAL EVOLUTIVA

COSMOÉTICA
(NÍVEL EVOLUTIVO DAS CONSCIÊNCIAS)

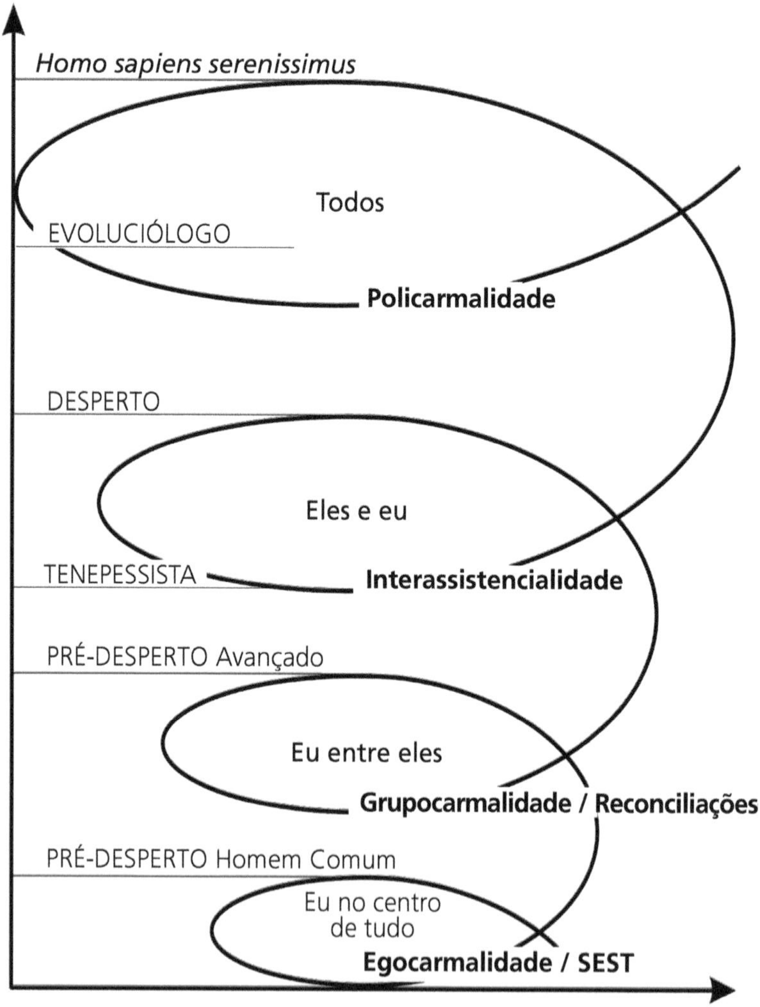

APÊNDICE B

Tabulação de Dados - Gráficos

Gráficos de resultados dos questionários de avaliação do curso "Autocura através da Reconciliação", aplicados a 314 alunos de 5 cursos, em 4 cidades: Brasília, Porto Alegre, Belo Horizonte e Florianópolis, no período de 2001/2002.

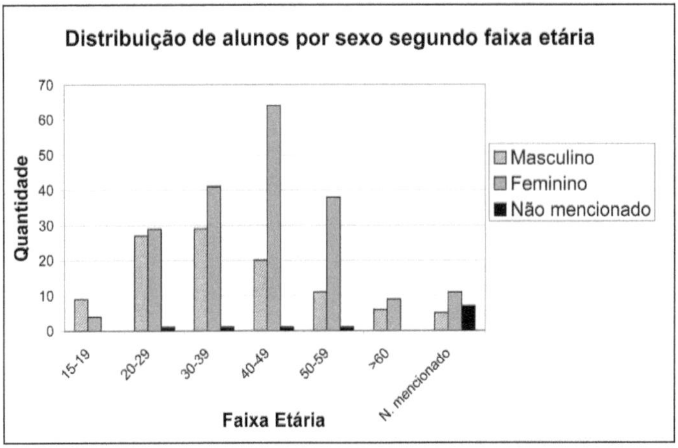

1. Qual das técnicas apresentadas no curso você se animou a aplicar?

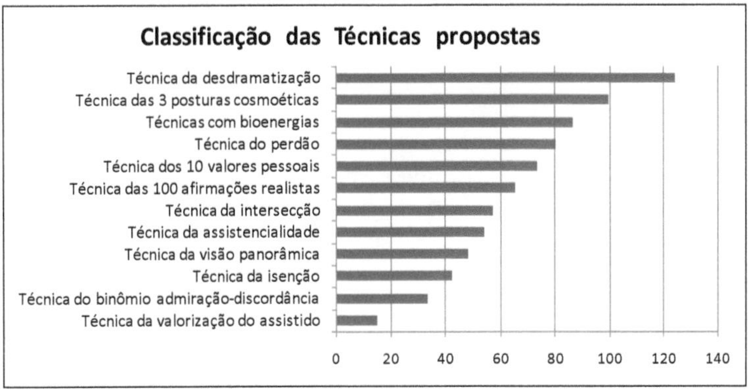

2. Com qual das pessoas abaixo você tem mais facilidade de se relacionar?

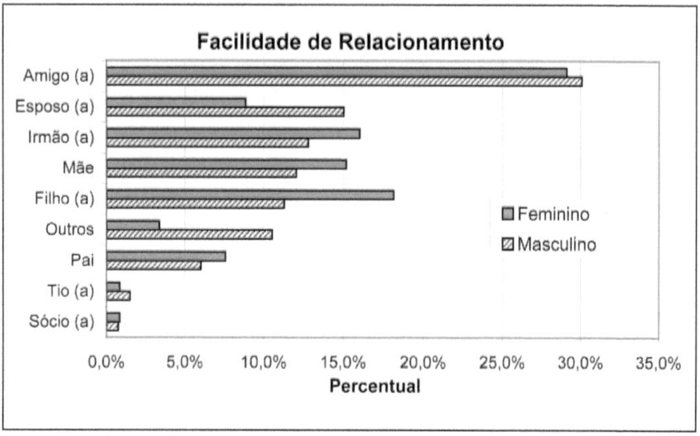

3. Com qual das pessoas abaixo você tem mais dificuldade de se relacionar?

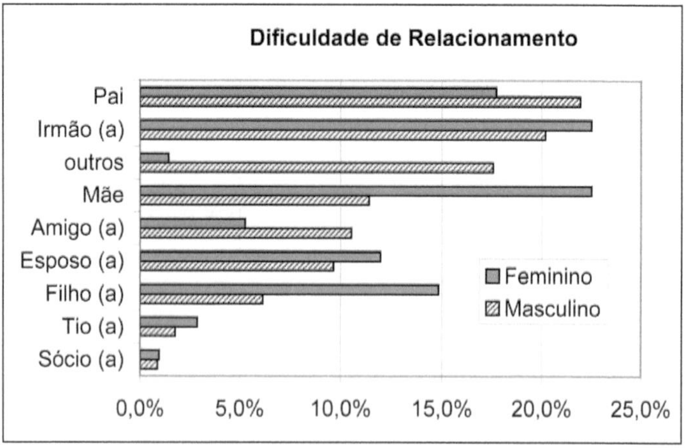

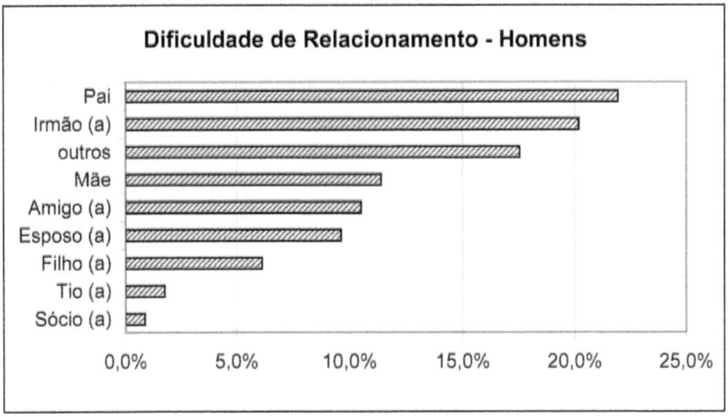

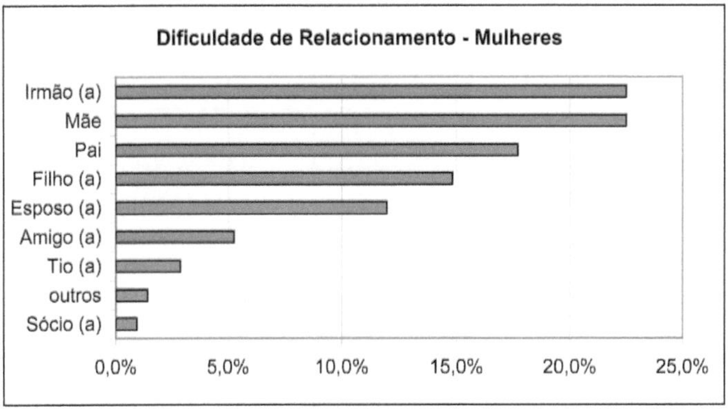

4. Qual o sentimento que mais dificulta esse relacionamento?

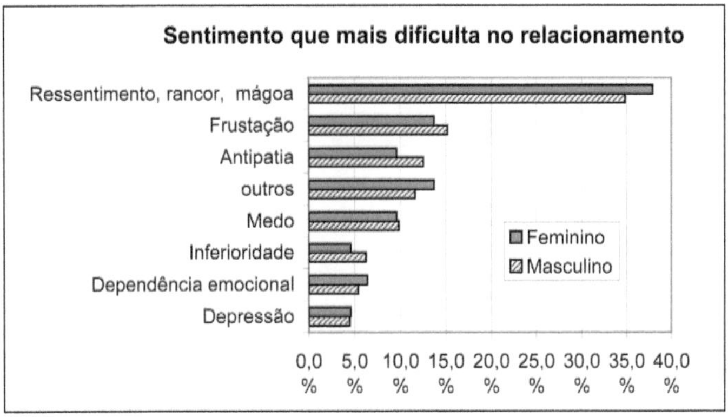

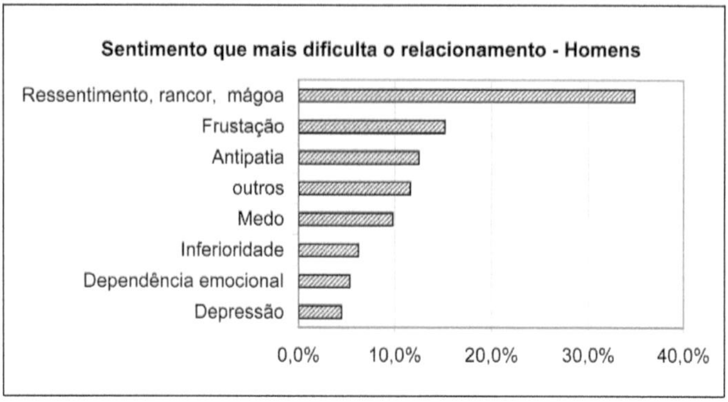

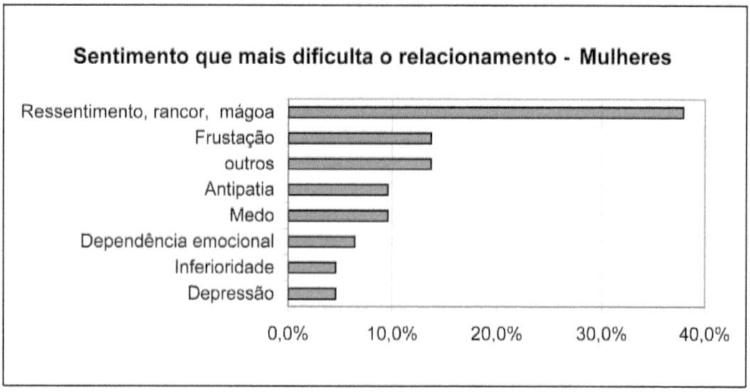

5. Aproveitamento do Curso

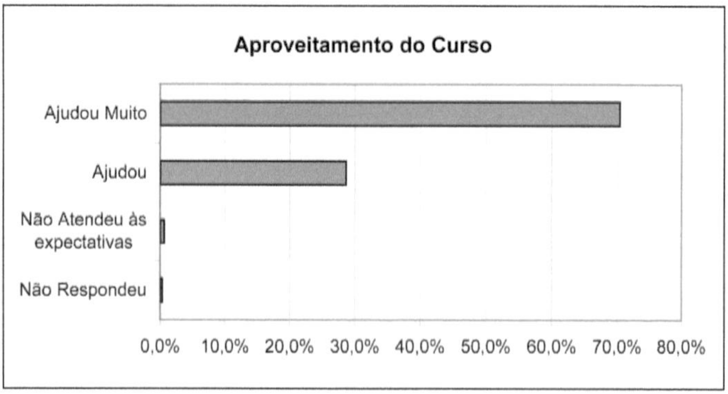

Posfácio
Passando a Limpo

Relatório. Terminar esse *livro–depoimento* representa a oportunidade de passar a limpo um dos mais importantes aspectos da existência: os relacionamentos afetivos. Isto não significa que o tema foi esgotado. Mesmo com tanto ainda por aprender nesta área, o sentimento é de felicidade por ter conseguido reproduzir nesse relatório os resultados práticos, mesmo que parciais, obtidos no complexo campo da *Conviviologia.*

Lentes. Como analogia, uma comparação interessante é a da experiência vivida no consultório do oftalmologista. Quando vamos fazer a revisão do grau das lentes utilizadas para leitura, o clínico sempre nos oferece opções: *está bem assim? Como vê agora? Melhor com esta lente ou com a anterior?*

Lucidez. Em cada opção oferecida, comparamos o nível de nitidez anterior e escolhemos as novas lentes ou filtros através dos quais passaremos a ver a realidade, a vida, os outros e a nós mesmos com clareza maior. *Visão de conjunto.*

Cosmoética. Similar ao que ocorre com o ciclo da *Espiral Evolutiva,* quando diante dos impasses da evolução a cosmoética nos convida a adotar novo conjunto de posturas e ações mais maduras (paralentes), permitindo-nos prosseguir e aprofundar a percepção da realidade evolutiva, sempre em busca de melhores resultados.

Autodiscernimento. Este livro pode ser utilizado na condição de balanço e constitui um exercício de síntese cosmoética das ações pessoais. Embora dedicado ao leitor ou leitora, é sempre muito mais útil ao próprio autor que, doravante, o portará como novo *conjunto de lentes* (compromisso com a informação), buscando obter mais nitidez – autodiscernimento – decantando, filtrando e depurando o que sobrou de melhor do passado: a experiência. (*mega magnifying lens*; Vieira, 1998).

Autocura. Para a consciência, toda autocura começa quando a *vontade de acertar torna-se maior do que as limitações pessoais*. Não é possível voltar atrás nesta mesma vida para torná-la mais correta, por mais que desejemos. Contudo, a cada momento é permitido passar a limpo as ações pessoais com o propósito de preparar vidas futuras mais felizes.

Com as melhores energias, são estes os sinceros votos da autora aos leitores e leitoras.

Tout passe, tout lasse, tout casse et tout se remplace.
(Tudo passa, tudo satura, tudo quebra e tudo se substitui).

Málu Balona

"**Policarmalidade.** A consciência já não pede mais para si. A chamada *dor* deixa de ter razão para ela. Quer cooperar acima de tudo na fase da policarmalidade. A Terra se transforma em uma escola evolutiva: não apenas deseja aprender, mas ensinar o que pode. Descobre o universalismo, a tares, o discernimento, a holomaturidade, a cosmoética, a condição da desperticidade e, por fim, o policarma vivido".

(Vieira, Waldo – Teste da sua consciência grupocármica. 700 Experimentos da Conscienciologia; cap. 562; p. 626.)

Bibliografia Geral

Esclarecimentos. Na composição da Bibliografia Geral foram consultados e utilizados 479 documentos provenientes de 10 países (Argentina, Brasil, Canadá, Espanha, Estados Unidos da América, França, Holanda, Inglaterra, México e Portugal) em 4 idiomas (português, francês, espanhol e inglês), a saber: livros, documentários em vídeo, filmes em VHS, DVDs e CDs, conferências, *papers*, periódicos científicos, jornais, revistas científicas e sites na *internet*. Os documentos foram catalogados segundo as normas da ABNT - Associação Brasileira de Normas Técnicas. Na quarta edição foram acrescentados 15 itens de referência na Bibliografia Geral.

01. ABATA, Russell. Auto-estima – chave para a felicidade. 3a ed. Tradução: Raissa Castro Oliveira. Campinas, SP – Brasil: Editora Verus, 2000. 80 pp. 10, 11, 15, 37, 48, 65. Enfoque religioso.

02. ABREU, Cristiano Nabuco de. Profissão Psicoterapeuta. Revista Viver Mente & Cérebro. Scientific American Brasil. São Paulo, SP – Brasil: Ed. Duetto. Ano XIV, Nº 153. 98 pp. 86-93. Outubro, 2005. Enfoque científico.

03. AFFINITO, Mona Gustafson, Ph.D. When to Forgive. Oakland – Canadá: New Harbinger Publication, 1999. 204 pp. 4, 9, 10, 12-18, 25, 31, 41-45, 54, 59, 62, 63, 67, 74, 75, 83, 87, 91, 114, 115, 147-151, 158, 169, 174, 178, 179, 184, 191, 192, 199-202. Enfoque científico.

04. ALBUQUERQUE, Lina. Pela Lente do Amor – Bons Fluidos. Revista Mente em Equilíbrio. São Paulo, SP – Brasil. Nº 43. p. 10, 13. 2002. Jornalismo.

05. ALEGRE, Pilar. Conscientiotherapy – The Therapy of the Consciousness. JC – Journal of Conscientiology. International Institute of Projectiology and Conscientiology. London – UK. Vol. 1. Nº 2. p. 167-175. October, 1998. Revista científica.

06. ALEGRETTI, Wagner. Retrocognições: lembranças de vivências passadas. 2ª ed. rev. Rio de Janeiro, RJ – Brasil. Ed. IIPC, 2000. 309 pp. 13-15, 17, 19, 24-26, 64, 65, 156-158. Enfoque científico.

07. ALPRIM, Alex. Yoga e Conscienciologia – Entrevista com Jean-Pierre Bastiou. Revista Sexto Sentido. São Paulo, SP – Brasil. Nº 35. p. 30-34. Ano 3. 2002. Jornalismo.

08. ALVES, Rubem. A Inveja. Revista Psique Ciência e Vida. São Paulo,SP – Brasil: Editora Escala. Ano IV. Nº 40. Abril, 2009. 66 pp. 66. Jornalismo.

09. AMARAL, Silvana. Cientistas desvendam a felicidade. Jornal da Comunidade. Brasília, DF – Brasil. 26 de janeiro, 2003. Seção Comportamento. p. 7. Jornalismo.

10. AMBR. A Influência do stress no cotidiano – Ser feliz é o principal instrumento para combater a doença da modernidade. Revista Destaque / Associação Médica de Brasília. Brasília, DF – Brasil. Ano III. Nº 26. 26 de janeiro, 2002. p. 9. Jornalismo.

11. ANDRADE, Hernani Guimarães. Espírito, Perispírito e Alma: ensaio sobre o Modelo Organizador Biológico. São Paulo, SP – Brasil: Pensamento, 1984. 246 pp. XIV, XV, 1, 3, 6, 9, 52-57, 66, 67, 100, 101. Enfoque científico-religioso.

12. ANDREOLI, et al. Cecil Medicina Interna Básica. 4ª ed. Rio de Janeiro, RJ – Brasil: Editora Guanabara Koogan, 1998. 965 pp. 10, 54, 56, 147, 409, 410, 477, 758, 771. Enfoque científico.

13. ANDREETA, José Pedro prof. Dr., ANDREETA Maria de Lourdes. Quem se Atreve a ter Certeza? A Realidade Quântica e a Filosofia. São Paulo, SP – Brasil: Ed. Mercuryo, 2004. 236 pp. 8, 15, 18, 20, 65, 66, 71-74, 81, 86, 93, 104, 116, 136, 148, 181, 187, 191-192, 197, 206, 207, 229. Enfoque científico.

14. ANO ZERO. Projeciologia: uma neociência nascida no Brasil. Revista. Rio de Janeiro, RJ – Brasil. Nº 1. p. 40-43. Maio, 1991. Jornalismo.

15. AQUINO, Ruth de. Bebidas: O Santo negócio da Cerveja – marcas produzidas em mosteiros da Bélgica são degustadas com respeito, como os vinhos da França. Revista Veja. São Paulo, SP – Brasil: Editora Abril. Nº 1756. Ano 35. Nº 24. 16 de junho, 2002. Jornalismo.

16. ARNOLD, Johann Christoph. Por Que Perdoar? Tradução: Wilma Ribeiro. Rio de Janeiro, RJ – Brasil: José Olympio, 2001. 159 pp. 11, 17, 18, 20, 70, 78, 79, 112, 131, 134-136, 158, 159. Enfoque religioso.

17. ASCHCROFT, Frances. Vida no Limite – A Ciência da Sobrevivência. Tradução: Maria Luiza X. de A. Borges. Rio de Janeiro, RJ – Brasil. Jorge Zahar, 2001. 314 pp. 23-54, 183-215. Enfoque científico.

18. ATWATER, P. M. H. Muito Além da Luz. Tradução: Luiz Paulo Guanabara. Rio de Janeiro, RJ – Brasil. Nova Era, 1998. 348 pp. 25, 26, 30, 36, 41, 42, 46, 53, 58, 63-65, 71, 72, 77, 82, 94, 106, 114, 135, 140, 153, 154, 156, 158, 161, 168, 198, 201, 203, 205, 206, 211, 216, 217, 223, 243, 257, 261. Enfoque científico.

19. _____. What the Near-Death Experience Reveals about Consciousness. JC – Journal of Conscientiology. Supplement – Proceedings of the 3rd International Congress of Projectiology and Conscientiology. International Institute of Projectiology and Conscientiology. NY – USA. Vol. 4. Nº 15-S. p. 83-95. 250 p. Maio, 2002. Revista científica.

20. ATWATER, Skip. Exploring Consciousness with the Hemi Sync process. In: FIC / III CIPRO. 1, 1999. Barcelona – Espana. Anales del I FIC / III CIPRO. Rio de Janeiro, RJ – Brasil: Ed. IIP, 1991. 168 pp. 47-50. Enfoque científico.

21. AXT, Bárbara. A Busca da Felicidade. Revista Superinteressante. São Paulo, SP – Brasil: Editora Abril. Ed. 212. p. 44-52. Outubro, 2002. Jornalismo.

22. AZEVEDO, Natália. O Soldado Invisível – Uniforme muda de cor conforme o ambiente e vira tala de gesso. Revista IstoÉ. São Paulo, SP – Brasil. Nº 1695. p. 90. Ciência e Tecnologia. 27 de março, 2002. Jornalismo.

23. BACH, Marcus. Serendipitidade – O Mundo do Acaso. Tradução: Jaime Bernardes. Rio de Janeiro, RJ – Brasil: Nórdica, 1970. 179 pp. 10-14, 18, 33, 81, 86, 94, 157. Enfoque religioso.

24. BALONA, Málu. Síndrome do Estrangeiro. In: Congresso Internacional de Projeciologia, 1, 1991, Rio de Janeiro, RJ. Anais do I CIPRO. Rio de Janeiro, RJ – Brasil: Ed. IIP, 1991. p. 15-18. Enfoque científico.

25. _____ (Org). ARAKAKI, Kátia, BONASSI Luiz, THOMAZ, Marina. MAP – Manual do Professor ECP1 – Instituto Internacional de Projeciologia e Conscienciologia. 3ª ed. Rio de Janeiro, RJ – Brasil: IIPC, 1997. 136 pp. 7. Enfoque científico.

26. _____. Paradoxos da Autodefesa Energética – O Efeito Kriptonita. Jornal da Invéxis. Rio de Janeiro, RJ – Brasil. Ano 3. Nº 6. Seção A. Dezembro, 1997. p. 10-11. Enfoque científico.

27. _____. Revivalism – The Historical Curves of the Evolutionary Spiral. JC – Journal of Conscientiology. International Institute of Projectiology and Conscientiology. London – UK. Vol. 2. Nº 7. January, 2000. Revista científica.

28. _____. Lição Multidimensional. Revista Conscientia. Vol. 6 – n. 1 – Jan. / Mar. – 2002; 34 p.; Publicação Técnico-científica de Conscienciologia. Foz do Iguaçu, PR – Brasil: Ed. Centros de Altos Estudos da Conscienciologia (CEAEC); p. 3-9. Enfoque científico.

29. _____. Autorretratação através da Docência Conscienciológica. In: Jornada de Educação Conscienciológica – IIPC. Brasília, DF. Anais da II Jornada de Educação Conscienciológica. Rio de Janeiro, RJ – Brasil: Ed. IIPC, 2003. 238 pp. 31-36. Enfoque científico.

30. _____. Equipes Criativas e Labilidade Parapsíquica. Anais da I Jornada de Administração Conscienciológica. 335 p. Porto Alegre, RS. 4 à 7 de setembro, 2004. p. 148-156. Enfoque científico.

31. _____. Parapedagogia – Um Novo Paradigma na Educação. Proceedings of the 3rd Education Meeting. Anais da III Jeduc. 26 à 29 de maio, 2005. Hotel Pestana, Curitiba, PR – Brasil. Journal of Conscientiology. Supplement. Vol. 7. No 285. 472 p. Ed. IAC. p. 13-24. Enfoque científico.

32. _____. Síndrome do Estrangeiro. 3a ed. Rio de Janeiro, RJ – Brasil: Ed. IIPC, 2006. 330 pp. 18, 19, 43, 44, 62, 73-93, 75, 76, 79, 84, 87, 89, 104, 105, 119-128, 125, 128, 135, 143, 157, 174, 176, 178-189, 191-207, 210. Enfoque científico.

33. _____. Parapedagogía – Brasil y Paraguay Construyendo Juntos el Planeta-Escuela. Anais do I Congresso Internacional de Parapedagogia / IV Jornada de Educação Conscienciológica – Construindo Juntos o Planeta Escola. 7 à 10 de Junho, 2007. Edição Instituto Internacional de Projeciologia e Conscienciologia (IIPC). Foz do Iguaçu, PR – Brasil. 203 pp. 15-29. Enfoque científico.

34. _____. Síndrome do Estrangeiro – Síndrome de Abstinência do Curso Intermissivo; Revista Conscientia. Edição Especial. I Congresso de Verponologia; Vol. 11; Suplemento 2. 13 a 15 de Julho - 2007. Foz do Iguaçu, PR. p. 30-39. Enfoque científico.

35. _____. Projeciologia – Cultura Parapsíquica e Autopesquisa Científica. JC – Journal of Conscientiology. Supplement. Proceedings of the 4th International Congress of Projectiology. Instituto Internacional de Projeciologia e Conscienciologia. Belo Horizonte, MG – Brasil. 15 à 17 de Agosto, 2008. Vol. 11, Nº 41-S. p. 13-33. Enfoque científico.

36. _____. Binômio Antivitimização-Autobenignidade Aplicado à Autocuroterapia. V Jornada de Saúde da Consciência e II Simpósio de

Autoconsciencioterapia. 5 à 7 de setembro, 2008. Revista Conscientia. Edição Especial. Vol. 12. Nº 1. Jan / Mar. 2008. Foz do Iguaçu, PR. p. 62-73. Enfoque científico.

37. _____. Programas Parassociais: bases teáticas para o Estado Mundial; Revista Conscientia. Edição Especial. Vol. 12. Nº 2. Abr. / Jun. 2008. Foz do Iguaçu, PR. p. 212-233. Enfoque científico.

38. _____. O Valor de Uma Projeção Consciente; Revista Conscientia. Edição Especial. Vol. 12. Nº 2. Out. / Dez. 2008. Foz do Iguaçu, PR. p. 373-377. Enfoque científico.

39. _____. Projeciologia, o estudo da projeção consciente; Revista Psique Ciência e Vida; São Paulo, SP – Brasil – Ed. Escala. Ano IV. No 48. 66 p.; Dossiê; 1-5. Janeiro 2009. Enfoque científico.

40. _____. Autocura, Reconciliação e Vitimologia; Gazeta de Foz; Caderno 2; Coluna Consciência em Evolução; Foz do Iguaçu, PR – Brasil – Ano 21 edição 6344; 27 de agosto de 2009. Jornalismo.

41. _____. Labilidade Parapsíquica Criativa; Revista Conscientia. Edição Especial. II Congresso Internacional de Verponologia; 14 a 16 de outubro 2011; Vol. 15. Nº 1. Jan. / Mar. 2011. Foz do Iguaçu, PR. p. 154-170. Enfoque científico.

42. _____. Parapedagogia na Tenepes; Revista Conscientia. Edição Especial. I Congresso Internacional de Tenepessologia / IV Encontro Internacional de Tenepessistas; 17 a 20 de dezembro de 2012; Vol. 16. N. 1 – Jan. / Mar. - 2012. Foz do Iguaçu, PR. p. 85-93. Enfoque científico.

43. BARBERI, Massimo. Escrita para Curar – Em alguns casos, escrever de forma orientada sobre experiências traumáticas pode ajudar pessoas a refletir sobre si e a superar a dor da perda. Revista Mente & Cérebro. Scientific American Brasil. São Paulo, SP – Brasil: Ed. Duetto. Ano XV. No 184. 84 pp. 75-77. Maio, 2008. Enfoque científico.

44. BARBOSA, Osmar. Grande Dicionário de Sinônimos e Antônimos. 18ª ed. Rio de Janeiro, RJ – Brasil: Ediouro, 2001. 568 p.; Dicionário.

45. BASÍLIO, Ione et al. Boa Noite, Universo! Rio de Janeiro, RJ – Brasil: Ed. IIPC, 2002. 62 pp. 37. Literatura infantojuvenil.

46. BASTIOU, Jean-Pierre. Globe-Trotter da Consciência – do Yoga à Conscienciologia. Rio de Janeiro, RJ – Brasil: Ed. IIPC, 2002. 322 pp. 17, 20-22, 139, 157, 247. Autobiografia.

47. BENEVIDES, Ana Maria T. Pereira (Org.). Burnout – Quando o trabalho Ameaça o Bem-estar do Trabalhador. São Paulo, SP – Brasil: Casa do Psicólogo, 2002. 282 p. Enfoque científico.

48. BENSON, Herbert, STARK, Marg. Medicina Espiritual – o poder essencial da cura. Tradução: Marly Winckler. Rio de Janeiro, RJ – Brasil: Editora Campus, 1998. 334 pp. 26-28, 46, 141, 164, 165, 217, 233. Enfoque científico.

49. BERMAN, Phillip L. Experiências de Quase-Morte e o Dom da Vida – Relatos de Vivências Fora do Corpo. Tradução: Ciro Moroni Barroso. Rio de Janeiro, RJ – Brasil: Ed. Nova Era, 2000. 235 pp. 9, 15, 21, 88, 89, 106, 120, 156, 197, 198, 205, 219, 220. Depoimento.

50. BIZZARRI, Mariano. A Mente e o Câncer. Tradução: Sônia Padalino. São Paulo, SP – Brasil: Summus Editorial, 2001. 243 pp. 11-13, 16, 18, 21-27, 29, 32-35, 37-47, 55-68, 77, 80, 82, 89, 90, 95, 102, 121-139, 142, 145-148, 152, 166, 188, 216-218, 236-241. Enfoque científico.

51. BOOG, Gustavo, MARIN, Maysa. Crises. São Paulo, SP – Brasil: Editora Gente, 2000. 108 p. (Coleção Espiritualidade no Trabalho) p. 16, 17, 30, 31, 41, 42, 67. Enfoque místico.

52. BORYSENKO, Joan. Cuidando do Corpo, Curando a Mente. 4ª ed. Tradução: Dr. Jairo Mancilha e Dra. Heloisa Garman. Rio de Janeiro, RJ – Brasil: Ed. Nova Era, 1999. 233 pp. 15, 16, 18, 20, 32, 35, 37, 64, 120, 128, 148, 149, 152, 165-187, 214. Enfoque científico.

53. _____. Na Plenitude da Alma – Uma Nova Psicologia do Otimismo Espiritual. 9ª ed. Tradução: Adail Ubirajara Sobral e Maria Stela Gonçalves. São Paulo, SP – Brasil: Ed. Cultrix, 1999. 235 pp. 18, 23, 34, 60, 69, 70, 71, 85-87, 93, 96, 98, 100, 107, 121, 125, 131, 136, 138, 168, 172, 185, 186, 195, 214. Enfoque místico.

54. BOTSARIS, Alex. Sem Anestesia. O Desabafo de um Médico. Rio de Janeiro, RJ – Brasil: Objetiva, 2001. 322 pp. 11, 58, 62, 84, 94, 95, 168, 183, 184, 187, 188, 191, 208-210, 225, 234, 258, 259, 263, 265, 273, 280, 294, 304, 311, 314. Enfoque científico.

55. BOTSARIS, Alex, MECKER, Telma. Medicina Doce. São Paulo, SP – Brasil. Ed. Caiobá, 1996. 256 pp. 7, 8, 9, 45, 63. Enfoque científico.

56. BRANDEN, Nathaniel. Auto-estima – como aprender a gostar de si mesmo. Tradução: Ricardo Gouveia. São Paulo, SP – Brasil: Saraiva, 1995. 142 pp. 7, 9, 11, 13, 17, 28, 29, 40, 44, 66, 70, 71, 76, 82, 99, 103, 108-110, 112, 115, 131, 136, 138. Enfoque científico.

57. _____. O Poder da Auto-estima. 3ª ed. São Paulo, SP – Brasil: Saraiva, 1995. 109 pp. 7, 15, 16, 19, 24, 28, 30, 31, 35, 37, 44-46, 51-53, 55, 58, 60, 63, 67, 73, 78, 80, 83, 85, 87, 91, 92, 97, 101. Enfoque científico.

58. _____. Auto-estima e Autodescoberta. 2ª ed. Tradução: Lorraine Margareth Muir. São Paulo, SP – Brasil: Saraiva, 1997. 112 pp. 10-12, 25, 29, 69, 72, 73, 75, 87, 90-93, 97. Enfoque prático.

59. _____. Auto-estima e seus Seis Pilares. 7ª ed. Tradução: Vera Caputo. São Paulo, SP: Saraiva, 2002. 398 pp. 11, 12, 23, 26, 28, 35, 36, 39, 40, 43, 50, 51, 56, 57, 59, 62, 67-69, 72, 74, 75, 77, 78, 81, 82, 83, 88, 90, 91, 93, 94, 95, 97, 98, 105, 106, 111, 113, 115, 127, 128, 131, 137, 150, 158, 163, 165, 167, 171, 174, 185-188, 193, 205, 222, 224, 225, 231, 238, 239, 246, 247, 252, 258, 263, 266, 269, 274, 279, 291, 321, 324, 328, 329, 331, 335, 341, 350, 359, 360, 363. Enfoque científico.

60. BRENANN, Barbara Ann. Mãos de Luz – Um guia para a cura através do campo de energia humana. Tradução: Octávio Mendes Cajado. São Paulo, SP – Brasil: Ed. Pensamento, 1996. 384 pp. 42-52, 206- 213, 337. Enfoque místico-científico.

61. BUCHALLA, Anna Paula & PASTORE, Karina. A Célula que pode salvar a sua Vida. Revista Veja. São Paulo, SP – Brasil: Editora Abril. Nº 2. Ed. 1734. Ano 35. p. 66-69. Saúde. 16 de janeiro, 2002. Jornalismo.

62. _____ & ZAKABI, Rosana. A Culpa de Cada Um. Revista Veja. São Paulo, SP – Brasil: Editora Abril. Nº 30. Ed. 1762. Ano 35. p. 76-83. 31 de julho, 2002. Jornalismo.

63. _____ & NEIVA, Paula Beatriz. A Grande Surpresa da Medicina. Revista Veja. São Paulo, SP – Brasil: Editora Abril. Nº 24. Ed 1858. Ano 37. Seção Especial. p. 84-92. 16 de junho, 2004. Jornalismo.

64. _____ et al. Como Ter um Coração Saudável. Revista Veja. São Paulo, SP – Brasil: Editora Abril. Nº 29. Ed. 1761. Ano 35. p. 78-85. 27 de julho, 2002. Jornalismo.

65. _____ & NEIVA, Paula Beatriz. O Corpo é o Espelho da Mente. Revista Veja. São Paulo, SP – Brasil: Editora Abril. Nº 21. Ed 1804. Ano 36. p. 78-85. 28 de maio, 2003. Jornalismo.

66. _____ & NEIVA, Paula Beatriz. Estatinas – A grande surpresa da Medicina. Revista Veja. São Paulo, SP – Brasil: Editora Abril. Nº 24. Ed. 1858. Ano 37. p. 89-92. 16 de junho, 2004. Jornalismo.

67. _____. O Doutor Felicidade. Revista Veja. São Paulo, SP – Brasil: Editora Abril. Nº 34. Ed. 1858. Ano 37. Entrevista: Martin Seligman. p. 11-15, 10 de março, 2004. Jornalismo.

68. BUHLMAN, William. Aventuras Além do Corpo. Tradução: Ricardo Aníbal Rosenbusch. Rio de Janeiro, RJ – Brasil: Ediouro, 1998. 302 pp. 42, 74, 85, 91, 115, 137, 139, 140, 147-149, 163, 164, 166, 183, 261. Enfoque científico.

69. CAMPADELLO, Píer. Autocura – como utilizar a Energia Psicotrônica. São Paulo, SP – Brasil: Roca, 1993. 351 pp. 11, 61, 63, 64, 66, 68, 69, 78, 94, 123, 124, 139. Enfoque místico-científico.

70. CAPRIOTTI, Letícia. Coincidências do Tempo. Revista Mente & Cérebro. Scientific American Brasil. São Paulo, SP – Brasil: Ed. Duetto. Ano XV. No 178. 84 pp. 31-35. Novembro, 2007. Enfoque científico.

71. CARLSON, Richard, SHIELD, Benjamin (Org.). Curar, Curar-se. Tradução: Júlio Fisher. São Paulo, SP – Brasil: Cultrix, 1997. 219 p.; . 13, 18, 19, 22, 33-36, 38, 44, 45, 50, 59, 60, 66, 68, 75, 88-91, 104, 105, 110-112, 125, 126, 130, 146, 157-161, 164, 172, 173, 177-179, 191-194, 196-201, 204-206, 212-215. Enfoque místico científico.

72. CARDOSO, Margot. Sabe o que está faltando na sua vida? Qualidade. Revista Vencer. São Paulo, SP – Brasil. Nº 34. p. 42-61. Ano III. Julho, 2002. Jornalismo.

73. _____. Saiba como Controlar suas Emoções. Revista Vencer. São Paulo, SP – Brasil. Nº 44. p. 47-58. Ano IV. Maio, 2003. Jornalismo.

74. CARELLI, Gabriela. A Vida Antes e Depois da Paixão. Revista Veja. São Paulo, SP – Brasil: Editora Abril. Nº 22. Ed. 1754. Ano 35. p. 122-130. 05 de maio, 2002. Jornalismo.

75. CASARJIAN, Robin. O Livro do Perdão – O Caminho para o Coração Tranquilo. Tradução: Pedro Luiz V. Ribeiro. 6ª ed. Rio de Janeiro, RJ – Brasil: Rocco, 1997. 255 pp. 9-11, 13, 15, 16, 18, 19, 22-32, 36-38, 42-49, 54, 55, 60-62, 65-80, 84-86, 92-94, 99, 113, 114, 123, 124, 130, 136-138, 141, 148, 149, 151, 157, 160, 164, 174, 180, 182, 183, 193-216, 221, 222, 224, 228, 229, 233. Enfoque místico-científico.

76. CAVALCANTE, Rodrigo. O Fim da Psicanálise – será que alguém (incluindo você) ainda precisa de Freud? Revista Superinteressante. São Paulo, SP – Brasil: Editora Abril. Ed. 181. p. 42-50. Outubro, 2002. Jornalismo.

77. CODO, Wanderley (Org.). Educação: carinho e trabalho – Burnout: a síndrome da desistência do educador, que pode levar à falência da educação. Petrópolis, RJ – Brasil: Vozes / Brasília: CNTE / UnB - Laboratório de Psicologia do Trabalho, 1999. 432 pp. 237-254. Enfoque científico.

78. COHEN, David. Deus Ajuda? Revista Exame. São Paulo, SP – Brasil. Nº 2. Ed. 758. Ano 36. p. 20-30. 23 de janeiro, 2002. Jornalismo.

79. COHEN, Vivianne, FURTADO, Jonas. Quando o Casamento Acaba. Revista IstoÉ Gente. São Paulo, SP – Brasil. Nº 174. Ano IV. p. 24-29. 02 de dezembro, 2002. Jornalismo.

80. COLÓQUIO. Médicos Escritores – A Saúde é uma Conquista Diária. O endocrinologista Rogério Oliveira, que prepara segunda edição do livro Diabetes Dia a Dia, fala sobre o prazer de escrever. Konll Produtos Químicos. Rio de Janeiro, RJ – Brasil. Nº 21. Ano V. p. 56, 57. 2000. Jornalismo.

81. CORDÁS, Táki Athanássios et al (Org.). Distimia – Do Mau Humor ao Mal do Humor – Diagnóstico e Tratamento. Porto Alegre, RS – Brasil: Artes Médicas, 1997. 95 pp. 21, 24-26, 38, 39, 55, 56, 64, 65, 83. Enfoque científico.

82. COSTA, Regina Teixeira da. Sexualidade e Culpa. Jornal Estado de Minas. Coluna Em dia com a Psicanálise. Belo Horizonte, MG – Brasil. p. 2. 03 de novembro, 2002. Jornalismo.

83. COUSINS, Norman. A Força Curadora da Mente. Tradução: Mariz Neusa Dias M. Ferreira. São Paulo, SP – Brasil: Saraiva, 1993. 133 pp. 10, 12, 17, 18, 23-43, 57, 62, 63, 106. Enfoque científico.

84. CUNHA, Antonio Geraldo da. Dicionário Etimológico. 2a ed. 14ª reimpressão. Rio de Janeiro, RJ – Brasil: Nova Fronteira, 1986 / Abril. Suplemento. 101 p. 2001. 839 pp. 104, 189, 203, 235, 292, 632, 636, 668, 673, 822. Dicionário.

85. CYPERT, A. Samuel. Como se Fortalecer com o Poder da Auto-Estima. Tradução: Talita M. Rodrigues. Rio de Janeiro, RJ – Brasil: Editora Campus / American Management Association, 1995. Série Trabalho Eficaz. 122 pp. VIII, 2, 3, 7-11, 16, 22-24, 26, 27, 29, 39, 43, 62, 71, 78, 94, 96, 112, 118, 119. Enfoque prático.

86. DAHLKE, Rüdiger. A Doença como Linguagem da Alma – Pequena Enciclopédia da Psicossomática. 3ª ed. Tradução: Dante Pignatari. São

Paulo, SP – Brasil: Cultrix, 2001. 322 pp. 19-21, 23, 28, 29, 40-42, 64-72, 74-84, 87. Enfoque científico.

87. _____. A Doença como Símbolo – Pequena Enciclopédia de Psicossomática. Tradução: Saulo Krieger. São Paulo, SP – Brasil: Cultrix, 2000. 336 p. Enfoque científico.

88. DANIELE, Lo Rito. Projeciologia e Medicina – terapia energética sobre o psicossoma projetado. In: Congresso Internacional de Projeciologia. 1, 1991. Rio de Janeiro, RJ – Brasil. Anais do I CIPRO. Rio de Janeiro, RJ – Brasil. Ed. IIP, 1991. 208 pp. 3-8. Enfoque científico.

89. DAVIS, Lisa. Gene Genial. O corpo pode se curar? Pode. Revista Seleções Readers Digest Brasil. Rio de Janeiro, RJ – Brasil. p. 27-35. Janeiro, 2003. Jornalismo.

90. DAWSON, Michael. Cura e Paz Interior. Tradução: Carmen Fisher. São Paulo, SP – Brasil: Pensamento, 1999. 165 pp. 54, 58, 106, 110, 148. Enfoque místico.

91. DE BONO, Edward. PO – Além do Sim e do Não. Tradução: Ana Beatriz Rodrigues e Priscilla Martins Celeste. Rio de Janeiro, RJ – Brasil: Ediouro, 1997. 203 pp. 132, 143, 144, 147. Enfoque prático.

92. DERROSSO, Eucárdio. Os Caminhos da Montanha. Londrina, PR – Brasil: Editora Universalista, 2002. 218 pp. 52-56. Depoimento.

93. DETHLEFSEN, Thorwald, DAHLKE, Rüdiger. A Doença como Caminho. Tradução: Zilda H. Schild. São Paulo, SP – Brasil: Cultrix, 2001. 262 pp. 44-48, 72, 94, 97, 98, 163, 165-167, 177, 183, 234. Enfoque científico.

94. _____. A regressão a Vidas Passadas como Método de Cura – a comprovação experimental da teoria da reencarnação. Tradução: Fernando Pedroza de Mattos. 2ª ed. São Paulo, SP – Brasil: Pensamento, 1997. 242 pp. 11, 44-47, 53, 55, 72, 94, 95, 98, 162, 163, 165, 166, 168, 177, 183, 211, 212, 215, 218, 219. Enfoque científico.

95. DIMITRIUS, Jo-Ellan, MAZZARELLA, Mark. Decifrar Pessoas. 12ª ed. Tradução: Sonia Augusto. São Paulo, SP – Brasil: Editora Alegro, 2001. 321 pp. 7, 9, 11, 23, 27, 48, 50, 72-75, 109, 111, 127, 144, 145, 155-160, 165, 167, 182, 190-192, 194-196, 216, 315, 316. Enfoque prático.

96. DOMENEGHETTI, Ana Maria. Voluntariado. Gestão do trabalho voluntário em organizações sem fins lucrativos. São Paulo, SP – Brasil: Editora Esfera, 2001. 184 pp. 76, 77, 79, 82, 108, 169, 174-176. Enfoque técnico.

97. DOCUMENTO VERDADE. Drogas. São Paulo, SP – Brasil. Nº 3. Ano 1. s.d. p. 5, 8, 9, 11, 30-33, 39. Jornalismo.

98. DOSSEY, Larry, M.D. Reencontro com a Alma – Uma Investigação Científica e Espiritual. Tradução: Mauro de Campos Silva. São Paulo, SP – Brasil: Cultrix, 1992. 270 pp. 13-15, 17, 19, 20, 21, 27, 28, 32-34, 37, 46, 59-62, 66-68, 71, 74-79, 81, 87, 125, 126, 148, 200, 205, 216, 218, 219, 231-235, 237, 250. Enfoque místico-científico.

99. _____. As Palavras Curam. Tradução: Maria Silvia Mourão Neto. São Paulo, SP – Brasil: Cultrix, 1996. 284 pp. 17, 19, 25, 53, 57, 63-65, 67, 90, 93, 99, 112, 113, 118, 119, 130, 139, 151, 152, 173, 181, 189, 193, 194, 206, 212, 215, 223-263. Enfoque místico-científico.

100. DROUOT, Patrick. Cura Espiritual e Imortalidade. 2ª ed. Tradução: José Augusto Carvalho. Rio de Janeiro, RJ – Brasil: Ed. Record-Nova Era, 1996. 296 pp. 15, 16, 23, 45, 47, 49, 67-69, 70-75, 80, 86, 87, 91, 97, 114, 122, 147, 196, 215, 227, 245, 250, 252, 272, 273. Enfoque místico-científico.

101. DYER, Waine W. Seus Pontos Fracos. Tradução: Mary Deiró Cardoso. Rio de Janeiro, RJ – Brasil: Editora Record Nova Era, 1997. 207 pp. 11, 15, 16, 18, 21, 24, 28, 41, 42, 45, 65, 83, 85, 109, 111, 126, 128, 134, 135, 150, 173, 189, 193, 197, 199. Enfoque prático.

102. ÉPOCA. Revista. Livre dos Cochilos. Rio de Janeiro, RJ – Brasil. Nº 231. p. 66. 21 de janeiro, 2002. Seção Saúde. Jornalismo.

103. EPSTEIN, Donald M., ALTMAN, Nahaniel. Os 12 Estágios da Cura – novas maneiras de curar a mente e o corpo. 9ª ed. Tradução: Alípio Correia de Franca Neto. São Paulo, SP – Brasil: Pensamento, 1999. 224 pp. 19-21, 25, 27, 29, 33, 39, 43, 47, 49, 53, 57, 60, 62, 68, 71, 77, 79, 84, 102, 110, 123, 132, 133, 156-158, 165, 197, 198, 200, 203, 212. Enfoque científico.

104. FELD, Michael & RÜEGG, Johann Caspar. Perto do Coração Selvagem. Especial Stress e Ansiedade. Revista Mente & Cérebro. Scientific American Brasil. Edição Especial. São Paulo, SP – Brasil: Ed. Duetto. No 7. 98 pp. 30-37. s.d. Enfoque científico.

105. FÉLIX, Idamaris. Raiva Mata? Nervos à Flor da Pele. Jornal Estado de Minas. Belo Horizonte, MG – Brasil. 03 de novembro, 2002. Caderno Bem Viver. p. 4, 5, 8. Jornalismo.

106. FERRARO, Tânia et al. Dissipação das Bioenergias no Período Menstrual e Pré-menstrual. In: Congresso Internacional de Projeciologia.

1, 1991. Rio de Janeiro, RJ. Anais do I CIPRO. Rio de Janeiro, RJ – Brasil: Ed. IIP, 1991. 128 pp. 19-23. Enfoque científico.

107. FERREIRA, Leila. Atormentados pelo Ciúme – Leila Entrevista Stella Florence. Jornal Estado de Minas. Belo Horizonte, MG – Brasil. 03 de novembro, 2002. p. 7. Jornalismo.

108. FERREIRA-SANTOS, Eduardo. Ciúme – O lado amargo do amor. São Paulo, SP – Brasil: Editora Gente, 2000. 141 p. (Coleção Retratos da Alma) p. 15, 17, 18, 25, 32, 39, 86, 124, 136-138. Enfoque científico-prático.

109. _____. Ciúme: o medo da perda. 4ª ed. São Paulo, SP – Brasil: Ática, 1998. 239 pp. 24, 31, 46, 54, 55, 58, 59, 63-65, 69, 74, 104, 124, 125, 127, 129, 153-155, 164, 175, 231. Enfoque científico-prático.

110. FESTINGER, Leon. Teoria da Dissonância Cognitiva. Tradução: Eduardo Almeida. Rio de Janeiro, RJ: Brasil: Jorge Zahar Editores, 1975. 249 pp. 11-36. Enfoque científico.

111. FLOR, Guaíra. Doentes de Emoção. Jornal Correio Braziliense. Brasília, DF – Brasil. 24 de janeiro, 2003. Caderno Coisas da Vida. p. 1. Jornalismo.

112. FOLHA DE S. PAULO. O perdão de Roma. São Paulo, SP – Brasil. 14 de março, 2000. Coluna Opinião. p. 1. Jornalismo.

113. _____. Rejeição ativa circuitos da dor no cérebro – Experimento nos EUA mostra que incômodo físico e exclusão social compartilham a mesma região do córtex. São Paulo, SP – Brasil. 10 de outubro, 2003. Seção Folha Ciência. p. 14. Jornalismo.

114. FONTANA, Mário. Balança. Jornal Estado de Minas. Belo Horizonte, MG – Brasil. 03 de novembro, 2002. Coluna Notas de Um Repórter, p. 3. Jornalismo.

115. FREIRE, Tatiane. A Vez do Autocontrole. Brasília, DF – Brasil. Equipe do Jornal Correio Braziliense com El País. 22 de fevereiro, 2002. Caderno Coisas da Vida. p. 1. Jornalismo.

116. FREUD, Anna. O Ego e os Mecanismos de Defesa. Tradução: Álvaro Cabral. Rio de Janeiro, RJ – Brasil: Universal Popular / BUP-Bib, 1968. Vol. 79. 190 pp. 73, 95, 121. Enfoque científico.

117. FREUDENBERGER, Herbert J. & RICHLESON, Germaine. Estafa – o alto custo dos empreendimentos – o que é e como sobreviver. Rio de Janeiro, RJ – Brasil. Francisco Alves Editora, 1991; 210 pp. 15-21. Enfoque científico.

118. GAGE, Fred. H. Como nascem os Neurônios. Revista Mente & Cérebro. Scientific American Brasil. São Paulo, SP – Brasil: Ed. Duetto. Ano XV. No 178. 84; p. 41-49. Novembro, 2007. Enfoque científico.

119. GARDNER, Amanda. Rejeição dói mesmo, dizem cientistas – dor emocional é similar à física. Jornal O Globo. Rio de Janeiro, RJ – Brasil. 10 de outubro, 2003. Seção Ciência e Vida. p. 32. Jornalismo.

120. GAZETA DE CURITIBA. Coração mata 400 mil / ano no Brasil. Curitiba, PR – Brasil. 05 de novembro, 1997. p. 5. Jornalismo.

121. GERBER, Richard. Medicina Vibracional. Tradução: Paulo César de Oliveira. São Paulo, SP – Brasil: Ed. Cultrix, 1992. 463 pp. 63, 64, 68, 101, 104, 107, 109, 110, 125, 126, 130, 136, 143-147, 208, 233-241, 256-259, 290, 347, 358-360, 379-381. Enfoque científico.

122. GIANNETTI, Eduardo. Felicidade. São Paulo, SP – Brasil: Companhia das Letras, 2002. 226 pp. 25-30, 33, 34, 181-184. Enfoque filosófico.

123. GÓES, Dalila. Felicidade não tem Fim. Jornal Correio Braziliense. Brasília, DF – Brasil. 16 de agosto, 2000. Caderno Coisas da Vida. p. 3. Jornalismo.

124. GOLDENBERG, Miriam. A Arte de Pesquisar. Rio de Janeiro, RJ – Brasil: Record, 2000. 107 pp. 11, 34, 68, 69, 71-91, 95, 98, 103-107. Enfoque científico.

125. GOLDKORN, Roberto Bo. Não te Devo Nada – Como Lidar com os Passivos Emocionais que Levam os Relacionamentos à Falência. Rio de Janeiro, RJ – Brasil: Bertrand Russel Ltda, 2001. 208 pp. 37, 38, 71, 89, 120-124, 164, 190, 191, 199, 200-204. Enfoque científico.

126. GOLEMAN, Daniel. Inteligência Emocional. 12ª ed. Tradução: Marcos Santarrita. Rio de Janeiro, RJ – Brasil: Objetiva, 1995. 376 pp. 83, 84, 88-90, 98-103, 112, 147, 149-152, 160-161, 163, 168, 174-178, 180-195, 203, 222, 227-229, 256, 258, 260, 282, 305, 309. Enfoque científico.

127. GONZATTO, Marcelo. Educação – Governo estuda síndrome que causa esgotamento e atinge um terço dos educadores das redes estadual de ensino – MEC avalia exaustão profissional do professor. Jornal Zero Hora. Porto Alegre, RS – Brasil. 05 de novembro, 2003. Seção Geral. p. 40. Jornalismo.

128. GORDON, Richard. A Cura Pelas Mãos. Tradução: Maria Dinah Beatriz. São Paulo, SP – Brasil: Pensamento, 1989. 224 pp. 20-23, 26, 123, 124, 134-138. Enfoque místico.

129. _____. A Assustadora História da Medicina. 7ª ed. Tradução: Aulyde Soares Rodrigues. Rio de Janeiro, RJ – Brasil: Ediouro, 1996. 223 pp. 17, 97, 169. Enfoque científico.

130. GRAEFF, Frederico Guilherme & BRANDÃO, Marcus Lira Editores. Neurobiologia das Doenças Mentais. 3a ed. São Paulo, SP – Brasil: Lemos Editorial & Gráficos Ltda, 1996. 188 pp. 80-84, 109-113, 121, 127,161, 162, 165-169, 175-181. Enfoque científico.

131. GRAIEB, Carlos. O Dr. Morte da Filosofia – Esse é um dos apelidos do australiano Peter Singer, que levou a ética para o terreno do chocante. Revista Veja. São Paulo, SP – Brasil: Editora Abril. Nº 29. Ed. 1761. Ano 35. 24 de julho, 2002. p. 106. Jornalismo.

132. GREENWOOD, Michael, NUNN, Peter. Cura e Transformação. No caminho da verdadeira cura está uma jornada de transformação. Tradução: Carmen Ficher. Ilustração: Miles Lowry. São Paulo, SP – Brasil: Cultrix, 1999. 213 pp. 24, 35, 38, 55, 60, 63, 76, 84, 89, 94, 111, 113, 166, 167, 178, 180, 185, 202, 206, 207, 195. Enfoque científico.

133. GRÜNN, Hans. Somos o que Pensamos. Revista Planeta. São Paulo, SP – Brasil. Nº 227. Nova Medicina. p. 31-35. Agosto, 1991. Jornalismo.

134. GUIMA, Daniela. Quando a Dor faz Bem. Portadores de doenças graves superaram o diagnóstico negativo e redescobriram novas formas de lidar com o mundo. Jornal Correio Braziliense. Brasília, DF – Brasil. 29 de dezembro, 2001. Seção Coisas da Vida. p. 1. Jornalismo.

135. GUIRDHAM, Arthur. Uma Teoria de la Enfermedad - la enfermedad como clave completa de la personalidad total. Tradução: José Julio Castro. Buenos Aires, Argentina: Cia General Fabril, 1962. 258 p. (Colección Experiencia) p. 13, 14, 16, 33, 39, 40, 44, 81-90, 121-124, 143, 215, 234, 245, 247-249. Enfoque científico.

136. GULLO, Carla. O Ódio é o Mal do Século XXI. O Jornalista e escritor americano Rush W. Dozier detalha em livro o lado físico e social desse sentimento humano. Revista Istoé. São Paulo, SP – Brasil. Nº 1774. 01 de outubro, 2003. Seção Comportamento / Mente. p. 62, 63. Jornalismo.

137. GUZZI, Flávia. Mudar ou Mudar. Rio de Janeiro, RJ – Brasil: Ed. IIPC, 1998. 230 pp. 26, 29, 31, 34, 42, 51, 66, 86, 120, 132, 136. Depoimento.

138. _____. ECP2 – SPA Bionergético? Dr Hélion Póvoa prova que no ECP2 não se produz radicais livres. Boletim IIPC News. Rio de Janeiro, RJ – Brasil. Nº 10. Ano 3. Junho, 2001. p. 5. Enfoque científico.

139. HILFIKER, David, MD. Curando as Feridas. Tradução: Haino Burmester. São Paulo, SP – Brasil: Letras & Letras. 252 pp. 19, 37, 48, 225-227, 230, 231, 251. s.d. Depoimento.

140. HIRIGOYEN, Marie-France. Assédio Moral. A violência perversa no cotidiano. Tradução: Maria Helen Kühner. 5ª ed. Rio de Janeiro, RJ – Brasil: Bertrand Brasil, 2002. 223 p. p.13, 23, 32, 58, 65, 69, 89, 90, 94, 103, 125, 126, 135, 145, 147-151, 154, 155, 162, 180, 187, 202, 203, 208-216. Enfoque científico.

141. HOPKE, H. Robert. Sincronicidade: ou por que nada é por acaso. Tradução: Lygia Itiberê da Cunha. Rio de Janeiro, RJ – Brasil: Nova Era, 1999. 284 pp. 111, 170, 279. Enfoque prático.

142. ISTOÉ. Revista. Fé na Vida. São Paulo, SP – Brasil. Nº 1695. 27 de março, 2002. Seção Viva Bem. p. 49. Jornalismo.

143. JEAMMET, P. et al. Manual de Psicologia Médica. Tradução: Sonia Regina Pacheco Alves. São Paulo, SP – Brasil: Ed. Masson /Atheneu. 421 pp. 203-250. s.d. Enfoque científico.

144. JOHNSON, Rex, SWINDLEY, David. Autoconfiança – fator indispensável para o seu sucesso. 4a ed. Tradução: Ingrid Lena Klein. São Paulo, SP – Brasil: Pensamento, 2000. 154 pp. 9, 10, 13, 17, 20, 33, 34, 44, 50, 60, 63, 67, 74, 76, 79, 84, 93, 94, 97, 100, 106, 116, 127, 128, 134. Enfoque prático.

145. JORNAL O GLOBO. Clinton diz ser especialista em perdoar. Rio de Janeiro, RJ – Brasil. 29 de agosto, 1998. Caderno O Mundo. p. 41. Jornalismo.

146. JORNAL RENACER. Periódico de la Experiencia Espiritual. Ahora me toca morir a mi. Entrevista con la Dra. Elisabeth Kübler-Ross. Buenos Aires, Argentina. Nº 92. Ano 11. Julho, 1997. p. 16. Jornalismo.

147. KAPLAN, Harold I. et al. Compêndio de Psiquiatria – Ciências do Comportamento e Psiquiatria Clínica. 7a ed. Tradução: Dayse Batista. Porto Alegre, RS – Brasil: Ed. Artes Médicas, 1997. 1169 p p. 17, 28, 29, 80, 160, 176-179, 238, 244, 295, 332, 481, 529, 550, 562-567, 579-583, 584, 585, 706, 710, 719, 733, 1070-1078. Enfoque científico.

148. KARAGULLA, Shafica, KUNZ, Dora V. G. Os Chakras e os Campos de Energia Humanos. Tradução: Cláudia Gerpe Duarte. São Paulo, SP – Brasil: Ed. Pensamento, 1989. 196 pp. 35, 41-43, 143-151, 172-176. Enfoque científico.

149. KELEMAN, Stanley. Realidade Somática. Experiência corporal e verdade emocional. Tradução: Myrthes Suplicy Vieira, Regina Favre e Rogério Barros Sawaya. São Paulo, SP – Brasil: Summus Editorial, 1994. 95 pp. 7, 9, 12, 16, 17, 21, 27, 31, 33, 52, 58, 59, 60, 61, 75, 80, 84, 85. Enfoque científico.

150. KLEIN, Melanie, RIVIÉRE, Joan. Amor, Ódio e Reparação – As emoções básicas do homem do ponto-de-vista psicanalítico (SEST). Tradução: Maria Helena Senise. Rio de Janeiro, RJ – Brasil: Imago editora, 1970. 179 pp. 8, 19, 20, 25, 27, 31, 53, 64-69, 72-77, 79, 84, 105. Enfoque científico.

151. KOSTMAN, Ariel. Doença Grave Incentivada na Internet. Dezenas de sites promovem a anorexia, um distúrbio alimentar que pode levar à morte. Revista Veja. São Paulo, SP – Brasil: Editora Abril. Seção Saúde. Nº 37. Ed. 1840. Ano 35 pp. 90-92. 11 de fevereiro, 2004. Jornalismo.

152. KRAFT, Ulrich. Esgotamento Total. Especial Stress e Ansiedade. Revista Mente & Cérebro. Scientific American Brasil. Edição Especial. São Paulo, SP – Brasil: Ed. Duetto. No 7. 98 pp. 23-29. s.d. Enfoque científico.

153. KRAMER, D. Peter. Ouvindo o Prozac. Uma Abordagem profunda e Esclarecedora sobre a "Pílula da Felicidade." 2ª ed. Tradução: Geni Hirata. Rio de Janeiro, RJ – Brasil: Record, 1995. 396 pp. 9, 27, 121-153, 168, 170-173, 218, 219, 223, 224. Enfoque científico.

154. KREINHEDER, Albert. Conversando com a Doença – um diálogo corpo e alma. Tradução: Vera Maria Bertacchi Palma. São Paulo, SP – Brasil: Summus Editorial, 1993. 111 pp. 10, 15, 19, 26, 27, 31, 40, 55, 73 e 108. Depoimento.

155. KROB, Amaro. As Falsas Expectativas de Mudanças. Revista Recéxis. São Paulo, SP – Brasil. Nº 2. Ano 2. Outubro, 1998. p. 25. Jornalismo.

156. KÜHNE, Marcio. Em Busca da Autoconfiança – estrutura emocional de aço. 3ª ed. Porto Alegre, RS – Brasil: Editora EKO, 1997. 122 pp. 51, 57, 59, 69, 120. Enfoque empresarial.

157. LAPLANCHE, J., PONTALIS, F. B. Vocabulário da Psicanálise. 3ª ed. Tradução: Pedro Tanen. Rio de Janeiro, RJ – Brasil: Martins Fontes Editora, 1977. 708 pp. 19, 70, 77, 85-89, 95-97, 146, 147, 164, 194, 204, 258-261, 263-266, 357, 360, 373-375, 474-486, 543, 544, 552-557, 571-573, 594, 598, 610-616, 668-677. Enfoque científico.

158. LA ROTTA, Adriana. Desafío al gobierno de Birmania. Diário La Nación. Buenos Aires, Argentina. 9 de junho, 1996. p. 5. Jornalismo.

159. LASKOW, Leonard. Curando com Amor. Tradução: Euclides L. Calloni e Cleusa M. Wosgrau. São Paulo, SP – Brasil: Cultrix, 1997. 251 pp. 17-19, 21-24, 29, 40, 41, 43-52, 55-57, 59-61, 87, 90, 94, 107-110, 123, 124, 138, 144, 162, 164-167, 220-222, 232, 235-242, 248. Enfoque científico.

160. LAZARUS, Arnold A. et al. Não Acredite nem por um Minuto. Tradução: Juliana Geve. São Paulo, SP – Brasil: Ed. Best Seller, 2003. 176 pp. 7, 10, 13, 28, 39, 42, 47, 53, 59, 63, 75, 90, 91, 131, 133, 149, 152, 156,163, 167, 171, 174, 175. Enfoque científico.

161. LE PONCIN, Monique. Pense Melhor Viva Melhor. Tradução e adaptação: Estela dos Santos Abreu. Rio de Janeiro, RJ – Brasil: Sextante, 1989. 205 pp. 35, 40, 52, 55, 59. Enfoque científico.

162. LESHAN, Lawrence. Brigando pela Vida. Tradução: Denise Maria Bolanho. São Paulo, SP – Brasil: Summus Editorial, 1994. 138 pp. 9, 14, 19, 31, 32, 43, 49, 54, 55, 64, 73-75, 84, 102. Enfoque científico.

163. _____. De Newton à Percepção Extra-sensorial – A Parapsicologia e o Desafio da Ciência Moderna. Tradução: Carlos Eugenio Marcondes de Moura. São Paulo, SP – Brasil: Summus Editorial, 1995. 212 pp. 15, 17, 18, 22, 31, 33, 37, 41-43, 47, 53, 64, 66, 110, 118, 140, 142, 162, 164, 167, 171, 172, 175, 180, 188, 191, 193. Enfoque científico.

164. LEVY, Elinor, MONTE, Tom. Os 10 Mandamentos do Sistema Imunológico. Tradução: Inês Antonia Lohbauer. São Paulo, SP – Brasil: Editora Ground, 1998. 324 pp. 9, 12, 15-17, 30, 32-34, 41, 43, 56, 71, 138-142, 144, 154-157, 161-165, 169, 174, 177-180, 194, 195. Enfoque científico.

165. LIBBY, Peter. Arteriosclerose: o novo ponto de vista. Revista Scientific American Brasil. São Paulo, SP – Brasil. Nº 2. Ano 1. Julho, 2002. p. 54-63. Jornalismo.

166. LIEBERMAN, David PhD. Como fazer as pazes em qualquer situação. Tradução: Tereza Bonadiman. Rio de Janeiro, RJ – Brasil: St. Martin's Press / Ciência Moderna, 2002. 229 pp. 8, 40, 47, 65, 88, 89, 90, 196. Enfoque prático.

167. LOMMEL, Pim Van et al. Near-death experience in survivors of cardiac arrest – a prospective study in the Netherlands. The Lancet. Articles. Vol. 358. p. 2039-2044. 15 de dezembro, 2001. Enfoque científico.

168. LOPES, Adriana, FERRARO, Tânia. Síndrome de Burnout. IIPC News. Rio de Janeiro, RJ – Brasil. Nº 15. Ano 4. 2003. p. 7. Enfoque científico.

169. LUSKIN, Fred. O Poder do Perdão – Uma receita provada para a saúde e a felicidade. Tradução: Carlos Szlack. São Paulo, SP – Brasil: Editora Novo Paradigma, 2002. 242 pp. 15, 16, 31, 43, 46, 56, 58, 60, 73, 90, 97, 101, 103, 113-117, 151, 163, 170-174, 181, 182, 198-201, 203, 204, 209, 211, 219, 223, 226, 229, 231-234, 239, 241, 244. Enfoque científico.

170. LUTFI, Lucy. Voltei para Contar – Autobiografia de uma Experimentadora da Quase-Morte. Foz do Iguaçu, PR – Brasil: Editares, 2006. 248 pp. 33-42. Depoimento.

171. LUZ, Marcelo da. Onde a religião termina? 2a ed. Foz do Iguaçu, PR - Brasil : Associação Internacional Editares, 2014. 488 pp. 244. Enfoque Científico.

172. LUZ, Protásio L. da. Nem só de Ciência se Faz a Cura. São Paulo, SP – Brasil: Editora Atheneu, 2002. 195 pp. 11, 21, 26, 29, 45, 52, 81, 84. Enfoque científico.

173. MACHADO, D. I. Estado Vibracional (EV) – Técnica Básica para o Domínio Energético. Fundamentos da Conscienciologia. Revista Conscientia. Foz do Iguaçu, PR – Brasil. Vol. 2. Nº 4. p. 189-193. Outubro / dezembro, 1998. Revista Científica.

174. MAGALHÃES, Isa. Manual de Sobrevivência do Medo – Uma Visão Psico-energética da Síndrome do Pânico. Londrina, PR - Brasil: Editora Universalista, 1998. 122 pp. 40-50, 84-88. Enfoque científico.

175. MAGESTE, Paula. Viver Bem é a Melhor Vingança. Revista Época. Rio de Janeiro, RJ – Brasil. Nº 196. Ano IV. Seção Sociedade Comportamento. p. 68-75. 18 de fevereiro, 2002. Jornalismo.

176. _____. Viciados em Sofrer. Entrevista com Vicente Parisi. Revista Época. Rio de Janeiro, RJ – Brasil. Nº 244. p. 13, 16, 17, 20. Janeiro, 2003. Jornalismo.

177. MAIA, Sandra. Eu faço tudo por você. Histórias e relacionamentos codependentes. São Paulo, SP – Brasil: Editora Rideel-Celebris, 2003. 128 p. p.9, 11, 12-13, 23, 28, 31, 68, 79, 83, 111. Depoimento.

178. MASLOW, H. Abrahan. El Hombre Autorrealizado. 2ª ed. Tradução: Ramón Ribé. Buenos Aires – Argentina: Ed. Kairós / Troqvel, 1993. 392 pp. 65, 72, 75, 92, 154, 160, 190, 223, 263. Enfoque científico.

179. MARGOLIS, Mac. Fé. Revista Ícaro Brasil. São Paulo, SP – Brasil. Novembro, 2000. p. 72-78. Jornalismo.

180. MARINA, Anna. Educação pelo exemplo. Jornal Estado de Minas. Belo Horizonte, BH – Brasil. 01 de outubro, 2003. Seção Cultura. p. 02. Jornalismo.

181. MARIOTTI, Humberto. Organizações de Aprendizagem – Educação Continuada e a Empresa do Futuro. 2a ed. São Paulo, SP – Brasil: Ed. Atlas, 1999. 179 pp. 13, 16, 23, 24, 26, 27, 30-35, 38, 40, 168, 169, 171. Enfoque empresarial.

182. MARQUES, Fabrício. A Luta pela Vida – Uma revolução científica coloca o homem no caminho de um sonho: vencer as doenças que o apavoram. Revista Discovery Magazine. Seção Medicina. São Paulo, SP – Brasil. Nº 24. Ed. 2. 90 pp. 22-31. Setembro, 2004. Jornalismo.

183. MARTINS, Roberto de Andrade. Contágio. História da Prevenção de Doenças Transmissíveis. São Paulo, SP – Brasil: Moderna, 1997. 199 p. (Coleção Polêmica) p. 15, 16, 33, 84, 85, 87, 116, 190, 191. Enfoque científico.

184. MARTINS, Sérgio. Adeus ao Mito. André Midani, o maior nome da indústria de discos nacional, decide se aposentar. Vai ajudar os pobres. Revista Veja. São Paulo, SP – Brasil: Editora Abril. Nº 24. Ed. 1756. Ano 35. p. 126. 19 de junho, 2002. Jornalismo.

185. MARTITS, Anna Maria. Eles fogem do Médico. Elas Não. Revista Veja. São Paulo, SP – Brasil: Editora Abril. Nº 6. Ed. 1738. Ano 35. Seção Radar. p. 18. 13 de fevereiro, 2002. Jornalismo.

186. MÁXIMO, Antônio Ribeiro Luz da, ALVARENGA, Beatriz Alvarez. Curso de Física 2. 3ª ed. São Paulo, SP - Brasil: Ed. Harbra, 1993. 988 pp. 853. Enfoque didático.

187. MCKAY, Matthew et al. Auto-Estima em Primeiro Lugar. 2ª ed. Tradução: Bete Torii. São Paulo, SP – Brasil: Editora Gente, 2000. 235 pp. 9, 92, 95, 96, 99, 100, 231-235. Enfoque prático.

188. MEDEIROS, Fernanda, et al. Acupuntura contra fibromialgia. Revista Veja. São Paulo, SP – Brasil: Editora Abril. Nº 39. Ed. 1771. Ano 35. p. 36. 2 de novembro, 2002. Jornalismo.

189. MEEK, George W. (Org.). As Curas Paranormais. Tradução: Syomara Cajado. São Paulo, SP – Brasil: Pensamento, 1989. 363 pp. 40-49, 88-100, 139, 140, 151, 166, 189-193, 205-207, 135-139, 242-250, 252, 253, 256, 257. Enfoque científico.

190. MELLO FILHO, Júlio de. Psicossomática Hoje. Porto Alegre, RS – Brasil: Artes Médicas, 1992. 385 pp. 19, 37, 39, 41, 42, 46, 47, 62, 70, 78, 79, 85, 93, 103, 108, 109, 113-118, 133-135, 165, 173, 177, 287, 340. Enfoque científico.

191. MENAI, Tânia, LOTURCO, Roseli. Por Que Todos Mentem – exageros, promessas e mentiras. Revista Veja. São Paulo, SP – Brasil: Editora Abril. Nº 39. Ed. 1771. Ano 35. Caderno Especial. p. 94-104. 2 de outubro, 2002. Jornalismo.

192. MENDES, Ana Magnólia et. al. (Org.). Trabalho em Transição, Saúde em Risco. Brasília, DF – Brasil: Editora UnB, 2002. 233 pp. 43-59. Enfoque científico.

193. MINERO, Luis. Cons, Recon e Adcon. In: Congresso Internacional de Inversão Existencial. 1, 1998. Anais do I Congresso Internacional de Inversão Existencial. Rio de Janeiro, RJ – Brasil: Ed. IIPC, 1998. p. 45-49. Enfoque científico.

194. MOREL, Pierre. Dicionário Biográfico PSI. Tradução: Lucy Magalhães. Rio de Janeiro, RJ – Brasil: Jorge Zahar Editor, 1997. 252 pp. 11, 34, 37, 38, 57, 119. Dicionário.

195. MORIN, Edgar. Ciência com Consciência. Tradução: Maria D. Alexandre e Maria Alice Sampaio. Rio de Janeiro, RJ – Brasil: Ed. Bertrand Brasil, 1996. 340 pp. 24, 29, 31, 119. Enfoque científico.

196. MOURA, Jussara. Interferências Extrafísicas – pesquisas indicam a presença, entre nós, de estranhas fontes de energias. As diversas formas de manifestação da consciência. Revista Portais. Porto Alegre, RS – Brasil. p. 14-21. Ano 4. Nº 23. 2001. Enfoque científico.

197. MUNIZ, Daniel. Técnicas bioenergéticas melhoram qualidade de vida. Consciência em Foco. Rio de Janeiro, RJ – Brasil. Nº 1. Ano 1. 2002. p. 2. Jornalismo.

198. NAZARÉ-AGA, Isabelle. Os Manipuladores estão entre Nós. Quem São eles? Como nos Proteger? Tradução: Aurélio Rebello. Rio de Janeiro, RJ – Brasil: Ediouro, 2001. 315 pp. 37, 55, 69, 70, 83, 85, 151, 254, 255, 287-289. Enfoque científico-prático.

199. NEGREIROS, Adriana. Cure a Neura de Domingo – Como reagir à angústia do retorno ao trabalho. Revista Veja. São Paulo, SP – Brasil: Editora Abril. Nº 3. Ed. 1753. Ano 35. p. 108. 23 de janeiro, 2002. Jornalismo.

200. NEIVA, Paula. Só para Mulheres. A Associação Americana do Coração lança cartilha de prevenção de doenças cardíacas endereçada exclusivamente ao sexo feminino. Revista Veja. São Paulo, SP – Brasil: Editora Abril. Nº 37. Ed. 1840. Ano 35. p. 86. 11 de fevereiro, 2004. Jornalismo.

201. NOGUEIRA, Pablo. O Poder da Pílula de Farinha. Revista Galileu. São Paulo, SP – Brasil: Editora Globo. Nº 138. p. 18-25. Janeiro, 2003. Jornalismo.

202. NOGUEIRA, Salvador. Rejeição ativa circuitos da dor no cérebro. Neurologia – Experimento nos EUA mostra que incômodo físico e exclusão social compartilham a mesma região do córtex. Jornal Folha de S. Paulo. São Paulo, SP – Brasil. 10 de outubro, 2003. Folha Ciência. p. A-14. Jornalismo.

203. NORWOOD, Robin. Por qué a mi, Por qué esto, Por qué ahora. Tradução: Edith Zilli. Buenos Aires, Argentina: Editora Vergara, 1994. 210 pp. 24, 31, 32, 34, 35, 43, 50, 55, 56, 74, 77-79, 82, 114, 133, 140, 145-148, 157-159, 162, 182, 192. Enfoque prático.

204. NEWSWEEK. We Need Reconciliation. World Affairs. New York, USA. Vol. CXXXIII. Nº 24. p. 24, 25. 14 de junho, 1999. Jornalismo.

205. OLIVEIRA, Fábio. O Ranking das Necessidades Psicológicas. Revista Veja. São Paulo, SP – Brasil: Editora Abril. Ed. 1690. p. 125. 7 de março, 2001. Jornalismo.

206. OLIVEIRA, Adriane. O estresse é o grande inimigo do coração. Entrevista Dr Bonfim Tobias. Revista Comunidade VIP. Brasília, DF – Brasil. Ed. 741. p. 2 e 3. 2 de fevereiro, 2003. Jornalismo.

207. OVERSTREET, Harry Allen. A Maturidade Mental (The Mature Mind). 3ª ed. Tradução: Otto Schneider. São Paulo, SP – Brasil:

Companhia Editoria Nacional, 1967. 230 p. Ano VIII. Vol. 14. Série 1ª. p. 10, 11, 13, 14, 16, 27-29, 39, 45, 47, 57, 59, 62, 64, 65, 76, 91, 102, 103, 110, 132, 146, 149, 160, 166, 171, 172, 179, 189, 190, 192, 193, 204-206, 210, 219, 221, 224, 229. Enfoque científico.

208. PACHECO, Cláudia Bernhardt de Souza. A Cura pela Consciência. São Paulo, SP – Brasil: Próton Editora Ltda, 1983. 189 pp. 16, 17, 19, 23, 24, 53, 80, 91, 101, 105, 121, 124, 126, 127, 130, 131. Enfoque religioso.

209. PAGE, Christine R. Anatomia da Cura. Tradução: Dinah Abreu Azevedo. São Paulo, SP – Brasil: Editora Ground, 2001. 308 pp. 10-12, 50, 119, 155, 201, 208-210, 220-224, 235, 238, 259, 268, 269, 272, 273, 275. Enfoque místico.

210. PAIVA, Rubens. Maus Hábitos são Vilões. Jornal Correio Braziliense. Brasília, DF – Brasil. 10 de março, 2002. Seção Saúde. p. 11. Jornalismo.

211. PAPAROUNIS, Demetrius. Sim, há uma receita para a Felicidade. Revista Tudo. São Paulo, SP – Brasil. Ed. 87. p. 22-27. Setembro, 2002. Jornalismo.

212. PARROTT, Leslie. Relacionamentos. Tradução: Denize Avalone. São Paulo, SP – Brasil: Editora Vida, 1999. 192 pp. 11, 13, 95, 98, 106, 115, 118, 156, 160, 162. Enfoque científico-religioso.

213. PATARCA-MONTERO, Roberto. Concise Encyclopedia of Chronic Fadigue Syndrome. New York, USA: The Harwoth Medical Press, 2000. 160 p. p 11, 12, 15, 17, 26, 27, 29, 32, 58, 60, 67. Enfoque técnico.

214. PELEGRINI, Luiz. Encontro com Sérgio Mortari – A Medicina das Energias. Revista Planeta. São Paulo, SP – Brasil. Nº 5. Ed. 296. Ano 25. p. 42-47. Maio, 1997. Jornalismo.

215. PEREIRA, Cilene, ZACHÉ, Juliane. Cuidado. Libere as emoções. Revista Istoé. São Paulo, SP – Brasil. Ed. 1686. 23 de janeiro, 2002. Seção Viva Bem. p. 51. Jornalismo.

216. _____. Perdão Eficaz. Revista Istoé. São Paulo, SP – Brasil. Ed. 594. Mente. p. 65, 19. Abril, 2000. Jornalismo.

217. PEREIRA, Cilene, BOCH, Lia. Fé na Vida. Revista Istoé. São Paulo, SP – Brasil. Ed. 594. 19 de abril, 2000. Cérebro. p. 49. Jornalismo.

218. PESCUMA, Derna, CASTILHO, Antonio Paulo F. de. Referências Bibliográficas – um guia para documentar suas pesquisas incluindo

Internet, CD-Rom, multimeios. São Paulo, SP –Brasil: Editora Olho D'água, 2001. 113 pp. 9, 10, 14, 19-27, 36-39, 86, 87. Enfoque técnico.

219. PESSOTTI, Isaías. Willis e a orgia dos espíritos. No século XVII, médico inglês sustentou que o afluxo de "espíritos" ao cérebro era causa de delírios que provocavam confusão entre lembranças e fantasias. Revista Viver Mente & Cérebro. Scientific American Brasil. São Paulo, SP – Brasil: Ed. Duetto. Ano XIV. No 153. 98 pp. 27. Outubro, 2005. Jornalismo.

220. PIERRAKOS, John C., MD. Energética da Essência (core energetics). 3ª ed. Tradução: Carlos A. L. Saum e Ana Lúcia Franco. São Paulo, SP – Brasil: Pensamento, 2000. 293 pp. 10, 18, 43, 50, 53, 65, 86, 97-112, 128, 130, 135, 140, 146, 158, 192, 198, 254, 272, 288. Enfoque científico.

221. PIMENTA, Reinaldo. A Casa da Mãe Joana – Curiosidades nas origens das palavras, frases e marcas. 4ª ed. Rio de Janeiro, RJ – Brasil: Editora Campus, 2002. 250 pp. 25, 114, 116, 118, 163, 182, 186, 223. Enfoque humorístico.

222. PINHEIRO, Daniela. Sexo. Revista Veja. São Paulo, SP – Brasil: Editora Abril. Nº 2. Ed. 1734. Ano 35. p. 76-83. 16 de janeiro, 2002. Jornalismo.

223. POLES, Cristina. Férias? Nem Pensar. Uma nova doença é estudada pelos médicos: a síndrome do lazer. Revista Veja. São Paulo, SP – Brasil: Editora Abril. Ed. 1693. p.79. 28 de março, 2001. Jornalismo.

224. POLES, Cristina & PASTORE, Karina. O Humor Afasta Doenças. Revista Veja. São Paulo, SP – Brasil: Editora Abril. p. 98-101. 11 de julho, 2001. Jornalismo.

225. PORTELLA, Mônica. A Ciência do Bem-viver – proposta de técnicas da psicologia positiva. 2a Ed. Rio de Janeiro, RJ – Brasil: Psi+, 2014. 264 pp. 39, 42-45. Enfoque científico.

226. PÓVOA, Hélion. O Cérebro Desconhecido. Rio de Janeiro, RJ – Brasil: Editora Objetiva, 2002. 222 pp. 45-52. Enfoque científico.

227. PRAAGH, James Van. Em Busca do Perdão. Descobrindo o Amor. Tradução: Luiz Antonio Aguiar. Rio de Janeiro, RJ – Brasil: Ed. Sextante, 2000. 112 pp. 30, 41, 52, 64. Enfoque religioso.

228. QUEIROZ, Antônio Carlos. Guerra sem fim no Oriente Médio. UnB Revista. Brasília, DF – Brasil. Nº 6. Ano II. p. 24-26. 2002. Enfoque científico.

229. RAZERA, Graça. Hiperatividade Eficaz. Rio de Janeiro, RJ – Brasil: Ed. IIPC, 2001. 258 pp. 114, 121, 166, 169. Enfoque científico.

230. RECÉXIS. Revista. Renovação Consciencial. Entrevista com Waldo Vieira – Teoria e Prática (Teática) Conscienciológica. São Paulo, SP – Brasil. Nº 3. Ano 4. Março, 2000. p. 18-27 (Revista do grupo de pesquisas GRECEX). Jornalismo.

231. REGUSH, Nicholas M., MERTA, Jan. Exploranciones del Aura Humana. 6ª ed. Tradução: René Cardenas Barrios. México: Editorial Diana, 1989. 187 pp. 41, 49, 51, 56, 57, 61, 64, 65, 70, 75, 91, 94, 97, 98, 121, 134, 135. Enfoque científico.

232. RENNÔ, JR, Joel Dr. No Limiar das Emoções. Revista Psique Ciência e Vida. São Paulo, SP – Brasil: Editora Escala. Ano II. Nº 21. Março, 2009. 84 pp. 34-48. Jornalismo.

233. RESNICK, R. & HALLIDAY, D. Física 2. 4a ed. Tradução: Rogério C. Trajano de Souza. Rio de Janeiro, RJ – Brasil: Livros Técnicos e Científicos Editora, 1988. 750 pp. 123. Enfoque didático.

234. RICHARDSON, Cheryl. Sua Vida em Primeiro Lugar. 3a ed. Rio de Janeiro, RJ – Brasil: Sextante, 2002. 206 pp. 13, 18, 23, 26-29, 41, 45-47, 50, 51, 66, 70, 71, 73, 81, 115, 146, 147, 151, 188. Enfoque prático.

235. RING, Kenneth. La Sienda hacia el Omega. La Búsqueda de sentido de las ECMs. 2a ed. Tradução: Hernán Sabaté. Barcelona, España: Edición Urano, 1986. 364 pp. 36-38, 103, 115, 119, 121, 123, 139, 140, 141, 163. Enfoque científico.

236. RIORDAN, Hugh. Desafiando a Medicina. Tradução: Miriam Teruso Hirabara. São Paulo, SP – Brasil: Ed. Gaia, 1992. 110 pp. 49-54. Enfoque científico.

237. RITUERTO, Ricardo M. de. Blair: No voy a pedir perdón por el conflicto del Irak. El País. Madrid, España; Sección Internacional. 14 de ocuturbre, 2004. p. 4. Jornalismo.

238. ROBINSON, Duke. Boas Intenções – Como ajudar os outros sem se prejudicar. Tradução: Mauro de Campos Silva. São Paulo, SP – Brasil: Ed. Mandarim, 1999. 283 pp. 20, 42, 43, 54, 69, 71, 75, 83, 85, 95, 96, 99, 102-104, 137, 141-143, 145, 160, 164, 177, 196-198, 223, 225, 274. Enfoque prático.

239. ROJAS, Enrique. Remédios para o Desamor. Como enfrentar as crises do relacionamento amoroso. Tradução: Josefa Rodriguez de Lucia. São

Paulo, SP – Brasil: Ed. Mandarim, 1997. 221 pp. 21, 45, 61, 64, 65, 111-113, 203. Enfoque prático.

240. ROLLINS, E. Catherine. Maneiras de Firmar sua Auto-Estima e Autoconfiança. 4a ed. Tradução: Pinheiro de Lemos. São Paulo, SP – Brasil: Record, 2002. 141 pp. 17, 19, 22, 27, 30, 37, 41, 45, 51, 61, 75, 77, 78, 87, 91, 92, 98, 103, 122, 129. Enfoque religioso.

241. ROSSI, Ana Maria. Autocontrole – Nova maneira de Controlar o Estresse. 5a ed. Rio de Janeiro, RJ – Brasil: Editora Rosa dos Tempos, 1994. 138 pp. 60, 61, 83-90, 96, 99. Enfoque científico.

242. SABISTON, Jr. David C., LYERLY, Kim H. Fundamentos de Cirurgia. 2ª ed. Rio de Janeiro, RJ – Brasil: Ed. Guanabara Koogan, 1996. 658 pp. 11. Enfoque científico.

243. SADRI-CHIRAZI-STARK, Michael & SANDMAYER, Peter. A Herança de Ötzi. Especial Stress e Ansiedade. Revista Mente & Cérebro. Scientific American Brasil. Edição Especial. São Paulo, SP – Brasil: Ed. Duetto. No 7. 98 pp. 6-11. s.d. Enfoque científico.

244. SALGADO, Eduardo. O Diálogo nos Salvará – O número 1 da ONU diz que o mundo está retomando aos poucos o senso de solidariedade internacional. Revista Veja. São Paulo, SP – Brasil: Editora Abril. Entrevista: Kofi Annan. Nº 24. Ed. 1858. Ano 37. p. 11-15. 16 de junho, 2004. Jornalismo.

245. SALLES, Beatriz Teixeira de. Genética e Psiquiatria em Foco. Jornal Estado de Minas. Belo Horizonte, MG – Brasil. 03 de novembro, 2002. Seção Saúde. p. 5. Jornalismo científico.

246. SALVADOR, Gregorio. Pedir Perdón. Diário ABC. Madrid, España. 15 de janeiro, 1999. p. 3. Jornalismo.

247. SAMPAIO, Paulo. Quem Fica Parado é Poste. Jornal Folha de S. Paulo. São Paulo, SP – Brasil, Nº 531. Ano 11. 04 de julho, 2002. Revista da Folha. p. 8-15. Jornalismo.

248. SANCHEZ, Fabio. Foragido do exílio intelectual. Seção Persona Otto Rank. Revista Mente & Cérebro. Scientific American Brasil. São Paulo, SP – Brasil: Ed. Duetto. Ano XV. No 178. 84 pp. 24-26. Novembro, 2007. Enfoque científico.

249. SANCHÍS, Ima. “Lo que el corazón quiere, la mente se lo muestra”. La Vanguardia. Sección La Contra. Entrevista: Mario Alonso Puig. Barcelona, Espana. 18 de outubro, 2004. Jornalismo.

250. SARMATZ, Leandro. O Melhor Remédio. Revista Superinteressante. São Paulo, SP – Brasil: Editora Abril. Ed. 173. p. 52-55. Fevereiro, 2002. Jornalismo.

251. SCHNEIDER, Meir. Uma Lição de Vida. Editora Cultrix; trad. Octavio Mendes Cajado; São Paulo, SP; 212 p.; 1995.

252. SCLIAR, Moacyr. Palavras que Curam. Revista Mente & Cérebro. Scientific American Brasil. São Paulo, SP – Brasil: Ed. Duetto. Ano XV. No 184. 84 pp. 82. Maio, 2008. Jornalismo.

253. SELIGMAN, Martin E. P., Ph.D. Authentic Happiness. New York, USA: Free press, 2002. 321 pp. 5, 10, 38, 39, 43, 45, 56, 70, 75, 76, 83, 103, 104, 111, 185-190, 250-255, 261-Enfoque científico-prático.

254. SELIGMAN, Airton. O Poder do Toque. Revista Superinteressante. São Paulo, SP – Brasil: Editora Abril. Ed. 182. p. 58-61. Novembro, 2002. Jornalismo.

255. SELYE, Hans. The Stress of Life. New York, USA: McGraw-hill Companies, 1984. 515 pp. XV, XVI, XVII, 1-3, 12, 13, 36, 38, 46, 51, 52, 74, 81, 85, 100, 115, 427-443. Enfoque científico.

256. SERVANT-SCHREIBER, David. Anticâncer – Prevenir e vencer usando nossas defesas naturais. Tradução: Rejane Janowitzer. Rio de Janeiro, RJ – Editora Objetiva Ltda, 2008. 284 pp. 16, 51, 54, 164, 168, 170, 175, 180, 181, 227, 235-237, 241.

257. SHELDRAKE, Rupert. Uma Nueva Ciência de la Vida. 1a ed. Marge-Xavier Marti. Coronado – Barcelona, España: Ed. Kairós, 1990. 331 pp. 59, 71-73, 75, 76, 78, 112, 135-139, 172, 173, 238, 239, 242. Enfoque científico.

258. SHELP, Diogo. Nem Freud Explica. Revista Veja. São Paulo, SP – Brasil: Editora Abril. Entrevista: Yovel, Schelp. Nº 31. Ed. 1865. Ano 37. p. 11-15. 4 de agosto, 2004. Jornalismo.

259. SHOLTZ, Cley. Má Notícia – Alergia e Pânico. Revista Veja. São Paulo, SP – Brasil: Editora Abril. Nº 29. Ed. 1761. Ano 35. 24 de julho, 2002. p. 105. Jornalismo científico.

260. SIEGEL, Bernie. Paz, Amor e Autocura – Um Estudo sobre a Relação Corpo-mente e a Autocura. Tradução: Dinah D. A. Azevedo. São Paulo, SP – Brasil: Summus Editorial, 1996. 254 pp. 7, 8, 10, 17, 18, 23, 27, 35, 40-45, 53, 107, 132, 157, 158, 174-176, 199-201, 220, 221. Enfoque científico.

261. SILVA, Deonísio de. De Onde Vêm as Palavras. Frases e Curiosidades da Língua Portuguesa. São Paulo, SP – Brasil: Ministério da Cultura / Funarte / Mandarim, 1997. 255 pp. 66, 221. Dicionário.

262. SILVA, Marco Aurélio Dias da. Quem Ama Não Adoece. 11ª ed. São Paulo, SP – Brasil: Editora Best Seller, 1994. 376 pp. 15, 40, 87, 89, 93, 95, 96, 109-121, 141, 193, 243, 284, 309-313, 318, 358. Enfoque científico.

263. _____. Cansaço não é Estresse. Prioridade: o bolo de aniversário da filha. Entrevista. Revista Icaro Brasil. São Paulo, SP – Brasil. Ed. 195. Ano XVII. Novembro, 2000. p. 34-41. Jornalismo.

264. SIMONTON, O. Carl, et al. Com a Vida de Novo. 6ª ed. São Paulo, SP – Brasil: Summus Editorial, 1987. 238 pp. 15, 17, 22, 30-34, 36, 39, 42, 64, 74, 77, 83, 113, 117, 154, 164, 184, 203, 221. Enfoque científico.

265. SORJ, Bernardo. O Caminho da Paz não passa pelo Maniqueísmo. UnB Revista. Brasília, DF – Brasil. Nº 6. Ano II. 2001. p. 29-31. Jornalismo.

266. SOUTHWOOD, Malcolm S. Cura Espiritual. Casos extraordinários de recuperação da saúde. Tradução: Rodolpho Eduardo Krestan. São Paulo, SP – Brasil: Cultrix, 2000. 222 pp. 26, 27, 78, 79, 95-97, 101, 102, 110-13, 118-22, 124, 144-46, 149, 159-60, 171-73, 188, 190, 191. Enfoque místico.

267. SPINSANTI, Sandro. Curar o Homem Todo. Tradução: Enoni Lemos. São Paulo, SP – Brasil: Ed. Paulinas, 1992. 161 pp. 65, 66, 69, 75, 137, 139, 140, 142. Enfoque científico-religioso.

268. STOUDEMIRE, Alan (Org.) et al. Fatores Psicológicos Afetando Condições Médicas. Tradução: Adrienne Sassi. Porto Alegre, RS – Brasil: Artmed Editora, 2000. 197 pp. 41, 47, 69, 73, 74, 91-98, 100, 108, 110, 121, 127, 130-134, 140, 147-150, 153, 167, 175, 185, 187. Enfoque científico.

269. TAKAKI, Patrícia & TAKAKI, Weber. O Amadurecimento Docente através das Oficinas de Ciência e Cultura. In: Jornada de Educação Conscienciológica. 2, 2003. Brasília – DF. Anais da II Jornada de Educação Conscienciológica. Rio de Janeiro, RJ – Brasil: Ed. IIPC, 2003. 238 pp. 195-199. Enfoque científico.

270. TAKIMOTO, Nário, ALMEIDA, Roberto. Conscientiotherapy. JC – Journal of Conscientiology. Supplement – Proceedings of the

3rd Internacional Congress of Projectiology and Conscientiology. International Institute of Projectiology and a Conscientiology. NY – USA. Vol. 4. Nº 15-S. p. 21-41. 2002. Revista científica.

271. TEPPERWEIN, Kurt. O que a Doença quer Dizer. A linguagem dos sintomas. Tradução: Pedro Ramos. São Paulo, SP – Brasil: Editora Ground, 2002. 245 pp. 9, 17, 23, 24, 29, 34, 37, 62, 104-109. Enfoque místico.

272. THAME, Marisa, COMSTOCK, Kani. Como Passar sua Vida à Limpo. São Paulo, SP – Brasil: Pensamento, 1997. 124 pp. 18, 20, 25, 28, 35, 51, 65, 81, 85, 103, 108, 119. Enfoque prático.

273. TOLEDO, Roberto Pompeu de. Os Provocadores de Cristo. Revista Veja. São Paulo, SP – Brasil: Editora Abril. Nº 26. Ed. 1809. Ano 36. p. 122. 2 de julho, 2003. Jornalismo.

274. _____. Momento de Assombro nas Laranjeiras – o dia em que Alceu Amoroso Lima bateu à porta de seu arqui-rival Gustavo Corção. São Paulo, SP – Brasil. p. 142. 8 de outubro, 2003. Seção Artes e Espetáculos – Ensaio. Jornalismo.

275. TRAVI, Fernando. Remédios são Venenos. Revista Superinteressante. São Paulo, SP – Brasil: Editora Abril. Ed. 184. p. 86. Janeiro, 2003. Jornalismo científico.

276. TRAVIS, Niegel. Queremos Fantasia. Revista Veja. São Paulo, SP – Brasil: Editora Abril. Nº 24. Ed. 1756. Ano 35. p. 11-15. 19 de junho, 2002. Jornalismo.

277. VARELLA, Flávia. Euforia sem Explicação – pesquisas põem em dúvida a relação entre endorfina e o prazer no esporte. Revista Veja. São Paulo, SP – Brasil: Editora Abril. Nº 24. Ed. 1756. Ano 35. p. 61. 19 de junho, 2002. Jornalismo científico.

278. VAUGHAN, Frances. As Novas Dimensões da Cura Espiritual. 10a ed. Tradução: Alípio Correia de Franca Neto. São Paulo, SP – Brasil: Ed. Cultrix, 1997. 278 pp. 21-23, 27-29, 33, 35, 36, 54, 57, 73,81, 82,91, 110, 170, 191, 218, 225-229, 231. Enfoque científico.

279. VEJA. Revista. Má Notícia – Mais uma contra o cigarro. São Paulo, SP – Brasil. Nº 2. Ed. 1734. Ano 35. p. 96. 16 de janeiro, 2002. Jornalismo.

280. _____. Revista. Ciência – de gênio e louco... Nobel chega a 97a premiação com histórico de muitos acertos e gafes terríveis. São Paulo, SP – Brasil. Nº 50. Ed. 1679. Ano 33. p. 68-70. 13 de dezembro,

2000. Jornalismo.

281. _____. Revista. O Valor da Sesta – estudo de Harvard mostra que dormir à tarde melhora a capacidade mental. São Paulo, SP – Brasil. Nº 24. Ed. 1756. Ano 35. 16 de junho, 2002. Comportamento. Jornalismo científico.

282. VEZZARO, Joseane. Elisabeth Kübler-Ross. Uma reciclante com alto grau de invexibilidade. Desperto. Jornal da Equipe Invéxis. Porto Alegre, RS – Brasil. Nº 1. Ano 1. p. 2 e 3. Novembro / Dez embro, 1999. Enfoque científico.

283. VICENZI, Luciano. Coragem para Evoluir. Rio de Janeiro, RJ – Brasil: Ed. IIPC, 2001. 187 pp. 25, 39, 43, 49, 53, 55, 70, 76, 85, 87, 89, 105, 149. Enfoque científico.

284. VIDAL-ABARCA, Ana Maria. Perdones Difíciles. Barcelona, Espanha: Martinez Roca, 1999. 117 pp. 9, 45-50, 105-108. Depoimento.

285. VIEIRA, Sônia. Primeiro a gente chora. Depoimento de uma sobrevivente. São Paulo, SP – Brasil: Cultura Editora Associados, 2002. 97 p. p.70, 76, 83, 85. Depoimento.

286. VIEIRA, Vanessa. A Prova que Faltava – Pela primeira vez, imagens mostram os danos causados aos pulmões dos fumantes passivos. Revista Veja. Seção Saúde. São Paulo, SP – Brasil. Nº 49. Ed. 2038. Ano 40. 12 de dezembro, 2007. Jornalismo científico.

287. VIEIRA, Waldo. 700 Experimentos da Conscienciologia. 1a ed. Rio de Janeiro, RJ – Brasil: Ed. IIP, 1994. 1058 pp. 70, 72, 78, 79, 90, 97, 100, 110, 112-115, 117, 119, 128, 129, 130, 136, 139, 141, 145, 148, 151, 154, 155, 157, 163, 167, 178, 196, 204, 215, 221, 225, 233, 239, 241, 242, 247, 256, 257, 260, 264, 272, 275, 276, 294, 297, 301, 302, 303, 306, 313, 316, 320, 322, 326, 330, 333, 336, 338, 340, 346, 348, 350, 355, 355, 359, 362-371, 377, 378, 380, 387-389, 392, 394, 397, 403-405, 409-420, 425-429, 431-434, 439, 445, 448, 450, 458, 459, 461, 463-469, 472, 474, 494, 495, 497, 506, 507, 510, 513, 516, 520, 525, 531, 535, 538, 540-547, 555, 570, 573, 580, 583, 584, 592, 593, 610, 611, 617, 625-628, 635, 639, 646, 649, 650, 659, 661, 662, 664, 666-669, 676, 677, 680, 682, 685, 686, 690, 693, 698, 700, 706, 709, 711-714, 717, 718, 720-725, 727-733, 736-744, 749, 762, 764. Enfoque científico.

288. _____. Manual da Tenepes – Tarefa Energética Pessoal. 1a ed. Rio de Janeiro, RJ – Brasil: Ed. IIP, 1995. 142 pp. 7, 11, 13, 14, 19, 21-25, 28, 34, 37, 39, 42, 43, 45, 47, 51, 52, 55, 57-59, 62, 68, 70, 75, 76,

85. Enfoque científico.

289. _____. Conscienciograma. Rio de Janeiro, RJ – Brasil: Ed. IIPC, 1996 a. 344 pp. 56-57, 70, 71, 76-79, 82-85, 88-91, 102-105, 110-111, 118, 119, 128-129, 132, 133, 138-141, 144, 145, 148, 149, 152-153, 156-159, 170-173, 190, 191, 194-197, 200, 201, 206-209, 216, 217, 224-233, 238-239, 240, 241, 246, 247, 250, 251. Enfoque científico.

290. _____. Nossa Evolução. Rio de Janeiro, RJ – Brasil: Ed. IIPC, 1996 b. 168 pp. 7, 8, 13, 14, 17, 18, 28, 30, 34, 37, 40, 41, 47, 49, 53, 55, 61, 67, 68, 72, 84, 85, 87, 89, 97, 98, 100, 101, 103, 105, 108, 110, 111, 115, 118, 121. Enfoque científico.

291. _____. Temas da Conscienciologia. 1a ed. Rio de Janeiro, RJ – Brasil: Ed. IIPC, 1997 b. 232 pp. 20-27, 40, 41, 48, 49, 52, 53, 60, 61, 85-89, 92-97, 102, 103, 106, 107, 110-113, 116, 117, 120-127, 132-135, 142-151, 156, 157, 160, 161, 170-173, 176, 177, 184-187. Enfoque científico.

292. _____. 100 Testes da Conscienciometria. 1a ed. Rio de Janeiro, RJ –Brasil: Ed. IIPC, 1997 c. 232 pp. 28-31, 38, 39, 42, 43, 56-61, 64, 65, 68, 69, 72-79, 88, 89, 94, 95, 98, 99, 102-107, 110, 111-121, 124-143, 146-149, 156, 157, 160-165, 174, 175, 178, 179, 180, 181, 184, 185, 188, 189, 192-197, 200, 201, 204, 205, 210, 211. Enfoque científico.

293. _____. Cosmogram Technique. Journal of Conscientiology. London, UK: IIPC. Vol. 1. Nº 1. Julho, 1998. p. 3-35. Revista Científica.

294. _____. Manual da Dupla Evolutiva. 1ªed. Rio de Janeiro, RJ – Brasil: Ed. IIPC, 1999 a. 212 pp. 12-15, 17, 23, 25, 26, 29-36, 45, 46, 58, 60, 61, 65, 67, 68, 71, 73, 74, 76, 78, 80, 81, 83, 87, 88, 91, 99, 100, 102-107, 112, 114, 117-119, 126, 127, 135, 136, 141, 143, 151, 153, 154. Enfoque científico.

295. _____. Projeciologia – Panorama das Experiências da Consciência Fora do Corpo Humano. Edição Princeps. Rio de Janeiro, RJ – Brasil: Ed. IIPC, 1999 b. 1217 pp. 3, 4, 11, 15, 19, 22-31, 33-37, 39, 40, 45, 47-56, 86-88, 91-93, 95, 119, 139, 140, 202-204, 232, 233, 237-251, 255-258, 261, 262, 264-267, 282-289, 295, 296, 299-307, 318-320, 326-333, 352-389, 575-610, 612, 660-662, 686-690, 703-714, 723-727, 746, 747, 785, 817-821, 830-835, 845, 855-858, 875, 876, 895, 921, 922, 925-929, 935, 936, 973-975, 979-987. Enfoque científico.

296. _____. Projeções da Consciência – Diário de Experiências da Consciência Fora do Corpo Físico. 5a ed. Rio de Janeiro, RJ – Brasil: Ed. IIPC, 2002 a. 224 pp. 22-24, 27-29, 48-50, 128-130, 187-189. Enfoque científico.

297. _____. O Que é a Conscienciologia. 2a ed. Rio de Janeiro – RJ: Ed. IIPC, 2003 b. 192 pp. 20, 21, 23-25, 27, 28, 39, 40-42, 55-58, 65-70, 72, 73, 78-81, 83, 84, 86-89, 92, 93, 94-98, 105-109, 112, 113, 115, 116, 123-125, 130, 131, 141, 142. Enfoque científico.

298. _____. Manual da Proéxis – Programação Existencial. 3a ed. Rio de Janeiro, RJ – Brasil: Ed. IIPC, 2003 a. 164 pp. 6, 9-11, 14-16, 18, 21, 22, 25-28, 30-37, 40, 44, 45, 47, 48, 55-75, 77, 78, 84-86, 94-101, 106-109, 111-115, 118, 119, 123-132, 137-139. Enfoque científico.

299. _____. Homo sapiens reurbanisatus. 1a ed. Foz do Iguaçu, PR – Brasil: Ed. CEAEC, 2003 c. 584 pp. 57, 60, 179, 216, 232, 240, 403, 405, 431, 435, 496, 548, 557, 563, 572, 549, 593, 645, 646, 649, 728, 811, 816, 821, 898, 958, 984, 989. Enfoque científico.

300. _____. Sincronicidade. Projeciologia. Boletim de Conscienciologia. Nº 1 / Informativo do CEAEC. Nº 19. Ano 2. Foz do Iguaçu, PR – Brasil. p. 2, 3. Fevereiro, 1997. Enfoque científico.

301. _____. Assistência. Conscienciоterapia. Boletim de Conscienciologia. Nº 5 / Informativo do CEAEC. Nº 23. Ano 2. Foz do Iguaçu, PR – Brasil. p. 2, 3. Junho, 1997. Enfoque científico.

302. _____. Sabedoria. Holomaturologia. Boletim de Conscienciologia. Nº 11 / Informativo do CEAEC. Nº 29. Ano 3. Foz do Iguaçu, PR – Brasil. p. 2, 3. Dezembro, 1997. Enfoque científico.

303. _____. Chacras. Holochacralogia. Boletim de Conscienciologia. Nº 13 / Informativo do CEAEC. Nº 31. Ano 3. Foz do Iguaçu, PR – Brasil. p. 2, 3. Fevereiro, 1998. Enfoque científico.

304. _____. Inteligência. Mentalsomática. Boletim de Conscienciologia. Nº 16 / Informativo do CEAEC. Nº 34. Ano 3. Foz do Iguaçu, PR – Brasil. p. 2, 3. Maio, 1998. Enfoque científico.

305. _____. Conscienciólogo-medicamento. Paraterapêutica. Boletins de Conscienciologia – CEAEC. Vol. 1. Nº 1. Foz do Iguaçu, PR – Brasil. p. 11, 12. Janeiro / Dezembro, 1999. Enfoque científico.

306. _____. Assistência Institucional Extrafísica. Conscienciоterapia. Boletim de Conscienciologia – CEAEC. Vol. 1. Nº 1. Foz do Iguaçu, PR – Brasil. p. 15, 16. Janeiro / Dezembro, 1999. Enfoque científico.

307. _____. Autoconhecimento. Evoluciologia. Boletim de Conscienciologia. Nº 29 / Informativo do CEAEC. Nº 47. Ano 4. Foz do Iguaçu, PR – Brasil. p. 2, 3. Junho, 1999. Enfoque científico.

308. _____. Avaliação Consciencial. Conscienciometria. Boletim de Conscienciologia. Nº 33 / Informativo do CEAEC. Nº 51. Ano 5. Foz do Iguaçu, PR – Brasil. p. 2, 3. Outubro, 1999. Enfoque científico.

309. _____. Força Presencial. Somática. Boletim de Conscienciologia. Nº 35 / Informativo do CEAEC. Nº 53. Ano 5. Foz do Iguaçu, PR – Brasil. p. 2, 3. Dezembro, 1999. Enfoque científico.

310. _____. Imersão Heterocrítica de Obra Útil. Revista Conscientia. Foz do Iguaçu, PR – Brasil. Vol. 3. Nº 1. Foz do Iguaçu, PR – Brasil. p. 7-20. Janeiro / Março, 1999. Enfoque científico.

311. _____. Universalismo. Cosmoconscienciologia. Boletim de Conscienciologia. Nº 32 / Informativo do CEAEC. Nº 50. Ano 5. Foz do Iguaçu, PR – Brasil. p. 2, 3. Setembro, 1999. Enfoque científico.

312. _____. Bagulho Energético (Conviviologia). Revista Conscientia. Foz do Iguaçu, PR – Brasil. Vol. 3. Nº 3. Julho / Setembro, 1999. p. 111-122. Enfoque científico.

313. _____. Conscienciologia. Oposições. Boletim de Conscienciologia. Nº 34 / Informativo do CEAEC. Nº 52. Ano 5. Foz do Iguaçu, PR – Brasil. p. 2, 3. Novembro, 1999. Enfoque científico.

314. _____. Ambiente Intrafísico Degradado (Intrafisicologia). Boletim de Conscienciologia. Nº 39 / Informativo do CEAEC. Nº 57. Ano 5. Foz do Iguaçu, PR – Brasil. Abril, 2000. p. 2 e 3. Enfoque científico.

315. _____. Técnica do Cosmograma. Boletins de Conscienciologia – CEAEC. Vol. 2. Nº 1. Foz do Iguaçu, PR – Brasil. p. 33-52. Janeiro / Dezembro, 2000. Enfoque científico.

316. _____. Ambiguidade. Cosmoética. Boletins de Conscienciologia – CEAEC. Foz do Iguaçu, PR – Brasil. Vol. 3. Nº 1. p. 50, 51. Janeiro / Dezembro, 2001 a. Enfoque científico.

317. _____. Amplitude Autopensênica (Proexologia). Boletim de Conscienciologia. Nº 50 / Informativo do CEAEC. Nº 68. Ano 6. Foz do Iguaçu, PR – Brasil. p. 2, 3. Março, 2001 b. Enfoque científico.

318. _____. Ausência Energética (Holochacralogia). Boletim de Conscienciologia. Nº 48 / Informativo do CEAEC. Nº 66. Ano 6. Foz do Iguaçu, PR – Brasil. p. 2, 3. Janeiro, 2001 c. Enfoque científico.

319. _____. Auto-abnegação (Cosmoética). Boletim de Conscienciologia. Nº 58 / Informativo do CEAEC. Nº 76. Ano 7. Foz do Iguaçu, PR – Brasil. p. 2, 3. Novembro, 2001 d. Enfoque científico.

320. _____. Autocastração (Evoluciologia). Boletim de Conscienciologia. Nº 59 / Informativo do CEAEC. Nº 77. Ano 7. Foz do Iguaçu, PR – Brasil. p. 2, 3. Dezembro, 2001 e. Enfoque científico.

321. _____. "Lucramos muito consciencialmente". Entrevista com Prof. Waldo Vieira. Informativo do CEAEC. Foz do Iguaçu, PR – Brasil. Ano 8. Nº 85. p. 1-3. Agosto, 2002. Entrevista.

322. _____. Homo sapiens pacificus. 1584 p. 3a. Ed. Associação Internacional do Centro de Altos Estudos da Conscienciologia (CEAEC). Associação Internacional Editares. Foz do Iguaçu, PR. 2007 a. p. Enfoque científico.

323. _____. Enciclopédia da Conscienciologia. 1.238 p. Tomo I – A-G e II H-X. Ed. Associação Internacional Editares. Cognópolis. Foz do Iguaçu, PR – Brasil. 2007 b. p. 90-92, 135-137, 178, 179, 192-194, 205-208, 239, 240, 257, 258, 378-380, 413-415, 468-480, 502-506, 522, 523, 545-547, 621, 622, 944-948, 969-971, 1023, 1024, 1112-1121, 1167, 1168, 1178-182, 1191-1195, 1224-1227, 1236-1238, 1256-1259, 1370-1372, 1390-1392, 1414-1416, 1417-1419, 1605-1607, 1610, 1611, 1657-1659, 1684-1687, 1761-1764, 1772-1774, 1778-1780, 1859-1861, 1909-1911, 2039-2041. Enfoque científico.

324. ___. Enciclopédia da Conscienciologia Eletrônica. 1000 Verbertes. 3842 p. 172 Especialidades. Ed. Associação Internacional Editares. Cognópolis. Foz do Iguaçu, PR – Brasil, 2008. Parceria: Editares, Comunicons e Campus CEAEC. Verbetes: Amortização Evolutiva (Grupocarmologia), Autodespriorização (Autodiscernimentologia), Anticartarse (Antirrecexologia), Confiança (Confianciologia), Distorção Cognitiva (Parapatologia), Egocentrismo Compulsório (Egologia), nseparabilidade Grupocármica (Grupocarmologia), Magnanimologia (Serenologia), Personalismo (Parapatologia), Postura Antiqueixa Paraetologia), Possessividade (Parapatologia), Publícola (Politicologia), Reencontro Secular (Seriexologia), Zona de Conforto (Autorrecexologia). Enfoque científico.

325. _____. Enciclopédia da Conscienciologia. Informações obtidas em Tertúlias Conscienciológicas com o professor Waldo Vieira no Tertuliarium – CEAEC. Anotações pessoais. Verbetes inéditos: Nº 1082: Desbarbarização da Humanidade (Reeducaciologia), 14 de janeiro, 2009.

Nº 1019: Evitação da Evitação (Conviviologia), 14 de setembro, 2008. Nº1154: Holopensene Desassediado (Holopensenologia, 27 de março, 2009. Nº 1081: Pré-Perdão Assistencial (Interassistenciologia), 13 de janeiro, 2009. Nº 1086: Telepatia Permanente (Harmoniologia), 18 de janeiro, 2009. Nº 1028: Primeira Ação (Autoexperimentologia), 23 de setembro, 2008. Nº 1071: Zum Mnemônico (Autorretrocogniciologia), 03 de janeiro, 2009. Enfoque científico.

326. VIEIRA, Waldo. Enciclopédia da Conscienciologia. 6ª Edição Eletrônica. Autocura (Conscienciοterapia); Tema central: homeostático.

327. _____. Enciclopédia da Conscienciologia. 6ª Edição Eletrônica. Acerto Grupocármico (Grupocarmologia); Tema central: homeostático.

328. _____. Enciclopédia da Conscienciologia. 6ª Edição Eletrônica. Anticura. (Conscienciοterapia); Tema central: nosográfico.

329. VOMERO, Maria Fernanda. Ouvi Dizer Que... Boatos e fofocas estão presentes em todas as sociedades do planeta. Entenda por que eles são tão irresistíveis. Revista Superinteressante. São Paulo, SP – Brasil: Editora Abril. Ed. 181. p. 62-67. Comportamento. Outubro, 2002. Jornalismo.

330. VUGMAN, Ney Vernon. Concientiology an Physics – a desirable couple? JC – Journal of Conscientiology., International Institute of Projectiology and Conscientiology. London, UK. Vol. 1. Nº 4. Abril, 1999. p. 289-303. Revista científica

331. YURI, Débora. Vovó na Faculdade. Jornal Folha de S. Paulo. São Paulo, SP – Brasil. Nº 531. Ano 11. 04 de julho, 2002. Revista da Folha. Educação. p. 16-19. Jornalismo.

332. WALSH, Roger, Vaughan, Frances (Org.). Más Allá del Ego. 2a ed. Tradução: Marta Guastavino. Barcelona, Espana: Editora Kairós, 1982. 414 pp. 19. Enfoque científico.

333. WATZLAWICK, Paul et al. Mudança – Princípios de formação e resolução de problemas. Tradução: Jamir Martins. São Paulo, SP – Brasil: Cultrix, 1977. 167 pp. 13, 15, 19, 23, 25, 27, 28, 34, 37, 38, 46-48, 51, 52, 55, 60, 61, 65, 67, 92, 93, 99, 109, 118-122, 132, 162. Enfoque científico.

334. WEBSTER'S. Encyclopedia Unabridged Dictionary of English Language. New York, NY: Int. David Yerkes / Gramercy Books, 1996. 1694 pp. 1370. Dicionário.

335. WEISSMANN, Karl. A Conquista da Maturidade. 2a ed. Rio de Janeiro, RJ – Brasil: Livraria Freitas Bastos, 1966. 181 pp. 11, 16, 18, 19, 21, 26-29, 32, 35, 41, 49, 54, 57, 66, 77, 78, 86, 89, 92, 99, 111, 116, 118, 119, 121, 123, 165-167, 173-175, 180. Enfoque científico.

336. ZAKABI, Rosana. Respeite o paciente. Revista Veja. São Paulo, SP – Brasil: Editora Abril. Nº 6. Ed. 1789. Ano 36. p. 11-13. 12 de junho, 2003. Jornalismo.

337. ______. Stress – Ninguém está a salvo desse mal moderno. Mas é possível aprender a conviver com ele. São Paulo, SP – Brasil: Editora Abril. Nº 35. Ed. 1840. Ano 37. p. 66-75. 11 de fevereiro, 2004. Jornalismo.

338. ZERO HORA. Governo estuda síndrome que causa esgotamento e atinge um terço dos educadores das redes estaduais de ensino. MEC avalia exaustão profissional do professor. Porto Alegre, RS – Brasil. 05 de novembro, 2003. Seção Geral. p. 40. Jornalismo.

CONFERÊNCIAS / CURSOS / DOCUMENTÁRIOS

01. **A&E Network.** *Healing and Prayer – power or placebo* (Cura e Oração). Investigative Reports for A&E Network. Paulist productions. Canal A&E Mundo. 24 de dezembro, 2002.

02. **BALONA,** Málu. *Qualidade de Vida Afetiva – Uma Nova Prioridade.* Exposição do tema no Painel Interativo sobre *Auto-estima.* Pólo de Pesquisa IIPC. Brasília, DF – Brasil. Eron Brasília Hotel. 24 de Agosto, 2002

03. _____. *Auto-estima Sadia – patrimônio pessoal permanente.* Curso Extracurricular no Ciclo de Estudos sobre *Auto-estima.* Pólo de Pesquisa IIPC. Brasília, DF – Brasil. Eron Brasília Hotel. 13 a 19 de Janeiro, 2003.

04. _____. *Labilidade Parapsíquica.* Exposição do tema na *Oficina de Ciência e Cultura.* Pólo de Pesquisa IIPC. Brasília, DF – Brasil. Auditório do Edifício Porto Alegre. 2003.

05. _____. *Curso Labilidade Parapsíquica.* Curso livre filmado em Jundiai, SP; Setembro de 2009. Acessível em: www.youtube.com/watch?v=U-aWW_kFico. 3800 acessos em 07/01/2013.

06. **COWLEY,** Geofrey. *Next Frontiers – The Disappearing Mind.* Newsweek. New York, USA: The International Newsmagazine. Discovery Health Channel. 24 de junho, 2002. p. 30-41.

07. **FRESIAND,** Izilda. *A Ciência da Reconciliação como Opção Libertária da Consciência.* Palestra proferida no Instituto Internacional de Projeciologia. São Paulo, SP – Brasil. Maio, 1996.

08. **THOMAZ,** Marina. *Visão de Conjunto – Interconsciencialidade.* Conferência proferida no Instituto Internacional de Projeciologia e Conscienciologia – IIPC. Rio de Janeiro, RJ – Brasil. 04 de Janeiro, 1997.

09. _____. *Epicentrismo Consciencial.* Curso Especial. Pólo de Pesquisa – IIPC. Brasília, DF – Brasil. Hotel Carlton. 8 e 9 de Abril, 2003.

10. **VIEIRA,** Waldo. *Introdução ao Conscienciograma.* Conferência proferida no I CIPRO – Registro em Vídeo. Rio de Janeiro, RJ – Brasil. 1990.

11. _____. *Currículo do Conscienciólogo.* Conferência proferida na I Jornada de Educação Conscienciológica. Rio de Janeiro, RJ – Brasil. Abril / Maio, 2001. Publicação Interna. 31 pp. 1-3, 8, 14, 15, 17, 19, 21, 23, 28, 29.

FILMOGRAFIA

Informações. Na composição da Filmografia foram assistidos e analisados tecnicamente 80 filmes (dramas, aventuras, comédias, documentários) provenientes de 12 países em 6 idiomas. Na quarta edição, foram acrescentados 11 filmes.

01. ***A Borboleta Azul*** (The Blue Butterfly). Direção de: Léa Pool. EUA, 105 min, 2004. Elenco: Willian Hurt, Pascale Bussières, Marc Donato, Raoul Trujillo

02. ***A Cor do Amor*** - A História de Jacey (The Color of Love: Jacey's Story). Direção de: Sheldon Larry. EUA, 120 min, 2000. Elenco: Gena Rowlands, Stella Parton e Louis Gossett Jr.

03. ***A Cor Púrpura*** (The Color Purple). Direção de: Steven Spielberg. EUA, 152 min, 1985. Elenco: Whoopi Goldberg e Dany Glover.

04. ***A Cura*** (The Cure). Direção de: Peter Horton. EUA, 110 min, 1995. Elenco: Joseph Mazello e Brad Renfro.

05. ***À Espera de um Milagre*** (The Green Mile). Direção de: Frank Darabont. EUA, 188 min, 1999. Elenco: Tom Hanks e Michael Clarke Duncan.

06. ***A Felicidade Não se Compra*** (It's a Wonderful Life). Direção de: Frank Capra. EUA, 132 min, 1946. Elenco: James Stewart e Donna Reed.

07. ***A Intérprete*** (The Interpreter). Direção de: Sidney Pollack. Reino Unido, 129 min, 2005. Elenco: Nicole Kidman e Sean Penn.

08. ***A Presença*** (The Presence). Direção: Tom Provost. EUA, 127 min, 2010. Elenco: Alyssa Weisberg, Brandon Blake e Tom Rice.

09. ***As Quatro Plumas*** – Honra e Coragem (The Four Feathers). Direção de: Shekhar Kapur. EUA, 127 min, 2002. Elenco: Heath Ledger, Wes Bentley, Kate Hudson.

10. ***Além da Eternidade*** (Always). Direção de: Steven Spielberg. EUA, 106 min, 1989. Elenco: Richard Dreyfuss e Holly Hunter.

11. ***Acontece nas Melhores Famílias*** (It Runs in the Family). Direção de: Fred Schepisi. EUA, 109 min, 2003. Elenco: Kirk Douglas, Diana Douglas, Michael e Cameron Douglas.

12. ***Amadeus*** (Amadeus). Direção de: Milos Forman. EUA, 160 min, 1984. Elenco: Tom Hulce e F. Murray Abraham.
13. ***Amor Além da Vida*** (What Dreams May Come). Direção de: Vincent Ward. EUA, 113 min, 1998. Elenco: Robin Williams, Cuba Gooding Jr. e Annabella Sciorra.
14. ***Amor Maior que a Vida*** (Waking the Dead). Direção de: Keith Gordon. EUA, 1h43min, 2000. Elenco: Billy Crudup, Jennifer Connally e Molly Parker.
15. ***Antes que o Dia Termine*** (If Only). Direção de: Jill Junger. EUA, Inglaterra, 92 min, 2004. Elenco: Jennifer Love Hewitt, Paul Nicholls, Lucy Davenport.
16. ***Até o Fim do Mundo*** (Until the End of the World). Direção de: Win Wanders. EUA, 158 min, 1991. Elenco: Pietro Falcone, William Hurt e Soveig Dommartin.
17. ***A Vida dos Outros*** (Das Leben der Anderen). Direção: Florian Henckel von Donnersmarck. Alemanha, 137 min, 2006. Elenco: Martina Gedeck, Ulrich Mühe, Sebastian Koch, Ulrich Tukur.
18. ***As Invasões Bárbaras*** (Les Invasions Barbares). Direção de: Denys Arcand. Canadá / França, 99 min, 2003. Elenco: Rémy Girard e Stephane Rousseau.
19. ***Billy Elliot*** (Billy Elliot). Direção de: Stephen Daldry. Reino Unido / França, 110 min, 2000. Elenco: Jamie Bell e Jean Heywood.
20. ***Campo dos Sonhos*** (Field of Dreams). Direção de: Phil Alden Robinson. EUA, 103min, 1989. Elenco: Kevin Costner e Amy Madigan.
21. ***Céu de Outubro*** (October Sky). Direção de: Joe Johnston. EUA, 104 min, 1999. Elenco: Chris Cooper, Laura Dern e Jake Gyllenhaal.
22. ***Conduzindo Miss Daisy*** (Driving Miss Daisy). Direção de: Bruce Beresford. EUA, 99 min, 1989. Elenco: Morgan Freeman e Jessica Tandy.
23. ***Coração Valente*** (Braveheart). Direção de: Mel Gibson. EUA, 177 min, 1995. Elenco: Mel Gibson e Sophie Marceau.
24. ***Corações Apaixonados*** (Playing by the Heart). Direção de: Willard Carroll. EUA, 121 min, 1998. Elenco: Gillian Anderson, Ellen Burstyn e Sean Connery.

25. ***Corrente do Bem*** (Pay It Forward). Direção de: Mimi Leder. EUA, 123 min, 2000. Elenco: Haley Joel Osment, Helen Hunt e Kevin Spacey.
26. ***Ecos do Além*** (Stir of Echoes). Direção de: David Koepp. EUA, 99 min, 1999. Elenco: Kevin Bacon e Kathryn Erbe.
27. ***Em Busca de um Sonho*** (A Dog of Flanders). Direção de: Kevin Brodie. EUA / Bélgica, 100 min, 1999. Elenco: Jesse James.
28. ***Em Luta pelo Amor*** (Dangerous Beauty). Direção de: Marshall Herskovitz. EUA, 111 min, 1998. Elenco: Catherine McCormack e Rufus Sewell.
29. ***Em Minha Terra*** (Country of My Skull). Direção de: John Boorman. Inglaterra, Irlanda, África do Sul, 103 min, 2004. Elenco: Juliette Binoche e Samuel L. Jackson.
30. ***Encontros do Destino*** (The Safety Objects). Direção de: Rose Trhoche. EUA, 121 min, 2001. Elenco: Glenn Close, Dermot Mulroney e Jesica Campbell
31. ***Enigma do Colar*** (The Affair Of The Necklace). Direção de: Charles Shyer. EUA, 117 min, 2001. Elenco: Hilary Swank e Jonathan Pryce.
32. ***Falando com os Mortos*** (Talking to Heaven). Direção de: Stephen Gyllenhaal. EUA, 142 min, 2001. Elenco: Ted Danson, Jack Palance, Mary Steenburgen e Diane Lane.
33. ***Feitiço do Tempo*** (Groundhog Day). Direção de: Harold Ramis. EUA, 101 min, 1994. Elenco: Bill Murray e Andy MacDowell.
34. ***Fernão Capello Gaivota*** (Jonathan Livingstone Seagull). Direção de: Richard Bach / Hall Bartlett. EUA, 100 min, 1973.
35. ***Fim de Caso*** (The End of the Affair). Direção de: Neil Jordan. EUA, 109 min, 1999. Elenco: Ralph Fiennes, Juliane Moore e Stephen Rea.
36. ***Gênio Indomável*** (Good Will Hunting). Direção de: Gus Van Sant. EUA, 126 min, 1997. Elenco: Matt Damon e Robin Williams.
37. ***Golpe do Destino*** (The Doctor). Direção de: Randa Haines. EUA, 123 min, 1991. Elenco: Elizabeth Perkins e William Hurt.
38. ***Grande Salto*** (The Hudsucker Proxy). Direção de: Joel e Ethan Cohen. EUA, 197 min, 1994, Elenco: Tim Robbins, Paul Newman, Jenifer Jason Leigh.
39. ***Gritos do Além*** (The Last Sign). Direção: Douglas Law. Canadá, Inglaterra, França, 90min, 2005. Elenco: Andie MacDowell, Tim Roth e Samuel Le Bihan.

40. ***Império do Sol*** (Empire of the Sun). Direção de: Steven Spielberg. EUA, 154 min, 1987. Elenco: Christian Bale e John Malkovich.
41. ***Inimigo Meu*** (Enemy Mine). Direção de: Wolfang Petersen. EUA, 108 min, 1993. Elenco: Dennis Quaid e Louis Gossett Jr.
42. ***K-PAX – O Caminho da Luz*** (K-PAX). Direção de: Iain Softley. EUA / Alemanha, 120 min, 2001. Elenco: Kevin Spacey e Jeff Bridges.
43. ***Kramer versus Kramer*** (Kramer vs. Kramer). Direção de: Robert Benton. EUA, 105 min, 1979. Elenco: Dustin Hoffman e Meryl Streep.
44. ***Lembranças de um Verão*** (Hearts in Atlantis). Direção de: Scott Hicks. EUA, 101 min, 2001. Elenco: Anthony Hopkins e Anton Yelchin.
45. ***Lembranças Mortais*** (Dying to Remember). Direção de: Arthur Allan Seidelman. EUA, 90 min, 1993. Elenco: Melissa Gilbert e Scott Plank.
46. ***Lendas da Vida*** (The Legend of Bagger Vance). Direção de: Robert Redford. EUA, 127 min, 2000. Elenco: Matt Damon, Will Smith e Charlize Theron.
47. ***Linha Mortal*** (Flatliners). Direção de: Joel Schumacher. EUA, 115 min, 1990. Elenco: Kiefer Sutherland e Julia Roberts.
48. ***Longe Dela*** (Away from Her). Direção de: Sarah Polley. EUA, 110 min, 2007. Elenco: Gordon Pinsent e Julie Christie.
49. ***Melhor é Impossível*** (As Good as It Gets). Direção de: James L. Brooks. EUA, 139 min, 1997. Elenco: Jack Nicholson e Helen Hunt.
50. ***Mentiras Sinceras*** (Separate Lies). Direção de: Julien Fellowes. Inglaterra, 84 min, 2005. Elenco: Tom Wilkinson, Emily Watson, Herminione Norris.
51. ***Morrendo e Aprendendo*** (Heart and Souls). Direção de: Ron Underwood. EUA, 94 min, 1993. Elenco: Robert Downey Jr. e Kyra Sedgwick.
52. ***Morte ao Vivo*** (La Mort em Direct). Direção de: Bertrand Tavernier. França, Alemanha, 128 min, 1980. Romy Schneider, Harvey Keitel, Harry Dean Stanton.
53. ***Nenhum a Menos*** (Yi ge dou bu neng shao). Direção de: Yimou Zhang. China, 106 min, 1999. Elenco: Minzhi Wei e Huike Zhang.
54. ***Nos Que Aqui Estamos por Vós Esperamos***. Direção: Marcelo Masagão. Documentário. Brasil, 73 min, 1999.
55. ***No te Mueras sin Decirme Adonde Vás***. Direção de: Eliseo Subiela. Argentina, 124 min, 1995. Elenco: Mariana Arias e Mario Grandinetti.

56. ***Julgamento de Nuremberg*** (Nuremberg). Direção de: Yves Simoneau. Canadá / EUA, Minisérie TV, 180 min, 2000. Elenco: Alec Baldwin, Brian Cox e Christopher Plummer.
57. ***O Homem Especial*** (The Gifted One). Direção de: Stephen Herek. EUA, 100 min, 1989. Elenco: Peter Kovanko e John Rhys-Davies.
58. ***O Maior Amor do Mundo***. Direção de: Cacá Diegues. Brasil, 106 min, 2006. Elenco: José Wilker, Taís Araújo, Sérgio Brito.
59. ***O Mistério da Libélula*** (Dragonfly). Direção de: Tom Shadyac. EUA, 104 min, 2002. Elenco: Kevin Costner e Suzanna Thompson.
60. ***O Outro Lado da Nobreza*** (Restoration). Direção de: Michael Hoffman. EUA, 113 min, 1995. Elenco: Meg Ryan, Robert Downey Jr. e Sam Neill.
61. ***O Sexto Sentido*** (The Sixth Sense). Direção de: M. Night Shyamalan. EUA, 107 min, 1999. Elenco: Bruce Willys e Haley Joel Osment.
62. ***Os Outros*** (The Others). Direção de: Alejandro Amenábar. EUA / França / Espanha, 101 min, 2000. Elenco: Nicole Kidman, Alakina Mann e James Bentley.
63. ***O Terceiro Olho*** (The I Inside). Direção de: Roland Suso Richter. Canadá, 90 min, 2003. Elenco: Ryan Philippe, Piper Perabo, Sarah Polley.
64. ***Quebrando os 10 mandamentos*** (Commandments). Direção de: Daniel Taplitz. EUA, 87 min, 1996. Elenco: Aldan Quinn, Courteney Cox e Louis Zorik.
65. ***Redenção*** (Redemption: The Stan Tookie Williams Story). Direção de: Vondie Curtis-Hall. EUA. 95 minutos, 2004. Elenco: Jamie Fox e Lynn Whitfield.
66. ***Rei Leão*** (The Lion King). Direção de: Roger Allers, Rob Minkoff. China, 89 min, 1994. Elenco: Mathew Broderick e James Earl Jones (vozes).
67. ***Salvo pela Luz*** (Saved by the Light). Direção de: Lewis Teague. EUA, 95 min, 1995. Elenco: Eric Roberts e Don McManus (Dr. Raymond Moody).
68. ***Segredos da Vida*** (Being Human). Direção de: Bill Forsith. Reino Unido / Japão, 122 min, 1993. Elenco: Robin Williams e John Turturro.
69. ***Segredos de um Funeral*** (Get Low). Direção de: Aaron Schneider. EUA, 100 min, 2009. Elenco: Bill Murray, Robert Duvall, Sissy Spacek.

70. ***Segredos e Mentiras*** (Secrets &Lies). Direção de: Mike Leigh. França / Reino Unido, 142 min, 1996. Elenco: Marianne Jean-Baptiste e Brenda Blethyn.
71. ***Sempre em Meu Coração***. (Always in My Heart). Direção de: Jo Graham. EUA, 92, 1942. Elenco: Kay Francis, Walter Huston, Gloria Warren, Patty Hale.
72. ***Sem Limite para Sonhar*** (Eden). Direção de: Howard Goldberg. Inglaterra, 107 min, 1997. Elenco: Joanna Going, Sean Patrick e Dylan Walsh.
73. ***Sem Medo de Viver*** (Fearless). Direção de: Peter Weir. EUA, 121 min, 1993. Elenco: Jeff Bridges, Isabella Rossellini.
74. ***Simplesmente Irresistível*** (Simply Irresistible). Direção de: Marc Tarlov. EUA, 96 min, 1999. Elenco: Sarah Michelle Gellar, Sean Patrick Flanery e Patricia Clarkson.
75. ***Tempo de Recomeçar*** (Life as a House). Direção de: Irwin Winkler. EUA, 145 min, 2001. Elenco: Kevin Kline, Kristin Scott Thomas e Hayden Christensen.
76. ***Three Days***. Direção de: Adrian Fuller. EUA, 90 min, 1997. Elenco: Heidi Fecht, Steve Key.
77. ***Uma História Real*** (The Straight Story). Direção de: David Lynch. EUA, 111 min, 1999. Elenco: Richard Farnsworth, Sissy Spacek e Harry Dean Stanton.
78. ***Um Amor Verdadeiro*** (One True Thing). Direção de: Carl Franklin. EUA, 120 min, 1998. Elenco: Meryl Streep, William Hurt e Renee Zellweger.
79. ***Um Anjo Rebelde*** (Delivering Milo). Direção de: Nick Castle. EUA, 94 min, 2000. Elenco: Anton Yelchin, Albert Finney e Bridget Fonda.
80. ***Uma Segunda Chance*** (Regarding Henry). Direção de: Mike Nichols. EUA, 107 min, 1991. Elenco: Harrison Ford e Annette Bening.
81. ***Uma Simples Formalidade*** (Una Pura Formalità). Direção de: Giuseppe Tornatore. Itália / França, 108 min, 1994. Elenco: Gérard Depardieu e Roman Polanski.
82. ***Um Assunto de Família*** (A Family Thing). Direção de: Richard Pearce. EUA, 109 min, 1996. Elenco: Robert Duvall e James Earl Jones.
83. ***Um Conto de Natal*** (A Christmas Carol). Direção de: Clive Donner. EUA, 100 min, 1984. Elenco: George C. Scott e Frank Finlay.
84. ***Um Olhar na Escuridão*** (They). Direção de: John Korty. EUA, 95 min, 1993. Elenco: Patrick Bergin e Vanessa Redgrave.

WEBGRAFIA

01. **AGÊNCIA** de Notícias de Portugal. *Investigação – A Psique pode influir na possibilidade de sofrer de cancro.* Disponível em: <http://www.lusa.pt> Acesso em: 27/03/2003.

02. **ARRUDA**, Antônio. *Perdoar faz bem ao corpo, à alma e às relações.* Disponível em: <http://www1.folha.uol.com.br/folha/equilibrio/noticias/ult263u1916.shtml> Acesso em: 16/04/2003.

03. **ÁRVORE** do Bem. *Rir é o Melhor Remédio.* Disponível em: <http://arvoredobem.ig.com.br/materias/22/0601-0700/603/603_01.html> Acesso em: 16/04/2003.

04. **BALONA**, Málu. *Lição Multidimensional.* Disponível em: <http://recexis.com.br> Acesso em: 14/06/2003.

05. **BLUESTEIN**, Jane. *21st Century Discipline.* Disponível em: <http//www. janebluestein.com/aboutjb.html>; Jane Bluestein ISS Publications, 10 de junho, 2003. Acesso em: 14/06/2003.

06. **CONDOR**, Bob. *When all is forgiven physical and mental benefits are obvious.* Disponível em: <http://pqasb.pqarchiver.com/chicago-tribune/index.html?ts=1050181449> Acesso em: 12/04/2003.

07. **CORREIO WEB**, *O Poder do Arrependimento – especialistas dizem* que as lamentações sobre erros do passado podem afetar a saúde física e até *mesmo provocar depressão na terceira idade.* Disponível em: <www.correiobraziliense.com.br> Coisas da Vida, Comportamento. Brasília, DF – Brasil. 27 de dezembro, 2002. p. 1-3. Acesso em 04/01/2003.

08. **DEWEY**, Reiko Myamoto. *More Messages in Water – The Spirit of Ma'at interviews Dr. Masaru Emoto.* Disponível em: <http:// www. spiritofmaat.com /archive/nov1/cwater.htm> Vol. 2. Novembro, 2000. Acesso em: 16/04/2003.

09. **FOLHA** de S. Paulo. *Veja quais as doenças que o rancor pode causar ou acentuar.* Disponível em: <http://www1.folha.uol.com.br/folha/equilibrio/noticias/ult263u1919.shtml> Acesso em: 16/04/2003.

10. ______. *Americano divulga importância do perdão para o bem-estar.* Disponível em: <http://www1.folha.uol.com.br/folha/equilibrio/noticias/ult263u1917.shtml> Acesso em: 16/04/2003.

11. _____. *Ritual de alguns povos pelo perdão inclui vômitos e sacrifícios.* Disponível em: <http://www1.folha.uol.com.br/folha/equilibrio/noticias/ult263u1918.shtml> Acesso em: 16/04/2003.

12. **FREUDENBERGER,** Herbert. *Burnout.* Disponível em: <http://www.infoplease.com/ipa/A0781.html> p. 2. Acesso em: 03/08/2003.

13. **GIL-MONTE,** Pedro, **PEIRÓ,** José M. *A Study siginificant sources of* the "Burnout Syndrome" in workers at occupational centres for the *Mentally disable.* Disponível em: <www.psychologyinspain.com/content/reprints/1197/6> Acesso em: 31/07/2003.

14. **GOODE,** Erica. *Power of Positive Thinking May have a Helalth Benefit, Study Says.* Disponível em: <www.nytimes.com> September 2, 2003. p. 1-4. Acesso em: 02/09/2003.

15. **GREYSON,** Bruce. *Distance Healing of Patients with Major Depression.* Abstracts from the Journal of Cientific Explorarion. Disponível em <http://www.scientificexploration.org/jse/abstracts/ v10n4a1.html> Vol. 10. Nº 4. Artigo 1. Acesso em: 16/04/2203.

16. **HAMER,** Ryke Geerd. *Nova Medicina Germânica. Biografia.* Disponível em: <http//www.germannewmedicine.ca/documents/biográfica.html> Acesso em: 18/10/2008.

17. **HO'OPONOPONO** (ho-o-pono-pono). Antiguo método de sanación havaiana basada en la reconciliación y el perdón. Disponível em: < http://es.wikipedia.org/wiki/Ho%CA%BBoponopono> Acesso em: 17/05/2014.

18. **KIPLING,** Rudyard. *A chronology of his life and work.* Disponível em: <http://www.kipling.org.uk/kip_chron.htm> Acesso em: 16/04/03.

19. **LEMONICK,** Michael D.. *The Power of Mood.* Disponível em <http://www.time.com/time/archive/preview/0,10987,1101030 120-407302,00.html> Revista Time (Abstract). 20 de janeiro, 2003. Acesso em: 16/04/03.

20. **MUNIZ,** Daniel. *Reconciliações levam a Autocura Afetiva.* Disponível em: http://www.tribunaimpressa.com.br/Conteudo/Reconciliacoes-levam-a-autocura-afetiva, 54908, 54916. Acesso em: 23/04/2009.

21. **NATURAL** Health Line. *Alternative Medicine – Expanding Medical Horizons.* Disponível em: <http://www.naturalhealthvillage.com/reports/rpt2oam/toc.htm > Acesso em: 16/04/03.

22. **ONU.** Naciones Unidas. *Asamblea General.* Disponível em: http://www.un.org/Docs/journal/asp/ws.asp?m=A/RES/61/17. Acesso em: 10/05/2009.

23. **POTTER,** Beverly. *The Burnout Syndrome.* Disponível em: http://www.docpotter.com/boclass-1syndrome.html Acesso em: 31/07/2003.

24. RECONCILIATION. Disponível em: www.reconcile.org.au Acesso em: 02/12/2011.

25. **SERGIO VIEIRA DE MELLO FOUNDATION.** *Call for nominations for the Sergio Vieira de Mello awards.* Disponível em: <www.sergiovdmfoundation.org>. Acesso em: 20/03/2014.

26. **SCIENCE DAILY.** *Mayo Clinic Study Finds Optimists Report a higher Quality of Life than pessimists.* Disponível em: < www.sciencedaily.com/releases/2002/08/020813071621.htm> Acesso em: 31/07/2003.

27. **TARANTINO,** Mônica. *Perdoar é Humano – Novo livro reforça* a teste de que o perdão ajuda o organismo a ficar mais fortalecido contra *as doenças.* Disponível em: <http://www.terra.com.br/istoe/1736/medicina/1736 _perdoar_e_humano.htm> Acesso em: 16/04/2003.

28. **ZINATO,** Maria do Carmo. *Cristais de Água.* Disponível em: <http://archives.ces.fau.edu/cgibinwa.exe?A2=ind0210&L=fontedagua&F=&S=&P=621> The Florida Center for Environmental Studies. Fonte d'Água. 14 de outubro, 2002. Acesso em: 16/04/2003.

MATÉRIAS E ENTREVISTAS COM A AUTORA

01. **A CRÍTICA.** *Levar as Emoções a Sério pode Curar – Pesquisadora Málu Balona reúne análise e prática em estudo sobre emoção e saúde.* Manaus, AM – Brasil. 30 de janeiro, 2004. Seção: b - fim de semana. p. b4.

02. **A GAZETA DO IGUAÇU.** *Autocura, Reconciliação e Vitimologia.* Caderno 2; *Consciência em Evolução;* Foz do Iguaçu, PR; Ano 21; Edição 6344; 27 de agosto de 2009.

03. **ANDREOLI,** Daniela. *Alma leve* - Especialista defende que o caminho da felicidade começa com a reconciliação consigo mesma. Revista Malu. São Paulo, SP - Brasil : Editora Alto Astral. Ano 16. N. 627. Seção comportamento. 34 pp. 17.

04. **BEUST,** Matheus Miorim. *Cura na Reconciliação – Educadora lança seu segundo livro com palestra gratuita.* A Razão. Santa Maria, RS – Brasil. 08 de setembro, 2004. Seção: Geral. p. 8.

05. **CARDOSO,** Karla. *Ciência Invade Terreno da Religião – Estudos sobre* a consciência mostram que o ser humano tem habilidades mal avaliadas. Jornal de Brasília. Brasília, DF – Brasil. 13 de maio, 2001. Seção: Esoterismo. p. A-16.

06. **CORREIO DO POVO.** *Curso de autocura reúne 206 – Projeciologistas dizem como resolver problemas de saúde física e mental.* Porto Alegre, RS – Brasil. 19 de maio, 1997. Seção: Geral. p. 17.

07. ______. *Projeciologistas debatem Autocura – para os seguidores, a mágoa e a tristeza têm um potencial destruidor que nem remédios resolvem.* Porto Alegre, RS – Brasil. 15 de maio, 1997. Seção: Geral. p. 9.

08. ______. *Aprenda sobre a arte de planejar o seu tempo. Tempo é tema entre os livros autografados hoje.* Porto Alegre, RS – Brasil. 30 de outubro, 2003. Seção: Variedades. p.28.

09. **DEUS,** Sérgio Luis de. *Um Acerto de Contas com as Próprias Emoções* – Escritora prega revisão do comportamento pessoal como caminho para *a felicidade e a cura de doenças.* Jornal do Estado. Curitiba, PR – Brasil. 1 de fevereiro, 2004. Seção: Comportamento. p. C2.

10. **DIÁRIO DE NATAL.** *Conscienciologia: a medicina do futuro. Entrevista Málu Balona.* Natal, RN – Brasil. 13 de setembro, 2003. Caderno: Cidades. Seção: Palestra. p. 06.

11. **DIÁRIO DE SANTA MARIA.** *Reconciliações Podem Curar – Um dos* livros lançados durante a 31ª Feira do Livro, realizada de 3 a 16 deste mês, dá receita de como as pessoas podem promover a autocura aprendendo *a perdoar*. Diário de Santa Maria. Santa Maria, RS – Brasil. Ed. 604. 25 de maio, 2004. Seção: Idéias.

12. **DIAS,** Sandra. *Cura afetiva através da reconciliação.* Revista Portais. São Leopoldo, RS – Brasil. Ano 5. No 27. Maio / Junho, 2002. Seção: Entrevista. p. 11-15.

13. **DINIZ,** Ana Elizabeth. *Discussões Conscienciais. Pesquisas: Experiências podem transcender essa existência.* Jornal O Tempo. 12 de agosto, 2008. Caderno: Esotérico. p. M-15.

14. **ESPACIO HUMANO.** *Autocura Emocional a través de la Reconciliación Afectiva. Revista. Entrevista con Málu Balona.* No 78. Septiembre, 2004. 95 p. Madrid – España. Sección: Desarrollo Personal. p. 48, 49.

15. **FÉLIX,** Maria José Costa. *Perdoar Liberta.* Revista XIS Idéias para Pensar. No 284. Encarte do Jornal Público Nº 5355. 20 de novembro, 2004. Lisboa – Portugal. Seção: Outra Porta. p. 36, 37.

16. **GASPARETTO,** Glaucilene. *O poder da reconciliação.* Diário do Paraná. Apucarana, PR – Brasil. 26 de março, 2000. Caderno: Bom Domingo. Seção: Entrevista. p. 2 e 3.

17. **GAZETA DO PARANÁ.** *Palestra sobre Autocura e Projeciologia.* Cascavel, PR – Brasil. 13 de setembro, 1996. Caderno: Cidades. p. 15.

18. **GAZETA DO POVO.** *Literatura do Perdão. Autocura Através da Reconciliação.* Curitiba, PR – Brasil. 2 de maio, 2004. Caderno: Viver Bem. p. 5.

19. **HELENA,** Mirtes. *Ciência e Viagem Astral. Entrevista Málu Balona.* Domingo - Hoje em Dia. Seção: Entrevista. Belo Horizonte, MG – Brasil. 25 de novembro, 2001. Caderno: Hoje em Dia. p. 1, 12.

20. _____. *Málu Balona. Você Sabe o Que é Projeciologia?* Domingo - Hoje em Dia. Seção: Entrevista. Belo Horizonte, MG – Brasil. 27 de julho, 2008. Caderno: Hoje em Dia. p. 3, 12.

21. **JORNAL CIDADES.** *Curso aborda a autocura através da reconciliação.* Porto Alegre, RS – Brasil. 22 de novembro, 2001. p. 02.

22. **JORNAL DO COMÉRCIO.** *Livro aborda relacionamentos afetivos.* Porto Alegre, RS – Brasil. 09 de outubro, 2003. Seção: Jornal Cidades. p. 03.

23. **JORNAL DO COMMERCIO.** *Um Livro dedicado aos Brigões.* Manaus, AM – Brasil. 30 de janeiro, 2004. Seção: Entretenimento & Negócios. p. 18.

24. **MUNIZ,** Daniel. *Projeciologia e Conscienciologia – pesquisadora propõe técnicas de reconciliação para curar-se afetivamente.* Revista Destaque. Campo Grande, MS – Brasil. Ano XIX. No 168. p. 40. Outubro, 2000. Seção: Pesquisa.

25. _____. *Projeciologia e Conscienciologia – dificuldades afetivas e de reconciliação têm origem em vidas passadas.* Folha do Povo. Campo Grande, MS – Brasil. 06 de novembro, 2000. Seção: Variedades. p. 23.

26. _____. *Projeciologia e Conscienciologia – autocura através da reconciliação.* Jornal O Destaque. Sombrio, SC – Brasil. 12 de novembro, 2001. Seção: Geral. p. 5.

27. _____. *Para as reconciliações, não basta ter razão.* O Jornal de Hoje. Natal, RN – Brasil. 10 de setembro, 2003. Seção: Conscienciologia & Projeciologia. p. 13.

28. **O ESTADÃO do NORTE.** *Educadora Málu Balona realiza palestra no auditório do Senac.* Porto Velho, RO – Brasil. 7 de julho, 2004. Seção: Cidade. p. 8.

29. _____. *Escritora internacional divulga livro na Capital.* Porto Velho, RO – Brasil. Domingo, 18 e segunda-feira 19 de julho, 2004. Caderno: Dois. Seção: Literatura. p. 3.

30. _____. *Málu Balona realiza palestra em Porto Velho.* Porto Velho, RO. Domingo, 18 e segunda-feira 19 de julho, 2004. Caderno: Dois. p. 5.

31. **O JORNAL DE HOJE.** *Reconciliações levam à autocura afetiva.* Natal, RN – Brasil. 3 de setembro, 2003. Seção: Conscienciologia & Projeciologia, p. 13.

32. **O PARANÁ.** *Palestra e curso sobre autocura, hoje e amanhã.* Cascavel, PR – Brasil. 16 de janeiro, 1998. Seção: Local. p. 4.

33. **PINA,** Susana. *Técnicas para se Reconciliar com o Mundo – As emoções comandam a vida.* Revista Mulher Moderna. Lisboa, Portugal. Nº 818. 4 a 10 de novembro, 2004. p. 28 e 29.

34. **PIONEIRO.** Diário de Integração da Serra. *A Autocura Emocional.* Artigo / Reconciliações (Málu Balona). Caxias do Sul, RS – Brasil. Sábado e Domingo, 10 e 11 de setembro, 2005. Ano 57. No 9.278. Caderno: Opinião. p. 2.

35. **REVISTA 100 FRONTEIRAS.** *Málu Balona tem livros lançados em Português e Espanhol aguardando novas edições em Inglês, Alemão e Francês.* Circuito Trinacional; Grellman Editora Ltda.; 8º ano; edição 88 Bilingue; Foz do Iguaçu, PR; Janeiro de 2013; p. 96 e 97.

36. **SAÚDE EM PRIMEIRA PÁGINA.** *Hipótese Multidimensional – A Auto-estima como resultado da formação pessoal de várias vidas.* Brasília, DF – Brasil. Ano 1. No 3. Maio, 2004. p. 8-9.

37. **SER HUMANO HOY.** *Curso de Concienciología con Málu Balona.* Barcelona – España: Tronitos S.L. No 6. Diciembre, 2004. 26 p. Sección: Hemos Ido. p. 12.

38. **SOUZA,** Adelino J. de. *Autocura através da Reconciliação.* Jornal A Gazeta do Iguaçu. Foz do Iguaçu, PR – Brasil. Ano 15. Nº 4449. 23 de maio, 2003. Seção: A Gazeta Opinião. Notas do Jota. p. 19.

39. **TRIBUNA DO NORTE.** *Málu Balona dá palestra hoje sobre afetividade.* Natal, RN – Brasil. 16 de setembro, 2003. Seção: Viver. p. 04.

40. **VASQUES,** Lucas. *Autoreconciliação Afetiva* (superando obstáculos). Revista Psique Ciência & Vida. São Paulo, SP - Brasil : Editora Escala. Ano VII. N. 96. Seção livro. 82 pp. 65.

41. **VELANDO,** Silvia. *Autocura a través de la Reconciliación. Revista ATHANO – Una puerta al nuevo paradigma.* 98 p. No 51. Mayo / Junio, 2005. Barcelona – España. Sección: Desarrollo Personal y Espiritualidad. p. 27-29.

42. **VIARTI,** Paulo. *Teoria de vidas passadas – de acordo com a pesquisadora* Málu Balona, os ressentimentos têm origem em outras vidas e podem ser *resolvidos por meio da autocura.* Revide. Ribeirão Preto, SP – Brasil. Ano XIII. Nº 159. 5 de março, 2000. Seção: Entrevista. p. 3-5.

43. **VITÓRIA,** Márcia. *A raiz em outras vidas: distúrbios afetivos, conflitos* familiares e sofrimentos emocionais podem ter origem em existências passadas. Correio Braziliense. Brasília, DF – Brasil. 24 de janeiro, 2000. Seção: Esoterismo & Terapias Alternativas. p. 20.

ÍNDICE DE ADÁGIOS

Índice Remissivo

B

I

S

T

ENTREVISTA COM A AUTORA

Málu Balona, pesquisadora e professora de Conscienciologia desde 1986, autora do livro "Síndrome do Estrangeiro" fala da segunda obra "**Autocura através da Reconciliação**", na qual são abordados temas como *afetividade*, *reconciliação*, *perdão*, *bioenergias* e *evolução*.

01. *Professora Málu, por que perdoar é tão difícil?*
MB: Porque ainda não estamos habituados. Não fomos treinados para isso, ensinados a perdoar como forma de autolibertação. A hostilidade, a animosidade e o ressentimento são *travões* para nossa evolução, além de representar grande desperdício de energia consciencial.

02. *Como lidar com as mágoas e os ressentimentos?*
MB: Procurando estudar o que precisamos melhorar em nós. Geralmente, quando surgem as emoções negativas, procuramos logo culpar alguém. Desse modo, perdemos tempo buscando defeitos e erros nos outros. São atitudes regressivas ou *surtos afetivos*.

O ideal seria aproveitarmos a oportunidade do conflito para descobrirmos o que podemos modificar e fortalecer no próprio comportamento. Somente assim, no futuro, aprenderemos a lidar melhor com situações afetivas semelhantes. Perdoar liberta a consciência.

03. *Por que alguns relacionamentos são conflituosos e outros amenos?*
MB: O motivo maior é que a nossa existência não é feita de acasos e de coincidências. Nossa vida relacional começou bem antes da existência de hoje. A personalidade humana (consciência) é muito mais antiga e carrega consigo a autobiografia afetiva. Algumas experiências passadas foram positivas;

outras deixaram marcas, cicatrizes emocionais. Voltamos a nos encontrar justamente com aqueles com os quais tivemos desentendimentos no passado, para fazermos a retratação. Qualquer pessoa está sujeita a ter que fazer o retrocesso afetivo para promover as reconciliações.

04. *Como a teoria das múltiplas vidas pode interferir nos afetos e desafetos?*

MB: O passado nos afeta sempre. Vivemos vidas de *consequências* ou de *inconsequências.*

Ao compreender a realidade das múltiplas existências, começamos a buscar a autossuperação definitiva de falhas, para evitar a repetição de males futuros. Desse modo, fazemos a autorreconciliação e heterorreconciliação, em busca de vidas mais felizes. Isso, se compreendermos que a retomada da escalada evolutiva depende dessa decisão-ação.

Do contrário, vamos repetir, repetir, repetir, *ad nauseam* (até enjoar), as mesmas imaturidades do passado. Em Conscienciologia, chamamos esta situação de *automimese,* que quer dizer a imitação de si próprio, o que leva a frustrações e doenças. ***Se o afeto une, o desafeto ata.***

05. *Por que a reconciliação é importante?*

MB: Pela liberação de energia que ela gera. Ao acertarmos os passos com aqueles que convivem conosco, passamos a dispor de mais reservas energéticas. A energia que se mostrava *negativa,* em inércia, bloqueada na manutenção do ressentimento, passa a ser direcionada para a realização das novas metas afetivas. Com isso, as energias se movimentam em dinâmica *positiva* e os resultados não tardam a aparecer.

06. *Se não podemos mudar o passado, o que podemos fazer hoje?*

MB: De fato, o passado não pode mais ser modificado ou arbitrado outra vez. Existe, contudo, na condição de banco de dados, para ser consultado e analisado. No entanto, é pura perda de tempo nos fixarmos nele com sentimentos de remorso, autoculpa e autovitimização. O *aqui-agora* é o único momento que vale a pena. É o instante de *poder* da consciência. No presente, dispomos do *livre-arbítrio* que, se for utilizado com mais sabedoria e qualidade hoje, nos permitirá fazer melhores escolhas, preparando novo futuro pessoal.

07. *O que a levou a pesquisar o tema autocura?*

MB: Foi o fato de reconhecer que, na prática, era o único tipo de cura possível. Eu não posso mudar o outro, nem usar o *meu* livre-arbítrio no lugar de ninguém. Contudo, sou livre para decidir mudar e melhorar a mim própria. Este é o *ato mental de cura* que torna eficaz todas as minhas ações.

Sem a decisão de autocurar-se, a consciência continuará presa às ilusões do autoengano, sempre transferindo a responsabilidade do seu bem-estar a terceiros. ***De nada adianta tentar terceirizar a autocura.***

Mas é sempre mais fácil pensar que a culpa é dos outros. Ou que a autocura está na mão de alguém. É a ***lei do menor esforço evolutivo***. Contudo, não há culpados pelos nossos problemas, e somente a consciência cura a si própria. E, nesse aspecto, ainda há muita inexperiência e incompetência a ser superada de nossa parte.

Mais dia, menos dia, os fatos da vida nos levam a buscar o autoconhecimento, a autopesquisa como forma de solução. Assumimos a responsabilidade pessoal e intransferível pela autoevolução e pelo bem estar íntimo.

08. *Existem doenças provocadas pelos rancores, ódios, ciúmes, inveja?*

MB: Tantas que dariam um manual de Medicina e de Psicologia com o tema. Hoje, as publicações sobre esses temas se sucedem e boa parte dos profissionais de saúde admite que mais de *80% das enfermidades* têm origem em problemas emocionais. Na abordagem da Conscienciologia, a Psicossomática é a *ciência das emoções*. Na Medicina, esta área é a que pesquisa a relação entre as emoções e a saúde física. *Somatizar* significa deixar que as emoções reprimidas sejam metabolizadas e causem danos ao corpo (do grego, *soma*). Na maioria das pesquisas, a autoinsatisfação e a ansiedade lideram esse *ranking*.

09. *O que podemos fazer para obter mais equilíbrio emocional?*

MB: Não *fugir da raia*, como se diz popularmente. Não *varrer o lixo para debaixo do tapete*. Emoções negativas merecem ser estudadas, compreendidas, caso contrário farão mal à saúde. É preciso enfrentar, definitivamente, a própria vida emocional. Emoção *desequilibrada* pode matar a pessoa prematuramente. É preciso partir para a ação. Vale a pena. O verbo **procurar**, do Latim *procurare*, pode significar *a favor da cura* ou dos cuidados, pró-cura. E *quem procura, acha:*

- *Por que eu não quero viver melhor?*
- *O que está errado comigo?*
- *Qual é o verdadeiro motivo desta insatisfação?*

10. *Em sua opinião, atualmente a humanidade está mais preocupada com as questões emocionais? O homem está, de fato, buscando entender-se de modo integral?*

MB: Sem dúvida, as coisas estão mudando muito nesse aspecto. E para melhor. Exemplo prático é a proposição pública e enorme aceitação das ciências Conscienciologia e Projeciologia. Chegou a hora de todo ser humano descobrir que é muito mais do que o seu corpo. A ignorância deste fato é que leva à doença. Temos outros corpos mais sutis, com capacidades ainda insuspeitadas. Possuímos muitas habilidades evolutivas a serem exploradas e desenvolvidas.

Por exemplo, sair do corpo, de modo consciente durante o sono comum. Todo ser humano passa por esse fenômeno, desde que *o mundo é mundo*. Quem poderia supor que algum dia isto seria investigado pela ciência? Até há algumas décadas, pensava-se que era experiência para santos, gurus ou tema apenas filosófico-religioso.

Graças à Ciência, hoje se sabe que a consciência viaja para fora do corpo humano. O entendimento das chamadas *experiências fora do corpo* (EFC) está disponível a qualquer interessado. E o quanto esta informação ajuda a entender a continuidade das vidas humanas! É através desta compreensão que perderemos o ancestral *medo da morte* ou *tanatofobia*. A Projeciologia se dedica ao estudo técnico do fenômeno da projeção consciente e suas consequências para a autoevolução.

Para experimentá-la, não é preciso *fazer promessa*, *rezar* nem *ter fé*. Basta estudar e aprender. Qualquer pessoa motivada pode sair do corpo com lucidez, inclusive pela própria vontade. Isso muda a vida da pessoa para melhor.

A Conscienciologia prioriza o desenvolvimento de técnicas que permitem à consciência aproveitar as habilidades naturais para alcançar a maturidade integral, completa – holomaturidade.

11. *E existem técnicas capazes de nos conduzir ao melhor entendimento dos conflitos emocionais?*

MB: É justamente dessas técnicas que estamos falando. Desde 1988, centenas de reeducadores técnicos do IIPC e, hoje, de mais de 2 dezenas de Instituições Conscienciocêntricas (ICs), com extensa formação, desenvolvem verdadeira campanha de esclarecimento e utilidade pública, no Brasil e no Exterior. disponibilizando a cultura parapsíquica aos interessados. Pessoalmente, desenvolvi este trabalho em 7 países. São milhares de palestras e cursos teórico-práticos apresentando os resultados das pesquisas e as vantagens de se desenvolver a *inteligência parapsíquica*, mais avançada do que a *inteligência intelectual ou emocional*, apenas.

Além de tudo, quando alguém decide renovar, melhorar a si próprio, não está mais sozinho: passa a receber ajuda especializada de quem tem interesse na sua evolução. Chamamos a esses professores de outras dimensões de *consciências amparadoras.* Mas o ideal é evitar qualquer conotação mística com tais assistentes. Melhor deixar de lado as alegorias de *anjo da guarda, do guia* ou de *mentores*, para não divinizar nem limitar a ajuda. Quem está mais apto a nos ajudar é quem nos conhece bem. A prova disso é que estamos sempre pedindo aquilo que desejamos *(facilidades)* e recebendo aquilo de que mais estamos necessitados *(desafios).*

A Conscienciologia, a Projeciologia e mais de 300 outras especialidades oferecem instrumentos práticos para o desenvolvimento da vontade firme, treinada e aplicada ao domínio progressivo de técnicas bioenergéticas de autodefesa. Com isso, a pessoa agrega valor à sua inteligência evolutiva *(IE),* base de toda inteligência.

Para se obter êxito nas reconciliações, também é imprescindível ao interessado ou à interessada desenvolver o conhecimento básico sobre a própria forma de pensar, a autopostura mental. Este movimento em prol do autoconhecimento especializado é chamado de *autopesquisa científica.*

Depende de cada indivíduo a habilidade de empregar as próprias energias, trazendo consequências positivas ou desastrosas para as relações interpessoais. O pensamento é a base de tudo. A intenção, a emoção e as energias permeiam o nosso cotidiano de modo absoluto. *Diga-me o que pensas e te direi a qualidade de tuas energias.* Na verdade, as energias não curam, mas são potentes elementos facilitadores da *autocura.*

INSTITUIÇÕES CONSCIENCIOCÊNTRICAS (ICs)

ICs. As Instituições Conscienciocêntricas – ICs – são organizações cujos objetivos, metodologias de trabalho e modelos organizacionais estão fundamentados no *Paradigma Consciencial.* A atividade principal das ICs é apoiar a evolução das consciências através da *tarefa do esclarecimento* pautada pelas *verdades relativas de ponta,* encontradas nas pesquisas no campo da Ciência Conscienciologia e especialidades.

Voluntariado. Todas as Instituições Conscienciocêntricas são associações independentes, de caráter privado, sem fins de lucro e mantidas predominantemente pelo trabalho voluntário de professores, pesquisadores, administradores e profissionais de diversas áreas.

CCCI. O conjunto das Instituições Conscienciocêntricas e dos voluntários da Conscienciologia no planeta compõe a *Comunidade Conscienciológica Cosmoética Internacional* – CCCI – formada atualmente por 20 ICs, incluindo a *Associação Internacional Editares.*

AIEC – **Associação Internacional para Expansão da Conscienciologia**

Fundação: 22/04/2005
Sede: Av. Felipe Wandscheer, 5.100, sala 111, Cognópolis
Foz do Iguaçu, Paraná, Brasil, CEP: 85856-530
Tel.: +55 (45) 2102-1411
Site: www.worldaiec.org
Contato: aiec.comunicacao@gmail.com
Campus DISCERNIMENTUM: Av. Felipe Wandscheer, 5.100, sala 201 Cognópolis, Foz do Iguaçu, Paraná, Brasil, CEP: 85856-530
Tel.: +55 (45) 2102-1400
Contato: contato@discernimentum.org

APEX – **Associação Internacional da Programação Existencial**

Fundação: 20/02/2007
Sede: Rua da Cosmoética, 1.511, Cognópolis, Caixa Postal 921, Centro, Foz do Iguaçu, Paraná, Brasil, CEP: 85851-000
Tel.: +55 (45) 3525-2652 – Fax: +55 (45) 3525-5511
Site: www.apexinternacional.org
Contato: contato@apexinternacional.org

ARACÊ – **Associação Internacional para Evolução da Consciência**
Fundação: 14/04/2001
Campus ARACÊ: Rota do Conhecimento, Km 7, acesso pela BR-262, Km 87, Distrito de Aracê Domingos Martins, Espírito Santo, Brasil
Endereço para correspondência: Caixa Postal 110, Pedra Azul, Domingos Martins, Espírito Santo, Brasil, CEP: 29278-000
Tel.: +55 (27) 9739-2400
Site: www.arace.org
Contato: associacao@arace.org

ASSINVÉXIS – **Associação Internacional de Inversão Existencial**
Fundação: 22/07/2004
Campus **de Invexologia:** Av. Maria Bubiak, 1.100, Cognópolis Foz do Iguaçu, Paraná, Brasil, CEP: 85853-728
Tel.: +55 (45) 3525-0913
Site: www.assinvexis.org
Contato: contato@assinvexis.org

ASSIPEC – **Associação Internacional de Pesquisas da Conscienciologia**
Fundação: IC apresentada oficialmente na Tertúlia Conscienciológica do dia 14/08/2011
Sede: Rua XV de Novembro, 1.681, Vila Municipal Jundiaí, São Paulo, Brasil, CEP: 13201-006
Tel.: +55 (11) 4521-8541
Site: www.assipec.org
Contato: assipec@assipec.org

ASSIPI – **Associação Internacional de Parapsiquismo Interassistencial**
Fundação: 29/12/2011
Sede: Av. Felipe Wandscheer, 5.100, sala 212, Cognópolis Foz do Iguaçu, Paraná, Brasil, CEP: 85856-530
Tel.: +55 (11) 2102-1421 – VOIP: +55 (45) 4053-9818
Site: www.assipi.org
Contato: assipi@assipi.com

CEAEC – **Associação Internacional do Centro de Altos Estudos da Conscienciologia**
Fundação: 15/07/1995
Sede: Rua da Cosmoética, 1.511, Cognópolis, Caixa Postal 921, Centro, Foz do Iguaçu, Paraná, Brasil, CEP: 85851-000
Tel.: +55 (45) 3525-2652 – Fax:+55 (45) 3525-5511
Site: www.ceaec.org
Contato: ceaec@ceaec.org

COMUNICONS – Associação Internacional de Comunicação Conscienciológica

Fundação: 24/07/2005
Sede: Av. Felipe Wandscheer, 5.100, sala 206, Cognópolis
Foz do Iguaçu, Paraná, Brasil, CEP: 85856-530
Tel.:.: +55 (45) 2102-1409
Site: www.comunicons.org.br
Contato: comunicons@comunicons.org

CONSCIUS – Associação Internacional de Conscienciometria Interassistencial

Fundação: 24/02/2006
Sede: Rua da Cosmoética, 1.511, Cognópolis, Caixa Postal 921, Centro, Foz do Iguaçu, Paraná, Brasil, CEP: 85851-000
Tel.: +55 (45) 3525-2652 – Fax: +55 (45) 3525-5511
Site: www.conscius.org.br
Contato: conscius@conscius.org.br

CONSECUTIVUS – Associação Internacional de Pesquisas Seriexológicas e Holobiográficas

Fundação: 14/12/2014
Sede: Av. Felipe Wandscheer, 5100, Casa 351, Cognópolis
Foz do Iguaçu, Paraná, Brasil, CEP: 85851-579
Tel.: +55 (45) 9807-1320
Site: www.consecutivus.com.br
Contato: consecutivus@consecutivus.com.br

ECTOLAB – Associação Internacional de Pesquisa Laboratorial em Ectoplasmia e Paracirurgia.

Fundação: 14/07/2013.
Sede: Avenida Felipe Wandscheer, 5100, sala 105, Cognópolis
Foz do Iguaçu, PR, Brasil, CEP: 85856-630
Telefone: +55 (45) 2102-1427
Site: www.ectolab.org;
Contato: ectolab@ectolab.org

EDITARES – Associação Internacional Editares

Fundação: 23/10/2004
Sede: Av. Felipe Wandscheer, 5.100, sala 107, Cognópolis, Foz do Iguaçu, Paraná, Brasil, CEP: 85856-530
Tel.: +55 (45) 2102-1407 – VOIP: +55 (45) 4053-953
Site: www.editares.org
Shopcons: www.shopcons.com.br (portal de compra de livros)
Contato: editares@editares.org

ENCYCLOSSAPIENS – Associação Internacional de Enciclopediologia Conscienciológica

Fundação: 21/12/2013
Sede: Rua da Cosmoética, 1.511, Cognópolis, Caixa Postal 921, Foz do Iguaçu, Paraná, Brasil, CEP: 85851-000
Tel.: +55 (45) 3525-2652 – Fax: +55 (45) 3525-5511
Site: www.encyclossapiens.org
Contato: contato@encyclossapiens.org

EVOLUCIN – Associação Internacional de Conscienciologia para Infância

Fundação: 09/07/2006
Sede: Av. Felipe Wandscheer, 5.100, sala 102, Cognópolis Foz do Iguaçu, Paraná, Brasil, CEP: 85856-530
Tel.: +55 (45) 9909-6129
Site: www.evolucin.org
Contato: evolucin@gmail.com

IIPC – Instituto Internacional de Projeciologia e Conscienciologia

Fundação: 16/01/1988
Sede: Av. Felipe Wandscheer, 5.100, sala 103, Cognópolis, Foz do Iguaçu, Paraná, Brasil, CEP: 85856-530
Tel.: +55 (45) 2102-1448
Site: www.iipc.org.br
Contato: iipc@iipc.org.br
***Campus* de Pesquisas IIPC:** Estrada do Universalismo, 1.177, Sampaio Correa, Saquarema, Rio de Janeiro, Brasil, CEP: 28997-970
Tel.: +55 (22) 2654-1186
Contato: campussaquarema@iipc.org

INTERCAMPI – Associação Internacional dos *Campi* de Pesquisas da Conscienciologia

Fundação: 23/07/2005
Sede: Av. Antonio Basílio, 3006, sala 602, Lagoa Nova Natal, Rio Grande do Norte, CEP: 59056-005
Tel.: +55 (84) 3211-3126
Site: www.intercampi.org
Contato: intercampi@intercampi.org

OIC – Organização Internacional de Conscienciorerapia

Fundação: 06/09/2003

Campus OIC: Av. Felipe Wandscheer, 5.935, Cognópolis Foz do Iguaçu, Paraná, Brasil, CEP: 85856-530

Tel.: +55 (45) 3025-1404 / 2102-1402

Site: www.oic.org.br

Contato: aco@oic.org.br

REAPRENDENTIA – Associação Internacional de Parapedagogia e Reeducação Consciencial

Fundação: 21/10/2007

Sede: Rua da Cosmoética, 1.511, Cognópolis, Caixa Postal 921, Centro Foz do Iguaçu, Paraná, Brasil, CEP: 85851-000

Tel.: +55 (45) 3525-2652 – Fax: +55 (45) 3525-5511

Site: www.reaprendentia.org

Contato: contato@reaprendentia.org.br

RECONSCIENTIA – Associação Internacional de Pesquisologia para Megaconscientização

Fundação: 02/07/2011

Sede: Felipe Wandscheer 5100, Sala 104, Cognópolis, Foz do Iguaçu, Paraná, Brasil, CEP: 85856-530

Tel.: +55 (45) 9993-2000

Contato: pesquisologia@gmail.com

UNICIN – União das Instituições Conscienciocêntricas Internacionais

Fundação: 22/01/2005

Sede: Av. Felipe Wandscheer, 5.100, sala 105, Cognópolis, Foz do Iguaçu, Paraná, Brasil, CEP: 85856-530

Tel.: +55 (45) 2102-1405

Site: www.unicin.org

Contato: unicin@unicin.org

UNIESCON – União Internacional de Escritores da Conscienciologia

Fundação: 23/11/2008

Sede: Av. Felipe Wandscheer, 5.100, sala 109, Cognópolis Foz do Iguaçu, Paraná, Brasil, CEP: 85856-530

Site: www.uniescon.org

Contato: uniescon.ccci@gmail.com

Outras publicações da Editares

AUTOR	TÍTULO
Alexandre Nonato	JK E OS BASTIDORES DA CONSTRUÇÃO DE BRASÍLIA
Alexandre Nonato *et. al.*	INVERSÃO EXISTENCIAL
Alzemiro Rufino de Matos	VIDA: OPORTUNIDADE DE APRENDER
Ana Seno	COMUNICAÇÃO EVOLUTIVA
Antonio Pitaguari / Marina Thomaz	REDAÇÃO E ESTILÍSTICA CONSCIENCIOLÓGICA
Arlindo Alcadipani	ITINERÁRIO EVOLUTIVO DE UM RECICLANTE
Bárbara Ceotto	DIÁRIO DE AUTOCURA
Cesar Machado	PROATIVIDADE EVOLUTIVA
Cirleine Couto	CONTRAPONTOS DO PARAPSIQUISMO
	INTELIGÊNCIA EVOLUTIVA COTIDIANA
Dalva Morem	SEMPRE É TEMPO
Dayane Rossa	OPORTUNIDADE DE VIVER
Dulce Daou	AUTOCONSCIÊNCIA E MULTIDIMENSIONALIDADE
	VONTADE: CONSCIÊNCIA INTEIRA
Fernando R. Sivelli / Marineide C. Gregório	AUTOEXPERIMENTOGRAFIA PROJECIOLÓGICA
Flávio Buononato	ANUÁRIO DA CONSCIENCIOLOGIA
	FATOS E PARAFATOS DA COGNÓPOLIS FOZ DO IGUAÇU
Graça Razera	HIPERATIVIDADE EFICAZ
Jayme Pereira	BÁRBARAH VAI À ESTRELA
	PRINCÍPIOS DO ESTADO MUNDIAL COSMOÉTICO
João Paulo / Dayane Rossa	MANUAL DA CONSCIN-COBAIA
Julieta Mendonça	MANUAL DO TEXTO DISSERTATIVO
Julio Almeida	QUALIFICAÇÕES DA CONSCIÊNCIA
	QUALIFICAÇÃO AUTORAL

Kátia Arakaki	ANTIBAGULHISMO ENERGÉTICO – MANUAL
	VIAGENS INTERNACIONAIS
Laura Sánchez	LASTANOSA: MEMÓRIA E HISTÓRIA DO INTELECTUAL E HOLOTECÁRIO DO SÉCULO XVII
Lilian Zolet	PARAPSIQUISMO NA INFÂNCIA
Lilian Zolet / Flávio Buononato	MANUAL DO *ACOPLAMENTARIUM*
Lilian Zolet / Guilherme Kunz	*ACOPLAMENTARIUM* PRIMEIRA DÉCADA
Lourdes Pinheiro / Felipe Araújo	DICIONÁRIO DE VERBOS CONJUGADOS DA LÍNGUA PORTUGUESA
Luciano Vicenzi	CORAGEM PARA EVOLUIR
Lucy Lutfi	VOLTEI PARA CONTAR
Mabel Teles	PROFILAXIA DAS MANIPULAÇÕES CONSCIENCIAIS
	ZÉFIRO
Málu Balona	AUTOCURA ATRAVÉS DA RECONCILIAÇÃO
	SÍNDROME DO ESTRANGEIRO
Marcelo da Luz	ONDE A RELIGIÃO TERMINA?
Maria Thereza Lacerda	A PEDRA DO CAMINHO
Marina Thomaz e Antonio Pitaguari (Organizadores)	TENEPES: ASSISTÊNCIA INTERDIMENSIONAL LÚCIDA
Maximiliano Haymann	SÍNDROME DO OSTRACISMO
Miguel Cirera	EVOLUCIÓN DE LA INTELIGENCIA PARAPSÍQUICA
Moacir Gonçalves / Rosemary Salles	DINÂMICAS PARAPSÍQUICAS
Osmar Ramos Filho	CRISTO ESPERA POR TI (Edição Comentada)
Phelipe Mansur	EMPREENDEDORISMO EVOLUTIVO
Reinalda Fritzen	CAMINHOS DE AUTOSSUPERAÇÃO
Rodrigo Medeiros	CLARIVIDÊNCIA
Rosa Nader	MANUAL DE VERBETOGRAFIA
Silda Dries	TEORIA E PRÁTICA DA EXPERIÊNCIA FORA DO CORPO

Tony Musskopf	AUTENTICIDADE CONSCIENCIAL
Vera Hoffmann	SEM MEDO DA MORTE
Wagner Alegretti	RETROCOGNIÇÕES
Waldo Vieira	700 EXPERIMENTOS DA CONSCIENCIOLOGIA
	DICIONÁRIO DE ARGUMENTOS DA CONSCIENCIOLOGIA
	DICIONÁRIO DE NEOLOGISMOS DA CONSCIENCIOLOGIA
	ENCICLOPÉDIA DA CONSCIENCIOLOGIA
	HOMO SAPIENS PACIFICUS
	HOMO SAPIENS REURBANISATUS
	LÉXICO DE ORTOPENSATAS
	MANUAL DA DUPLA EVOLUTIVA
	MANUAL DA PROÉXIS
	MANUAL DA TENEPES
	MANUAL DOS MEGAPENSENES TRIVOCABULARES
	NOSSA EVOLUÇÃO
	O QUE É A CONSCIENCIOLOGIA
	PROJECIOLOGIA
	PROJEÇÕES DA CONSCIÊNCIA

1. Área da Pesquisa:

Este livro pesquisa temas da *Consciencioterapia*, uma das especialidades da *Conscienciologia*.

2. Princípio da Descrença:

Não acredite em nada, nem mesmo no que está informado neste livro.
Experimente.
Tenha suas experiências pessoais.

EDITARES

www.ingramcontent.com/pod-product-compliance
Ingram Content Group UK Ltd.
Pitfield, Milton Keynes, MK11 3LW, UK
UKHW040954010926
14791UKWH00011B/926

9 788598 966885